林徽因传

你是人间四月天

张小午 编著

中国工人出版社

图书在版编目（CIP）数据

林徽因传：你是人间四月天 / 张小午编著. —2版. —北京：
中国工人出版社，2015.9（2019.6重印）
ISBN 978-7-5008-6231-4

Ⅰ.①林… Ⅱ.①张… Ⅲ.①林徽因（1904～1955）—传记 Ⅳ.①K826.16

中国版本图书馆CIP数据核字（2015）第213767号

林徽因传：你是人间四月天

出 版 人　王娇萍
责任编辑　傅　娉
责任印制　黄　丽
出版发行　中国工人出版社
地　　址　北京市东城区鼓楼外大街45号　邮编：100120
网　　址　http://www.wp-china.com
电　　话　（010）62005043（总编室）
　　　　　（010）62005039（印制管理中心）
　　　　　（010）62379038（社科文艺分社）
发行热线　（010）62005049　（010）62005042（传真）
经　　销　各地书店
印　　刷　北京市密东印刷有限公司
开　　本　880毫米×1230毫米　1/32
印　　张　10
字　　数　230千字
版　　次　2015年10月第2版　2019年6月第4次印刷
定　　价　48.00元

如有破损、缺页、装订错误，请与本社印制管理中心联系更换

引言

作为一个女儿，林徽因一直都是父亲的掌上明珠；作为一个女子，林徽因深受当时三位天之骄子的青睐；作为一名作家，林徽因的作品虽然不多，但让我们传咏至今；作为一位女建筑师，林徽因的足迹几乎遍布全中国。林徽因，已经成了美丽和智慧的代名词。

父亲对她寄予厚望

林徽因从小就聪明伶俐、活泼可爱，深受家人，特别是她的祖父和父亲的喜爱。稍大一点儿，就随表姐妹进学校读书。学习时虽似漫不经心，但每当让她背书时，她都可以脱口而出，无不成诵。十几岁时，她更是出落得亭亭玉立。朴素、淡雅的装束更衬出她的娴雅文静。她明眸善睐，顾盼生辉，眼眸里不时透出智慧、机警和不属于她这个年龄的稳重。而且她很有主见，善于操持家务，这样一个小女儿怎能不讨得父亲的欢心呢？

父亲对她更是寄予了厚望，不遗余力地培养她，不放过每一个可以让她身心得到发展的机会。每每外出考察或游览胜地，都会慨叹没有带女儿同行。1920 年，林徽因的父亲被派去长驻伦敦，这一次，他终于决定带女儿同行，让林徽因增长见识，开阔眼界，以培养她将来改良社会的见解和能力。从中可见父亲的良苦用心。

一个女孩能得到父亲这样的赏识和培养，应该说，林徽因是幸运的。但在家中，同样爱自己的母亲却过着凄惨孤单的生活。因为三娘的被宠信，林徽因和母亲只能住在狭小阴暗的后面小院里。父亲一直和三娘生活在一起，而林徽因的母亲实际上过着孤苦的分居生活。此时，对母亲的爱和同情，对父亲的敬重和不满，使她幼小的心灵受到了永久性的伤害，以至于对她后来在爱情道路的选择上都起了重大的作用。对她来说，那是深深刻在她心灵上永远无法愈合的伤痕。

爱情一度使她迷惘

徐志摩可以说是把林徽因带到诗歌创作殿堂的领路人。虽然林徽因感情细腻，观感敏锐，早年就显现出独特的艺术才华，对绘画、戏剧等艺术形式都有很深的理解，但并没有真正地接触诗歌。而徐志摩的出现，使她和诗歌结下了不解之缘。徐志摩的热情和才华横溢都让林徽因刻骨铭心，并在一定程度上改变了林徽因的情感状态和发展历程，这一切，都像酵母一样催发着林徽因杰出的诗歌篇章的产生。

1930 年冬，随梁思成来东北大学执教的林徽因身体欠安，又因沈阳的医疗条件欠佳，在徐志摩的再三劝说下，来到了香山“双清”别墅，进行休养。在这段时间里，林徽因谨遵医嘱，远离了所有的工作，包括她所钟爱的建筑事业，精心养病。这一段时间，可以说是林徽因一生少有的清闲时光吧！在这里，林徽因终于可以放下心中的所有负担和累赘，安然地享受这份来自大自然的恬美和宁静。这种心境，让林徽因的创作激情抑制不住地涌动起来。

香山的“双清”应该是林徽因诗作的发祥之地。她留下来的最早的几首诗都是在那儿创作的，那儿有清静幽深的山林，蓝的天，白的云，还有婉转的鸟鸣。同大自然的亲近，初为人母的喜悦，特别是朋友毫不吝啬的真诚友谊，这些都使林徽因心里充满了无限的欢欣和温情，也激起了她在文学上的创作灵感。《笑》就是这一时期创作的：

笑的是她的眼睛，口唇，
和唇边浑圆的旋涡。
艳丽如同露珠，
朵朵的笑向
贝齿里闪光里躲。
那是笑——神的笑，美的笑；
水的映影，风的轻歌……

林徽因的《笑》是一篇难得的佳作，她以娴熟的表现手法用寥寥数句就把一个女子美好的笑靥表现得活灵活现，跃然纸上。

女儿的一天天长大，也让做父亲的操心起了女儿的终身大事。在长辈的眼里，林徽因和梁启超的公子梁思成真是一对金童玉女。但双方家长都是很开明的，并没有要包办的意思，而是介绍两个小儿女认识，最好是水到渠成地成就一段美好姻缘。

梁思成也是一个多才多艺的人，他喜爱体育运动，并且酷爱音乐，戴副眼镜，温文尔雅，显得稳重而言语中又不失幽默，这些都给林徽因留下了很好的印象。接下来的一次意义非凡的会面是在林徽因从英国回来之后了，这次拜访之后，他们之间都给对方留下了更深的印象，正在他们感情的航船在平静的海面上顺利向前航行的时候，又冒出一个小插曲。

在“五四国耻日”的游行中，梁思成意外受伤。林徽因得到消息后心急如焚，急忙赶到梁思成所在的医院，在梁思成住院的日子里给予了无微不至的悉心照顾。由于误诊，梁思成的右腿永远地比左腿短了一截，这辈子都要跛着走路了。由于脊椎受伤，他还要穿着协和医院给他特制的金钢马甲。这对于一个普通人来说，已经是一个很大的打击了，而对于一个日后要经常出去做实地考察，穿越荒山野岭，攀爬屋顶梁架的人来说，更是有如晴天霹雳。

但在这些绵绵无期的痛苦中却又蕴含了喜悦，那就是这次突如其来的灾难并没有把林徽因和梁思成这对准恋人分开，反而让两人更紧密地联系在了一起。在病房里，他们有了更多了解彼此的机会，他们发现对方身上更多闪光的东西。如果说先前林徽因还在感情的归宿问题上彷徨的话，那么现在，她已经确定要和梁思成厮守终生了。1928年3月21日，梁思成和林徽因在加拿大渥太华举行了婚礼。此后的一切幸福与辛苦、痛苦和喜悦都是两个人的了。至此，两个人的人生轨迹终于重合了。

林徽因的一生中曾经有两次在同一段时间爱上了两个人。这使她痛苦、迷惘，但她处事的沉着让她没有在感情的纠葛中被牵制太久，这样，她才能有今天的辉煌成就。

徐志摩，一位当之无愧的才子。他的感情是如此的细腻，融在他的诗文中，让人读来，不觉唏嘘不已，甚至涕泣连连；他的感情又是如此的热烈，炽热得让他所爱的人望而却步。他在给梁启超的信中曾说：“我将于茫茫人海中访我唯一灵魂之伴侣，得之，我幸；不得，我命，如此而已。”人生短短几十年，要在茫茫人海中寻找那个命定的恋人，真是难如登天了，如果真的能找到，那将是一生中的大幸；而如果找到了，却无缘携手走完剩下的人生旅途，这也就是人生的大不幸了。

1931年，徐志摩在空中挥一挥衣袖潇洒地离去了，他永远地告别了这个带给他大幸福和大悲哀的世界。

11月19日，对林徽因来说是特殊的一天，那天，天空墨一般昏黑，空气在瞬间凝滞，凝重得要滴下泪来；那天，不仅使她失去了一位挚友、一位知己，也使当代文坛的一颗明星陨落了。徐志摩，带着无限的惆怅和不甘向这个世界挥手告别，像一道彩虹划过长空。朋友们一张张悲痛的脸庞，泪水还没有完全干涸；被哀恸的哽咽所深锁的嗓音，再也不能清晰地发出一个音符，我们知道，他留给我们的怀念和幽思真是太多太多了。而对于林徽因呢，一个深爱自己的人，就这么突兀地在某一天的早上永远地离开了，没有一点预告，一点准备，或是最后一个希望的余地。事情过去近一个月了，她在《晨报》上发表《悼志摩》一文中还这样写道："志摩……死……谁曾将这两个句子联在一处想过！"可见，一个月的时间还是不足以让她接受这个残酷的现实。

其实，有徐志摩这么一位才华横溢的男子爱恋自己，不管怎么说，也是人生的一件幸事。更何况，他们都知道两人之间的爱情是不可能的，但还保有这么真挚的友谊，的确难得。

爱情，总是不期而至的。1932年的林徽因，虽已是两个孩子的母亲，但她那迷人的个人魅力仍不减分毫，她是一个用时间来精心雕刻的女人，时间的悄然流逝，并没有在她的脸上留下无情的痕迹，却赋予了她更多举手投足间的美丽。也就是在这个时候，金岳霖，一位哲学界的天之骄子，悄然走进了林徽因的生活，并被林徽因的魅力所深深地吸引。但他和梁思成的友谊又让他苦苦隐瞒这份唯一的真爱。终于，他鼓足了勇气，在梁思成外出考察时向心上人表露了爱意。其实，林徽因也对这位文质彬彬的大个子颇有好感。怎么办，她好像同时爱上了这两位才子。

有时，爱情要来得刚刚好，不能早，亦不能晚。如果时间不作美，就会枉费了上天安排的这份真情，还会伤害别人，甚或玉石俱焚，酿成悲剧。

而林徽因、梁思成、金岳霖三人并非平庸之辈，他们在处理这个问题时是如此的理智和乐于奉献，这不能不让我们这些平凡的饮食男女表示敬佩。

当林徽因聆听了金岳霖的告白后，自是有了好一番苦恼，待到梁思成回来，她便把事情的前因后果，以及自己现在的想法和苦恼一股脑儿地倾诉给梁思成听。梁思成当时没有愤怒、怨恨，他知道，林徽因之所以告诉他这一切，是因为她相信他，而不是拿他当一个傻丈夫。于是，他站在林徽因的立场考虑，因为自己腿有疾，或许金岳霖能够更好地照顾林徽因，给她带来更多的幸福和快乐。当金岳霖知道了梁思成的想法后，终于明白最爱林徽因的人是梁思成，让自己心爱的人得到最好的照顾，他也就别无所求了。

于是，此事就告一段落，金岳霖和梁思成、林徽因还是保持着最真挚的友谊。然而，金岳霖却终生未娶，他是用这份执着在继续等待某种奇迹的发生吗，还是这样的默默守候已经成为他这样一个在爱情和事业上的完美主义者所能做的唯一一件事了？也可能，他也一直在寻找，但那早已雕镂在他心上的倩影却怎么也挥之不去，模糊了他寻求的目光。这些谁又知道呢？恐怕，这位哲学家真正的感情世界是我们永远到达不了的禁区。

如果这个世界没有爱情，那将会少多少忧郁的泪水和无奈的叹息。但是，那样的黑白的世界又有几人真想去碰触呢？我们都是，宁愿在悲伤中哭泣，然后把泪滴当作一粒粒珍珠来收藏，待到没有眼泪时再去细细品味。

爱情是美好的，被人爱是幸福的。但是对一个善良的女人来说，当不止一份感情摆在她面前时，选择是残酷的，善良也许会让她遍体鳞伤。只有聪明到极致的女人才可以在异性真诚的友谊和爱情之间的狭长地带游走。这需要智慧，需要胸襟，很少有人能够做到，然而，林徽因做到了。

在太太的客厅，她喜交挚友

林徽因和梁思成都是喜交挚友的人，他们经常邀请朋友们到家里来聚会。边喝茶边海阔天空地聊天，这渐渐成了一个固定的节目，而且在20世纪30年代的文化圈子里小有名气了，他们的家成了文化交流的地方，并以“太太的客厅”而扬名于当时的文化圈。

太太客厅的女主人——林徽因，自然是这个客厅里的毋庸置疑的焦点人物。不仅因为林徽因有美丽的外貌，更是由于她那机智幽默的谈吐，优雅迷人的气质。她的真诚、宽容给每一位在场的人都留下了难忘的印象。她就像一块磁铁一样，站立在磁场的中央，吸引大家来赴这精神的盛宴。林徽因从来不恃才傲物，她坚持自己独立的见解，但对待不同的观点，却十分的宽容，而且对人很是真诚，这是她拥有独特个人魅力的关键所在。

有时，林徽因端庄文静，笑靥微生，以绝美的姿态倾听朋友的高谈阔论；有时，她又好辩、好胜，对朋友的观点给以热情的回应或是慷慨激昂地陈述自己的观点。开心的时候，她一定要有知心的朋友一起来分享快乐，在伤心难过、身处逆境的时候，她又会从朋友身上汲取力量，来帮助她走过人生的阴霾。她的朋友多，她的结交面很广，有忘年交，有外国的知心朋友，有异性至死不渝的朋友，有哲学家、作家，还有航空军官。她和金岳霖、萧乾、沈从文、泰戈尔都结下了深厚的友谊。

南渡北归，她独立又坚强

战乱发生在哪儿，哪儿就会遭受不幸。1931年，日本妄图侵吞中国，于是发起了九一八事变。北平的人民正在遭受一场浩劫。林徽因很明白，一旦北平陷落，他们就要成为亡国奴，那是她和她的家人朋友所绝对不能允许的。于是，他们决定去往天津或是更加远离战乱的地方，开始他们的逃亡路程。路上的艰辛是不言而喻的，特别是林徽因，本来就很虚弱的身体更是经不住这样的旅途劳累，但这些都不是最让她难过和痛心的。

当他们得知寄存在天津银行的那些珍贵的建筑资料被大水淹没，这种沉重的打击让林徽因失声痛哭。那些资料对她和梁思成两人来说实在太珍贵了，里面凝聚了他们十二分的艰辛和心血，而今却被战争毁于一旦，此事的绝望心情如非亲身经历，又岂能体会得真切呢？

在这种艰苦的条件下，林徽因所表现出来的毅力和坚强是令人钦佩的。她的身体本来就不好，再加上战争的颠沛流离，身体更加地吃不消了。而在这时，梁思成因为劳累过度，也病倒了，于是，林徽因开始独自支撑这个摇摆在战乱中的家。像她自己所说的，她现在已经成了一个标准的“糟糠”，做饭、洗衣、照顾孩子，还要出去做兼职。

1946年10月，出任清华大学建筑系主任的梁思成由于工作原因远赴美国。由于梁思成的离开，清华大学新开办的建筑系的许多工作实际上都落到了林徽因这样一个病人的身上。

面对这种种的困难，林徽因坚强地承担着一切。在这一时期，她那孜孜以求的精神还让她利用一切可能的时间来学习和探求知识。林徽因柔弱的身躯里竟然是一颗如此坚韧的心。

女人，想要被人照顾时，她可以娇弱无力，柔情似水；但当困难压来时，她也可以坚如磐石。早在林徽因的父亲决定要带她远赴英国伦敦时，就十分明确地表达了他这么做的苦心：之所以要带着女儿，就是要通过和父亲的朝夕相处，来了解父亲为人处世的原则，也让她开阔自己的视野，来培养今后改革社会的气魄和能力。

大概是因为从小父亲就特别注意培养她对国家的感情和责任感，1931 年，九一八事变爆发后，面对民族所受的灾难，林徽因表现得非常坚定而又沉着，她曾经表示，如果我们民族的灾难来得特别迅猛而凶暴，我们应该以某种积极的方式去回应，而不能仅仅坐在那里握着空拳，等着别人来羞辱我们的脸面。从这些言语，我们可以看出，林徽因是一个有民族气节、深明大义的女子。

在祖国遭受日本帝国主义的侵略的时候，林徽因一家也是颠沛流离，过着逃亡的生活。医生曾经警告林徽因，说她的病情已经承受不了旅途的劳顿，但她认为“我的寿命是天的了”。于是，他们开始了长达六个星期的逃亡生活。他们由北平迁到了昆明。昆明也受到了战争的迫害，不再是那个四季如春的美丽城市，这里有的是混乱和敌机的轰炸。在这种糟糕的境况下，林徽因曾经静下来，让自己认真回忆了这一段时间的经历，写了《彼此》一文。在这篇文章中，对于战争，她通篇没有丝毫消极低沉的情绪，而是以十分坚毅的姿态和无可替代的信心，去面对个人和国家的苦难，她一直相信，我们中国人一定可以凭自己的实力“有力地，坚韧地，横过历史”。她的这份坚韧、执着，以及对国家的责任感，也让朋友对她更加地敬重了。

林徽因的一生是辉煌的一生。她是国徽的主要设计者，她为人民英雄纪念碑的图案设计贡献了自己的智慧，她更为抢救民族工艺品景泰蓝做出了巨大贡献。她对中国的古建筑有着深厚的感情，但她不是一个只会发怀古之幽思的小女子，她是曾为我国的建筑事业做出卓越贡献的一代女建筑师。

看她的《莲灯》：

如果我的心是一朵莲花，
正中擎出一支点亮的蜡，
荧荧虽则单是那一剪光，
我也要它骄傲地捧出辉煌。
不怕它只是我个人的莲灯，
照不见前后崎岖的人生——
浮沉它依附着人海的浪涛
明暗自成了它内心的秘奥。
单是那光一闪花一朵——
像一叶轻舸驶出了江河——
宛转它飘随命运的波涌
等候那阵阵风向远处推送。
算做一次过客在宇宙里，
认识这玲珑的生从容的死，
这飘忽的旅程也就是个——
也就是个美丽美丽的梦。

这首诗可以说是林徽因一生的写照。不管生活的浪涛怎么汹涌，不管外界的风云如何变化，她都坚守自己心中那朵洁白、幽静的莲花，用花心的那一点亮，照亮自己，也照亮别人。尽管人生只是宇宙里的匆匆过客，但也要“玲珑的生从容的死”，而所有这一切，也许只是一个“美丽的梦”。诗中充满了生的坚定与忧伤。坚定是一种生活态度，忧伤是因为生命的短暂易逝，两者的互动，促成了人生的丰富。

林徽因以智慧、美丽、坚韧征服了一个时代，也给我们这个世界留下了一个完美、坚强的女性的身影。

目录

第四章 文学世界里，她翩若惊鸿

第五章 民族大义前，她独立坚忍

第一章

梁思成是她可以依靠的肩膀

1918年，林徽因与梁思成初次见面，两人都给对方留下了深刻的印象。林徽因14岁，玲珑可爱、美丽清秀，明眸皓齿、神采飞扬。梁思成17岁，戴着眼镜，温文尔雅，略显稳重但又不乏幽默。应该说，这是一个很好的开始。

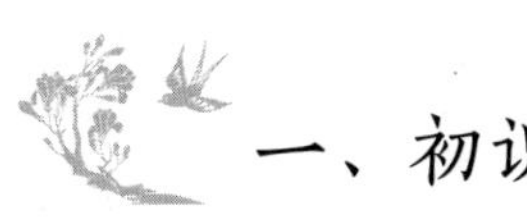

一、初识梁思成

林徽因，1904 年6 月10 日出生于浙江杭州陆官巷林宅。原名徽音，出自《诗经·大雅·思齐》：“思齐大任，父王之母。思媚周姜，京室之妇。大姒嗣徽音，则百斯男。”后来，为了避免与当时的一位男性作家林微音相混，自 1934 年起改为林徽因。祖籍福建闽侯。

林徽因出身书香门第、官宦之家。祖父林孝恂，光绪十五年（1889 年）己丑科进士，曾留学日本，历任浙江海宁、金华、孝丰、仁和、石门各州知县，能接受西方政治思想，曾参加孙中山领导的革命运动，在同辈中堪称进步分子。林孝恂曾在杭州设立家塾，分国学新学两项，教育家里的孩子。国学延请林纾主讲，新学延请林白水主讲，在当地颇有影响。祖母游氏，生有子女七人。

父亲林长民结了三次婚

父亲林长民，1876 年生于杭州，字宗孟，小的时候在家塾中读书，1906 年赴日本留学，不久又回到杭州，在杭州外语学堂学习英文和日文，毕业后再度赴日，专门攻读政治和法律，32 岁时毕业于早稻田大学。1910 年，林长民与留日同学刘崇佑创立福州私立政法学校，自任校长。辛亥革命那年，林长民赴上海、南京、北京等地宣传革命。民国元年，代表福建省参加南京临时参议院。不久，临时参议院迁往北京，他被推为秘书长。民国六年，段祺瑞重新掌握政权后，林长民出任司法总长。此外，林长民擅诗文、工书法，在当时的文人圈子里名气很大。

林长民曾先后三次结婚。在杭州读书时，曾娶叶氏为妻，但她无生育。接着，他又娶了第二个妻子何雪媛，也就是林徽因的母亲。何雪媛是浙江嘉兴人，是小作坊主的女儿，没有文化，生有一子两女。儿子和二女儿早夭，只有大女儿林徽因活了下来。1912 年，林长民又从福建娶了第三个妻子程桂林，她接连生了四个儿子和一个女儿。

林徽因 5 岁那年，即 1909 年，林家迁居杭州蔡官巷一座大宅院内。林徽因随祖父母、姑母们居住在这里。她聪明伶俐、活泼可爱，深受家里人喜爱，尤其是祖父，常给她讲故事，带她做游戏。

已经到了读书认字的年龄，林徽因跟表姐妹们一道，由大姑母林泽民发蒙读书。她年龄虽小，上课时似乎很不经心，但叫她背书则脱口而出，无不成诵。如此可爱的女儿，自然也成了父亲林长民的掌上明珠。

8 岁那年，祖父把家由杭州迁到上海，住在虹口区金益里。林徽因与表姐妹们到附近的爱国小学读书，上二年级，平时侍奉祖父。

1916 年，林徽因 12 岁。林长民在北洋政府任职。全家遂由上海迁到北京，住在后王公厂。林徽因和表姐妹们一起入英国教会办的培华女子中学读书，开始接触西方文化，并学习英语。

年龄稍长，林徽因也越发清秀美丽，并且越来越懂事。她的聪明、有主见、颇能料理家务让父亲感到自豪而又欣慰，于是父亲也特别地对这位乖女儿多加体贴，而且遇到一些事情时还会与她商量，因而父女关系非常密切。就连三娘也承认，林徽因是林长民最喜欢、最疼爱的孩子。

然而，生活并非全是明媚的阳光，林徽因小小的心灵过早地留下了生活的阴影。三娘接连生了四个儿子和一个女儿，在有着传统的重男轻女观念的父亲那里，自然赢得了欢心。他们一家几口被父亲安排到宽敞明亮的前院，而林徽因和母亲则被安排到相对窄小而又阴暗的后面小院子里。而且，父亲一直同三娘生活在一起，毫不掩饰自己的喜好，对林徽因的母亲不理不睬，使她实际上过着孤苦的分居生活。因而，林徽因的母亲对三娘满怀嫉恨，时常明里暗里地争吵。面对自己母亲的尴尬地位和孤苦生活，敏感的林徽因深切地感受到生活的复杂和矛盾，以及由此而来的人生苦味。她理解、同情母亲，敬佩自己的父亲，喜欢同父异母的弟弟妹妹，但她憎恨由于他们在一起所造成的争吵、苦恼。

年幼时的伤害，刻骨铭心

少年时期的经历往往会刻骨铭心，对人的一生产生深远的影响。对林徽因来说，家庭的悲剧在她心灵上造成的阴影深刻地影响了她对婚姻、人生的看法。多年以后她说："年幼时的那些伤害，对我是永久性的，一旦勾起往事，就会让我跌进过去的不幸之中。"

林徽因的儿子梁从诫对此有过描述：

我的外祖父林长民（宗孟）出身仕宦之家，几个姊妹也都能诗文，善书法。外祖父曾留学日本，英文也很好，在当时也是一位新派人物。但是他同外祖母的婚姻却是家庭包办的一个不幸的结合。外祖母虽然容貌端正，却是一位没有受过教育的，不识字的旧式妇女，因为出自有钱的商人家庭，所以也不善女红和持家，因而既得不到丈夫，也得不到婆婆的欢心。婚后八年，才生下第一个孩子——一个美丽、聪颖的女儿。这个女儿虽然立即受到全家的珍爱，但外祖母的处境却并未因此改善。外祖父不久又娶了一房夫人，外祖母从此更受冷遇，实际上过着与丈夫分居的孤单的生活。母亲从小生活在这样的家庭矛盾之中，常常使她感到困惑和悲伤。

童年的境遇对母亲后来的性格是有影响的。她爱父亲，却恨他对自己母亲的无情；她爱自己的母亲，却又恨她不争气；她以长姊真挚的感情，爱着几个异母的弟妹，然而，那个半封建家庭中扭曲了的人际关系却在精神上深深地伤害过她。可能是由于这一切，她后来的一生中很少表现出三从四德式的温顺，却不断地在追求人格上的独立和自由。

斗转星移，没过几年，林徽因已长成一个亭亭玉立的少女。她留着一条黝黑的小辫子，常穿素朴、淡雅的衣裙，眼睛乌黑明亮，顾盼生辉。安静的时候娴雅沉稳，活泼的时候朝气蓬勃，是一位谁见了都心生喜爱的美丽女孩。朝阳一般的年龄，生命在每一时刻都会焕发出迷人的光彩，世界每打开一扇窗子都会让人怦然心跳、激动不已。

林长民看到女儿如春树一般健康成长，自然满心喜悦，对林徽因关心备至。1918 年 4 月，林长民前往日本考察，很想带林徽因一起东游，但未能如愿，这使他感到十分遗憾。到达日本后他在信中对林徽因说："每到游览胜地，悔未携汝来观，每到宴会又幸汝未来同受困也。"由此可见林长民对女儿的深厚感情。

看着女儿一天天长大，林长民也开始盘算女儿的终身大事。对此，他心里已经有了人选。他就是梁启超的长子梁思成。林长民与梁启超是多年的好友，两人都曾在日本待过，都在北洋政府担任高官，思想倾向也有许多共同之处，若是两家结为亲家，自然是门当户对。正巧，梁启超也有此意。因此，1918 年林长民从日本回国后，他们便介绍两位年轻人相识。

一个是金童，一个是玉女

梁思成，1901 年 4 月 20 日出生于东京，自幼受到父亲的严格教导，在日本上过中文学校，回北京后又进入一所英国学校学习英语，1915 年进清华学校读书。他学习刻苦，成绩优异，喜欢体育运动，比如跑步、跳远、攀爬、体操等，因而身体健壮，同时又十分爱好音乐和美术。他的同学、好友陈植曾说：在清华的八年中，思成兄显示出多方面的才能，善于钢笔画，构思简洁，用笔潇洒。曾在《清华年报》（1922—1923）任美术编辑，酷爱音乐，与其弟思永及黄自等四五人向张蔼贞女士学钢琴，他还向菲律宾人范鲁索学小提琴。在课余孜孜不倦地学奏两种乐器是相当艰苦的，他则引以为乐。约在 1918 年，清华成立管乐队，由荷兰人海门斯指挥，1919 年思成兄任队长，他吹第一小号，亦擅长短笛……此外，思成还与同班的吴文藻、徐宗漱等四人，将威尔斯的《世界史纲》译成中文，由商务印书馆出版。这种种爱好使梁思成身心得到了健康发展，让他终生受益。

1918 年，林徽因与梁思成初次见面，两人都给对方留下了深刻的印象。林徽因 14 岁，玲珑可爱、美丽清秀，明眸皓齿、神采飞扬。梁思成 17 岁，戴着眼镜，温文尔雅，略显稳重但又不乏幽默。应该说，这是一个很好的开始。

值得一提的是，虽然双方家长有意成全这对“金童玉女”，但他们并没有自作主张地“包办”，只是希望这对小儿女的感情能够自然发展，水到渠成。因而，此时两人并没有建立一种明确的恋爱关系。

二、车祸“订”终身

1921 年 11、12 月间，林徽因与父亲一起抵达上海，梁启超派人接林徽因到北京，仍然回到培华女子中学读书，林长民暂时留在上海。

梁思成拜访林宅

林徽因回国不久，梁思成便到林宅登门拜访。这次拜访，用梁思成的续弦夫人林洙的话说，“这不是一般的访问，而是以一个求婚者的身份去的”。几年不见，两人都有了些新的变化，个子高了，见识广了，身心也成熟许多。但很快，几年离别所带来的陌生感消失殆尽，二人开始自在而又真诚地谈论各种话题，异地见闻、兴趣爱好、未来志向等。梁思成后来回忆说：“我第一次去拜访林徽因时，她刚从英国回来，在交谈中，她谈到以后要学建筑。我当时连建筑是什么还不知道，林徽因告诉我，那是艺术和工程技术为一体的一门学科。因为我喜爱绘画，所以我也选择了建筑这个专业。”可以说，从一开始，他们就是志同道合者。共同的爱好（绘画、文学等），相似的家庭（书香门第、官宦之家）、教育（中西文化的熏陶）背景，还有彼此的真诚，都使几年前就开始的友谊有了迅速的发展。

自此以后，林徽因与梁思成时常往来，关系日益亲密。爱的种子悄然萌发，并开始茁壮成长。多年以后，爱情的朵朵小小浪花还在林徽因的脑海里时时泛起美丽的波纹。新中国成立后，林徽因曾很有兴致地对当时还只是个学生的林洙谈起他们的美好往事。“那时我才十七八岁，第一次和思成出去玩，我摆出一副少女的矜持。想不到刚进太庙一会儿，他就不见了。忽然听到有人叫我，抬头一看原来他爬到树上去了，把我一个人丢在下面，真把我气坏了。”那是每个人都会珍爱一生的美好回忆。

1922 年 10 月，徐志摩回到上海。聚会、游览、讲学等事项把他的日程填得满满的，然而，繁忙的日常生活并不能减轻他对林徽因的思念之苦，他一直在盘算怎么才能尽快见到她，去向她倾诉一年来的想念之苦。正巧，这时徐志摩收到梁思成代梁实秋邀请他赴清华文学社讲演的信。于是，他立刻赶往北京。

徐志摩题为《艺术与人生》的演讲并不是很成功。他的英文流畅华丽，但台下的学生听得云里雾里。不过，演讲的内容现在看来还是有许多可取之处。比如对当时社会现实的抨击、对中国传统文化的批评，强调艺术对人生的重要性，肯定个性主义有利于中国新文学的发展等。

徐志摩一厢情愿

徐志摩一生爱交朋友，在北京与友人（包括梁思成和林徽因）接触后，他了解到梁思成和林徽因还没有正式订婚约，因而对追求林徽因抱有了更多的信心。但这只能是他的一厢情愿。

对于这些儿女情长，除了林长民，还有一个人也看得很清楚。他就是梁思成的父亲梁启超。梁启超对儿女一直严加教管但又关心备至。作为长子的梁思成的婚姻自然是他考虑的一件大事。早几年他已经看好林徽因，并有意促成儿子与之交往，但他并不想替儿子包办了这桩婚事，而是想让两个小儿女的感情自然发展。可是这并不意味着他对他们的感情不关注，听之任之。对于徐志摩在英国狂热地追求林徽因，并到了与妻子离婚的地步，他十分清楚。他太了解他这位率性、浪漫的学生了。现在，他认为，不论是从老师的角度，还是从父亲的角度，他都应该给徐志摩敲敲警钟。因而，1923年1月2日，他给徐志摩写了一封信，批评、规劝徐志摩赶紧悬崖勒马。

梁启超的信中写道："其一，万不容以他人之痛苦，易自己之快乐。弟之此举其于弟将来之快乐能得与否，殆茫如捕风，然先已予多数人以无量之痛苦。其二，恋爱神圣为今之少年所乐道。兹事盖可遇而不可求。……所梦想之神圣境界恐终不可得，徒以烦恼终其身已耳。呜呼，志摩，天下岂有圆满之宇宙？当知吾侪以不求圆满为生活态度，斯可以领略生活之妙味矣。若沉迷于不可求得之梦境，挫折数次，生意尽矣。郁悒侘傺以死，死为无名。死犹可也，最可畏者，不死不生而堕落至不复能自拔。呜呼，志摩，可无惧耶？可无惧耶？"梁启超可谓晓之以理，动之以情。

但徐志摩也有自己的道理，他反驳道："我之甘冒世之不韪，竭全力以斗者，非特求免凶惨之苦痛，实求良心之安顿，求人格之确立，求灵魂之救度耳。人谁不求庸德？人谁不安现成？人谁不畏艰险？然且有突围而出者，夫岂得以而然哉？嗟夫吾师！我尝奋我灵魂之精髓，以凝成一理想之明珠，涵之以热满之心血，明照我深奥之灵府。而庸俗忌之嫉之，辄欲麻木其灵魂，捣碎其理想，杀灭其希望，污毁其纯洁！我之不流入堕落，流入庸懦，流入卑污，其几亦微矣！”徐志摩满腔热血，不屈不挠。

1月7日，梁启超在给大女儿梁思顺的信中写道：“思成和徽因已互订终身。”他还说：“我告诉他们，订了婚就要赶快结婚，不过，我希望他们在订婚之前一定要先完成学业。可是林家主张他们马上订婚，他们的朋友也多半这么想。你认为呢？”可见，此时林徽因与梁思成已经订婚。但出于种种考虑，林徽因和梁思成到1927年才正式宣布订婚。

这让徐志摩苦恼不已。“水粼粼，夜冥冥，思悠悠/何处是我恋的多情友/风飕飕，柳飘飘，榆钱斗斗/令人长忆伤春的歌喉。”他充满深情地呼唤：

请听我卑哽的声音，祈求于我爱的神：
人间哪一个的身上，不带些儿创与伤！
哪有高洁的灵魂，不经地狱，便登天堂：
我是肉搏过刀山，炮烙，闯度了奈何桥，
方有今日这颗赤裸裸的心，自由高傲！
这颗赤裸裸的心，请收了吧，我的爱神！

因为除了你更无人，给他温慰与生命，
否则，你就将他磨成齑粉，撒入西天云，

但他精诚的颜色，却永远点染你春朝的

新思，秋叶的夜晚；怜悯吧，我的爱神！

也就是凭着这无法抑制的痴情，徐志摩还在继续努力。据说，当时林徽因和梁思成喜欢在北海快雪堂松坡图书馆约会，读书。而在石虎胡同七号松坡图书馆外文部担任秘书的徐志摩时常跑去纠缠他们，成为很不受欢迎的人。梁实秋曾说："据梁思成告诉我，徐志摩时常至松坡图书馆去做不受欢迎的第三者，松坡图书馆星期日照例不开放，梁因特殊关系自备钥匙可以出入。梁不耐受到骚扰，遂于门上张贴一纸条，大书：Lovers want to be left alone（情人不愿受干扰）。徐志摩只得怏怏而去，从此退出竞逐。"

然而就在林徽因和梁思成的关系迅速发展的时候，一次飞来的横祸给梁思成的终生带来了莫大的痛苦。

守在梁思成病床边

1923 年 5 月 7 日，北京的学生举行"五四国耻日"游行，大约 11 点，梁思成和弟弟梁思永驾驶着大姐梁思顺从菲律宾给他们买来的摩托车，离家去追赶游行队伍。当他们转入长安街时，冷不防被高官金永炎乘坐的大轿车撞到了侧面。摩托车被撞，重重摔倒在地，梁思成被压在摩托车下面，梁思永被甩到远处。金永炎不管伤者死活，叫司机不许停车，继续往前走。梁思永的伤口流着血，他爬起来，看见哥哥被压在摩托车底下，脸色铁青，不省人事，便立即跑回家。他叫道："快！救救思成！他撞伤了，伤得不轻！"家人奔向出事地点，把梁思成背了回来。梁思成脸色苍白，眼珠一动不动。

过了大约20分钟，他才恢复了知觉，脸上又有了血色。梁启超俯身向他，握住他的手，梁思成在他的脸上亲了一下，说："爸爸，我是您的不孝儿子。在您和妈妈把我的全部身体交给我之前，我已经把它毁坏了。别管我，尤其不要告诉妈妈。大姊在哪儿，我怎么能见到她?"梁启超后来写道："这时候，我的心差不多要碎了。我只是说，'不要紧了，别害怕。'当我看到他脸上恢复了血色的时候，我感到欣慰。我想，只要他能活下来，就算是残废我也很满足了。"后来医生来了，帮梁思成做了全身检查，诊断腰部以上没有什么毛病，只是右腿断了，应立即送往医院。梁思永嘴唇磨破，腿有轻微的擦伤，也一起住进了医院。

林徽因很快得知发生车祸的消息，她心如刀割，同家人一起赶来看望，守在梁思成的病床边，一待就是半天，饭都没顾上吃。

那时，天气已经比较炎热。梁思成的绷带一直缠到腰间，面色苍白，但他很坚强、乐观，没过几天便跟别人有说有笑。他的精神恢复得这么快，当然跟林徽因的照顾分不开。她天天来看望梁思成，没有丝毫的矜持。每个下午，林徽因都坐在病床边，热心地和他说话，开玩笑、安慰他，或者帮他擦汗、翻身。患难见真情，对于相爱的人来说，爱人的一个眼神，一个微小的动作，都会让对方感到异常甜蜜。有林徽因陪在身旁，梁思成的心里感到踏实、欣慰，这比什么药都有利于他的康复。

在这紧急关头，梁启超把儿子的情况以随时口述的形式，请林徽因记录下来，寄给大姊。梁启超对林徽因的表现非常满意，他在一封信中说："徽因我也很爱她，我常和你妈妈说，又得一个可爱的女儿……老夫眼力不错吧。徽因又是我第二回的成功。"

但林徽因的表现却没有得到梁思成母亲的赞赏，她认为一个未婚女孩子的表现太出格了，有失大家闺秀的风范，甚至认为梁思成娶这么个女孩子不会幸福。林徽因得知后自然很是苦恼。但她还是天天来看望、护理梁思成，直到他出院。

关于梁思成的伤势，起初医生诊断骨头没有折断，不需要动手术。这个诊断是错误的，耽误了正确的治疗。实际上，梁思成是股骨复合性骨折。到5月底，他已经动了五次手术。梁启超给女儿的信中充满希望地说，腿已经完全接合，梁思成将可以和正常人一样走路。可实际并非如此。从那时起，梁思成的右腿比左腿短了一截，这辈子都要跛着走路。由于脊椎受伤，他还要穿着协和医院给他特制的金钢马甲。对于一个日后经常出去做实地考察，穿越荒村野岭、攀爬屋顶梁架的人来说，这种残疾实在是太痛苦了。

在梁思成住院期间，梁启超除了精心照顾以外，还要求他好好利用这段时间学习。在出事后两周左右，梁思成开始研读中国的古代典籍，从《论语》和《孟子》开始。梁启超说："在这两个月里，你应当能够沟通，甚至背诵那些修身养性的段落，然后读《左传》和《战国策》的全文，以增长智能和改进文体风格。若还有时间的话，可以读点《荀子》。"因而，在陪伴梁思成的时间里，林徽因经常和他谈论传统文化的博大精深，为古人早就有如此精辟的见解感叹不已。由此，梁思成的国学功底有了进一步的巩固，这对他以后从事建筑史的研究大有裨益。

1923年7月31日，梁思成出院。梁启超已经和医生商量好，将梁思成夏天到美国留学的计划推迟一年。梁启超对儿子说："你的一生太平顺了，小小的挫折可能是你磨炼性格的好机会。而且就学业来说，你在中国多准备一年也没有任何损失。”这时，林徽因也在培华女中毕业，并考取了半官费的留学资格。

突来的灾难非但没有把两人分开，反而让两个人紧密地连在了一起。如果说从前林徽因有时还会有所动摇的话，那么，从此以后，她确定要与梁思成厮守终生。

美利坚岁月，苦乐参半

1924 年 7 月，林徽因、梁思成到达美国康奈尔大学，在该校入暑假预期班。林徽因选了户外写生和高等代数两门课，梁思成选了水彩静物画、户外写生和三角三门课。他们希望预修一些学分后，到宾夕法尼亚大学直升建筑系二年级或更高的年级。

康奈尔是美国东部常春藤名校，依山傍水，景色秀美。梁思成在给家里的信中说“这里山明水秀，美如仙境”。他们的学习自然十分用功，但却又遇到了难以排解的苦恼。

此时，梁思成不时收到姐姐梁思顺的来信。信中谈到她与母亲怎么反感林徽因，坚决反对他们俩结婚。她们的态度十分坚决，让梁思成异常苦恼。梁启超也感到了事态的严重，他说：“这是思成一生幸福的关键所在，我几个月前就很怕思成因此生出精神异动，毁掉了这孩子。”

对此，林徽因自然感到非常委屈，觉得自己并没有做错。虽然是身正不怕影子斜，但这些事还是让她精神忧郁，以至于生病。好在梁思成明白事理，懂得林徽因的苦衷，还十分体贴，这让林徽因感到欣慰，认为自己并没有选错人。但是，夹在中间的梁思成担心母亲和姐姐不能听从劝告，难以转变对林徽因的态度，这让他深感苦恼。他在给姐姐的信中说：“感觉着做多少事，便受多少惩罚，非受完了不会转过来。”

还好，这时也在美国留学的弟弟梁思永颇为理解他们。他一再写信给姐姐梁思顺，要她理解林徽因，还写信给父亲，恳求他劝说姐姐和母亲。因而，到了1925年4月，梁思顺对林徽因的态度有所改变，甚至“感情完全恢复”。梁启超知道后，非常高兴。

这时，又一件坏消息传到美国。梁思成母亲的癌症到了晚期，家里已经开始为她准备后事。梁启超发电报给梁思成，要他回国尽一个儿子应尽的义务。但梁思成刚入学不久，一切都还没有头绪，难以确定何时动身。由此以来，他和林徽因终日黯然神伤，内心十分痛苦。

1924年9月，梁思成和林徽因进入美国宾州费城的宾夕法尼亚大学学习。20年代的宾大建筑系是布杂艺术的堡垒，坐镇的是系主任、法国著名建筑师克雷（Paul P. Cret，1876—1945）。这位著名的建筑师把他的一生所学传授给了他的美国学生，在宾大具有举足轻重的地位。

但这时他们却听到一个令人不安的消息，建筑系只收男生，打听到的原因是，建筑系学生常常要彻夜赶图，而无人陪伴的女生不太方便。林徽因没有办法，只好和其他女生一起在美术系注册。本来是林徽因一直想上建筑系，才拉着梁思成和他们的朋友陈植来到宾大，结果她自己反而上不了，这让林徽因感到懊恼。事实上，她并不肯就此妥协。大学档案显示，自1926年春季班开始，林徽因已是建筑系设计教授的助理，而下学期又当上了建筑设计课的辅导员。

她究竟是怎么办到的？如何打破宾夕法尼亚大学的规定？这点

我们不得而知。反正从第一年开始，她就和梁思成一起上建筑课了。建筑系的一位年轻讲师、日后成为著名建筑师的哈贝森，曾经夸奖他俩的建筑图作业简直“无懈可击”。

上大学的头一年，梁思成和林徽因之间经历了一番感情的挣扎，有时甚至爆发激烈的争吵。他们俩的个性和脾气差异比较大，在婚前的这段时期，彼此仍有待调适。

在美国同学眼里，中国来的留学生多半刻板、僵化，而“菲丽丝”（这里的人都这么叫林徽因）除外。她有着异乎寻常的美貌、活泼和机灵，说着一口流利的英语，而且又天生善于交际，因而得到大家的喜爱。

但是梁思成真的是那么刻板、死硬吗？毫无疑问，他是一个严肃用功的学生，他一辈子都是如此，这是他的天性。在梁思成的心目中，他和林徽因是一种“没有正式订婚”的亲密关系，觉得对她有责任而想管管她。但林徽因在美国的文化环境中如鱼得水，她正在充分享受美国的自由，在男女同学里受到的欢迎真是令人陶醉。所以当梁思成因为爱她，有时想约束一下她时，林徽因常常付之一笑。但梁思成对林徽因非常体贴，而且很有耐心。据说，每次约会，梁思成都要在女生宿舍下面等二三十分钟，林徽因才打扮好，姗姗下楼。因而，梁思永曾为他们撰写了一副对联：“林小姐千妆万扮始出来；梁公子一等再等终成配。”横幅是“诚心诚意”。

不过，他们还是尽量在不压抑自己个性的条件下，相互容忍和妥协。大学时代，他们性格上的差异，从工作态度上便可看出。满脑子都是创意的林徽因，常常先画出一张草图或建筑图样，然后一边做，一边修正或改进，而一旦有了更好的点子，前面的便一股脑儿丢开。等到交图的最后期限将到，即使在画图板前不眠不休赶工也来不及了，这时候梁思成就插进来，以他那准确和熟练的绘图功夫，把那乱七八糟的草图变成一张整洁、漂亮、能够交卷的作品。他们俩合作无间，各为建筑贡献出自己的特殊天赋。

对于林徽因在宾大学习生活的其他细节，我们可以从她的一位美国同学 1926 年写的一篇文章中了解一二。

她坐在靠近窗户能够俯视校园中一条小径的椅子上，俯身向一张绘图桌，她那瘦削的身影匍匐在那巨大的建筑习题上，当它同其他三十到四十张习题一起挂在巨大的判分室的墙上时，将会获得很高的奖赏。这样说并非捕风捉影，因为她的作业总是得到最高的分数或偶尔的第二。她不苟言笑，幽默而谦逊。从不把自己的成就挂在嘴边。

“我曾跟着父亲走遍了欧洲。在旅途中我第一次产生了学习建筑的梦想。现代西方的古典建筑启发了我，使我充满了要带一些回国的欲望。我们需要一种能使建筑百年不朽的良好建筑理论。”

“然后我就在英国上了中学。英国女孩子并不像美国女孩子那样一上来就这么友好。她们的传统似乎使她们变得那么不自然地矜持。”

对于美国女孩子——那些小野鸭子们你怎么看？

回答是轻轻一笑。她的面颊上显现出一对色彩美妙的、浅浅的酒窝。细细的眉毛抬向她那严格按照女大学生式样梳成的云鬓。

“开始我的姑姑阿姨们不肯让我到美国来。她们怕那些小野鸭子，也怕我受她们的影响，也变成像她们一样。我得承认刚开始的时候我认为她们很傻，可是后来当你已看透了表面的时候，你就会发现她们是世界上最好的朋友。在中国一个女孩子的价值完全取决于她的家庭。而在这里，有一种我所喜欢的民主精神。”可以说，美国民主、自由的文化环境让林徽因感到了舒畅、幸福，她在这样的环境里，尽情地施展自己的个性，挥洒自己的才华。

父亲的去世如晴天霹雳

1925 年 12 月，梁思成和林徽因收到梁启超发来的一封急电和一封长信。信中写道：

今天报纸上传出可怕的消息，我不忍告诉你，又不能不告诉你，你要十二分镇定着，看这封信和报纸。

我们总还希望这消息是不确的，我见报后，立刻叫王姨入京，到林家探听，且切实安慰徽因的娘……

我现在总还存万一的希冀，他能在乱军中逃命出来。万一这希望得不着，我有些话切实嘱咐你。

第一，你自己要十分镇静，不可因刺激太剧，致伤自己的身体。徽因遭此惨痛，唯一的伴侣，唯一的安危，就只靠你。你要自己镇静着，才能安慰她，这是第二层。

第二，这种消息，谅来瞒不过徽因。万一不幸，消息若确，我也无法用别的话解劝她，但你可以将我的话告诉她：我和林叔的关系，她是知道的，林叔的女儿，就是我的女儿，何况更加以你们两个的关系。我从今以后，把她和思庄一样看待，在无可慰藉之中，我愿意她领受我这种十二分的同情，度过她目前的苦境。她要鼓起勇气，发挥她的天才，完成她的学习，将来和你共同努力，替中国艺术界有点贡献，才不愧为林叔的好孩子。这些话你要用尽你的力量来开解她。

……

徽因留学总要以和你同时归国为度。学费不成问题，只算我多一个女儿在国外留学便了，你们不必因此着急。

不久，他们又收到梁启超写来的信：

……昨晚彼中脱难之人，到京面述情形，希望全绝，今日已发表了。遭难情形，我也不必详报，只报告两句话，（一）系中流弹而死，死时当无大痛苦。（二）遗骸已被焚烧，无从运回了。……徽因的娘，除自己悲痛外，最挂念的是徽因要急煞。我告诉她，我已经有很长的信给你们了。徽因好孩子，谅来还能信我的话。我问她还有什么话要我转告徽因没有？她说："没有，只有盼望徽因安命，自己保养身体，此时不必回国。"我的话前两封信都已说过了，现在也没有别的话说，只要你认真解慰便好了。

这封信确定，林徽因的父亲林长民在不久前的战乱中不幸去世。

事实经过是这样的。

1925 年，军阀张作霖依靠日本政府的支持，兵分四路进攻北平，意欲打败华北军阀，自任总统，统治全中国。11 月，郭松龄将军向全国发表《反奉通电》，不久将原奉军第三方面军改称东北国民军，起兵反奉，打倒军阀，制止内战，誓死救国。林长民当时应邀参加郭松龄幕府，担任政务处长。郭松龄将军这一举动是爱国的，进步的，立即受到共产党的《向导》和全国舆论界的肯定，而北京、天津、南京、上海等大城市的高校学生则通过集会、游行予以声援。

反奉战争之初，郭松龄部队士气旺盛，接连攻下山海关、连山和锦州。可是，当郭部于 12 月 21 日发起总攻击时，却由于张作霖得到日本政府的支持，调集大批部队反攻，而郭部内部却出现了叛徒，因而情势大变，郭部惨败。郭松龄只好率领一部分人马突围奔逃。逃至新民县西南的苏家窝棚时，受到奉军王永清的骑兵袭击，结果和郭松龄同行的林长民中流弹身亡。郭松龄及其夫人韩叔秀藏于一居民菜窖中，由于叛徒出卖被搜出，押往辽中县老达镇，25 日被枪杀。

林徽因得此噩耗后，悲痛万分，大哭不已。她与父亲的感情非同一般，她是父亲最疼爱的孩子，她对父亲的敬爱远远超过了母亲。年仅 49 岁的父亲竟然就此撒手人寰，怎能不叫人伤心欲绝？家里仅有 300 块积蓄，母亲和弟妹怎么生活？想到这些，林徽因恨不能立刻回国。这时梁启超又发来一封电报，告知家里的事他可以帮着处理，不用她担心，只需她节哀，好好注意身体，继续在美国求学。梁思成也一再劝阻，林徽因终于没有回去。但心里难过至极，整天以泪洗面，很快病倒在床。好在有梁思成无微不至的照顾，她才得以渡过难关。

三、在加拿大结婚，回东北工作

没有什么比父亲的死更让林徽因难过了，熬了很多天，她终于挺了过来。但 1926 年 10 月间，她收到了梁思顺转来的梁启超写的一封信。这封信又让她心烦意乱起来。梁启超说：

我昨天做了一件极不愿意做之事，去替徐志摩证婚。他的新妇正是王受庆夫人，与徐志摩恋爱上，才和受庆离婚，实在是不道德之极。我屡次告诫志摩而无效。胡适之、张彭春苦苦为他说情，到底以姑息志摩之故，卒徇其情。我在礼堂演说一篇训词，大大教训一番，新人及满堂宾客无一不失色，此恐是中外古今所未闻之婚礼矣。今把训词稿子寄给你们一看。青年为感情冲动，不能节制，任意决破礼防的罗网，其实乃是自投苦恼的罗网，真是可痛，真是可怜！徐志摩这个人其实聪明，我爱他不过，此次看着他陷于灭顶，还想救他出来，我也有一番苦心。老朋友们对于他这番举动无不深恶痛绝，我想他若从此见摈于社会，固然自作自受，无可怨恨，但觉得这个人太可惜了，或者竟弄到自杀。我又看着他找得这样一个人做伴侣，怕他将来苦痛更无限，所以想对于那个人当头一棒，盼望他能有觉悟（但恐甚难），免得将来把徐志摩累死，但恐不过是我急痴的婆心便了。闻张歆海近来也很堕落，日日只想做官（志摩确是很高洁，只是发了恋爱狂——恋态心理——恋态心理的犯罪）。此外还有许多招物议之处，我也不愿多讲了。品性上不曾经过严格的训练，真是可怕，我因昨日的感触，专写这一封信给思成、徽因、思忠们看看。

徐、陆成婚

梁启超所说的“证婚”，是指他给徐志摩和陆小曼做证婚人。1924 年秋，在新月社的活动中，徐志摩结识京师名媛陆小曼，两人很快坠入爱河。陆小曼是王赓的妻子，容貌美丽，喜欢交际，对徐志摩的才情很是倾慕。而徐志摩也为她的风情所迷倒。两人经历一番曲折后，于 1926 年 10 月在北京结婚。他们请梁启超做证婚人。本来梁启超不愿意做，无奈胡适再三劝说，最后只好答应。然而，令徐志摩大吃一惊的是，在婚礼上，梁启超对他和陆小曼二人大加训斥。

他说：“徐志摩，你这个人性情浮躁，所以在学问方面没有成就。你这个人用情不专，以致离婚再娶。以后务要痛改前非，从新做人！

“徐志摩、陆小曼，你们听着！你们都是离过婚，又重新结婚的，都是过来人！这全是由于用情不专，以后要痛自悔悟，希望你们不要再一次成为过来人。我作为你徐志摩的先生——假如你还认我为先生的话——又作为今天这场婚礼的证婚人，我送你们一句话，祝你们这是最后一次结婚!”

徐志摩还没听完就面红耳赤，十分难堪，而陆小曼则因突如其来的训斥快要晕倒。后来多人劝说，梁启超才作罢。第二天，他便给梁思成、林徽因等人写了上面那封信。

林徽因看完此信，心情颇为复杂。

1927 年 1 月，胡适为完成哥伦比亚大学哲学博士学位的最后手续再次赴美。到达美国不久，他便收到林徽因寄来的信，邀请他去费城彭校教育会演讲。林徽因的主要目的是想与胡适谈谈，以了解国内的一些情况。她写道：“我这两年多的渴想北京和最近残酷的遭遇给我许多烦恼和苦痛。我想你一定能够原谅我对于你到美的踊跃。我愿意见着你，我愿意听到我所狂念的北京的声音和消息，你不以为太过吧?”

胡适应约前来会见林徽因。谈话中必然谈及徐志摩和陆小曼。对于他们的婚事，胡适一开始也不是很同意。可是后来看到他们俩爱得死去活来，历尽艰难，因而十分同情和理解。

对于徐志摩结婚，林徽因的心情还是很复杂，很微妙。她在 3 月份给胡适的信中说：“那天所谈的一切——宗教、人事、教育到政治——我全都忘不了的尤其是‘人事’。一切的事情我从前不明白现在已清楚了许多，就还有要说要问的也就让他们去不说不问了。‘让过去的算过去的’这是志摩的一句现成话。”她还说：“回去时看见朋友们替我问候，请你告诉志摩我这三年来寂寞受够了，失望也遇多了，现在倒也能在寂寞和失望中得着自慰和满足。告诉他我绝对的不怪他，只有盼他原谅我过去的种种的不了解。但是路远隔膜误会是所不免的，他也该原谅我。我昨天把他的旧信一一翻阅了，旧的志摩我现在真真透彻地明白了，但是过去，现在不必重提了，我只求永远纪念着。”林徽因说得有些伤感，这也看出她对徐志摩感情之深厚。有些事情，只有过去了才明白它的意义，有些人真正地失去了，才觉得伤心，才觉得重要。

对于自己的现在和未来，林徽因还跟胡适做了详细的描述。她在信中说：“如你所说的，经验是可宝贵的，但是有价值的经验全是痛苦换来的，我在这三年中真是得了不少阅历但也够苦了。经过了好些的变励的环境和心理我是如你所说的老成了好些，换句话说便是会悟了从青年的 idealistic phase（理想主义阶段）走到了成年的 realistic phase（现实主义阶段），做人便这样做罢。Idealistic 的梦停止了也就可以医好了许多 vanity（虚荣），这未始不是个好处”，“照事实上看来我没有什么不满足的”。

这是对自己心境的准确描绘。由这段话可以看出，经历了这么多的变故，少女时代的林徽因已经逐渐远去，迎面走来的，是一位成熟、直面现实的女性。

学业有成

尽管遭到这么多的打击，忍受了这么多的煎熬，林徽因丝毫没有放松自己的学业。1927 年 2 月，林徽因以优异成绩获得美术学士学位，提前一年完成学业。而梁思成则于 2 月获得建筑学学士学位。这年夏天，克雷请他们当助手，从事建筑设计和研究，这是对他们最大的肯定和鼓励。

暑假过后，林徽因进入耶鲁大学戏剧学院，在 C. P. 贝克教授的工作室学习舞台美术。据说，林徽因是中国第一位到国外学习舞美专业的学生。之所以学这个专业，是因为林徽因既喜欢美术，又非常爱好戏剧。早在1925年，闻一多等人组织“中华戏剧改进社”时，她就是主要成员之一。梁思成为了研究东方建筑，转入哈佛大学研究生院攻读硕士学位。

到1928年年初，梁思成达到了他来哈佛的目的。而此时的林徽因则以她惯有的活力，在耶鲁大学戏剧学院的舞台设计者中赢得了一个特殊的位置。由于在建筑设计和绘图方面的高超技术，在交卷期限逼近时，她成为每一位同学的救星。史都华·钱尼，当时尚未满20岁，也是林徽因疼爱的小学弟，日后在舞台设计上崭露头角。8年之后，即1936年2月，林徽因在《戏剧艺术》月刊上发现他的名字，惊喜地写道：“我的钱尼真了不起，现在成了百老汇的设计师！想想看，那个和谁都合不来、老是需要我像母亲般保护的小淘气，现在成了百老汇有名的设计师，一次就有四部剧目同时上演。”

学业即将完成，该准备婚事了。对此，比他们俩更关心的是他们的父亲梁启超。1927年12月12日，梁启超与林家商定18日为他们举行订婚仪式。梁启超在信中说：

这几天家里忙着为思成行文定礼，已定于十八日在京寓举行，因婚礼十有八九是在美举行，所以此次和文定礼特别庄严慎重些。晨起谒祖告聘，男女两家皆用全贴遍拜长亲，午间宴大宾，晚间家族欢宴。

……

聘物我家用玉佩两方，一红一绿，林家初时拟用一玉印，后闻我家用双佩，他家也用双印，但因刻玉好手难得，故暂且不刻，完其太璞。礼毕拟将两家聘物汇寄坎京，备结婚时佩带，唯物品太贵重，深恐失落，即仍留两家家长处，结婚后归来，乃授与保存。

12 月 18 日，梁启超又来信说及举行婚礼的事宜：

这几天为你们的聘礼，我精神上非常愉快，你想从怀抱里“小不点点”，一个孩子盼到成人，品行学问都还算有出息，眼看这就要缔结美满的婚姻而且不久就要返国，回到怀里，如何不高兴呢？……

我主张你们在坎京行礼，你们意思如何？我想没有比这样再好的了。你们在美国两个孩子自己实张罗不来，且总觉太草率，有姊姊代你们请些客，还在中国官署内行谒祖礼（婚礼还是在教堂内好），才庄严像个体统。

婚礼只要庄严不要侈靡，衣服首饰之类，只要相当过得去便够，一切都等回家再行补办，宁可节省点钱作旅行费。

你们由欧洲归国行程，我也盘算到了。……我替你们打算，到英国后折往瑞典、挪威一行，因北欧极有特色，市政亦极严整有新意（新造之市，建筑上最有意思者为南美诸国，可惜力量不够供此游，次则北欧可观），必须一往。由是入德国，除几个古都市外，莱茵河畔著名堡垒最好能参观一二，回头折入瑞士看些天然之美，再入意大利，多耽搁些日子，把文艺复兴时代的美，彻底研究了解。最后便回到法国，在玛赛上船（到西班牙也好，刘子楷在那里当公使，招待极方便，中世及近世初期的欧洲文化实以西班牙为中心）。中间最好能腾出点时间和金钱到土耳其一行，看看回教的建筑和美术，附带着看看土耳其革命后政治［关于这一点，最好能调查得一两部极简明的书（英文的）回来讲给我听听］。

梁启超对儿女的事情可谓关心备至，精心设计。更何况他此时已经重病在身，而且非常繁忙。真是可怜天下父母心！

渥太华的婚礼

1928 年 3 月 21 日，梁思成和林徽因在加拿大渥太华举行婚礼。据说，选择这个日子，是为了纪念宋代杰出建筑师李诫，因为 3 月 21 日是他的墓碑上唯一的日期。由于林徽因不愿在教堂举行宗教式的婚礼，因而，他们在中国驻加拿大总领事馆梁思顺的客厅里举行了结婚仪式。当时，梁思顺的丈夫周希哲是领事。林徽因不愿意穿西式的白纱婚礼服，但又没有中式“礼服”可穿，她便以构思舞台服装的想象力，自己设计了一套“东方式”带头饰的结婚服装，据说曾使加拿大新闻摄影记者大感兴趣。这可以说是她后来一生所执着追求的“民族形式”的一次幼稚的创作。

婚礼由姐姐和姐夫主持。中外来宾很多，场面非常热闹，但又不俗气。林徽因和梁思成都很满意，但也满是感慨。从 1918 年两人相识，到 1928 年结婚，整整十年的时间，也算是一路坎坷。对于林徽因来说，这么喜庆的日子里，想到浪漫潇洒、充满豪情的父亲已离开人世，不能不让人伤心。

婚后，他们俩立即写信给梁启超，详细告知婚礼的举行情况。梁启超收到信后，满心欢喜，很快回复他们，表示祝贺，并诉说自己的喜悦和期望。他说：

……老人欣悦情怀可想而知。尤其令我喜欢者，我以素来偏爱女孩之人，今又添了一位法律上的女儿，其可爱与我原有的女儿们相等，真是我全生涯中极愉快的一件事。你们结婚后，我有两件新希望：头一件你们俩体子都不甚好，希望因生理变化作用，在将来健康上开一新纪元。第二件你们俩从前都有小孩子脾气，爱吵嘴，现在完全成人了，希望全变成大人样子，处处相互体贴，造成终身和睦安乐的基础。这两件希望，我想总能达到的。

一场婚事，让他这位做父亲的操碎了心。

欧洲的蜜月与学习

不久，他们按照梁启超的安排，动身去欧洲旅游。这既是度蜜月，也是一次很好的学习机会。

虽然林徽因当年曾经跟随父亲在欧洲的主要国家游历了一番，但那时年纪尚小，加上学识有限，时间仓促，只是走马观花，匆匆浏览。这次有梁思成做伴，两人又对建筑史已经有相当的了解，因而，兴致很高，收获颇多。新婚的幸福，加上学业上的收获，使这对新人在欧洲精美的古建筑中流连忘返。

多年以后，林徽因仍然记得参观西班牙达格兰纳达市阿尔罕布拉宫时的情形。林徽因说，她与梁思成到达格兰纳达市时已是午后 4 点，在旅馆安顿下来后已过 5 点，没有旅游车可乘了，只好自己包了一辆马车前往阿尔罕布拉宫。到达后，宫门已关闭。只好央求管理人员让他们参观。她看到的阿宫是这样的：坐落在一个地势险要的小山上，有一圈红石围墙。围墙的大门叫公正门。整个宫殿以两个互相垂直的长方形殿堂组成，南北向的叫石榴院，东西向的叫狮子院。石榴院南北两端有券廊，正殿在北端券廊的后面，院子中央有一条长水池。狮子院北侧是后妃的卧室，后面有小花园，有山泉水，在院子中央汇成一小池，池周边栏板上雕着 12 个雄狮雕像。狮子院有一圈柱廊。阿宫的殿堂及券廊上的壁画有许多几何纹样和阿拉伯文字的图案。整个宫殿的艺术风格精致，绚丽，柔靡，忧郁，亲切。

游览了法国、英国、瑞士、意大利、西班牙和德国后，这对年轻的夫妇接到父亲的来信，要求他们提前回来。1928 年初夏时节，为了节省时间和费用，他们取道莫斯科，通过西伯利亚大铁路回国。

归国途中，他们遇到了一对年轻的美国夫妇——查理斯和芙瑞莉卡・查尔德。共同的气质和爱好使他们很快成为好朋友，成为旅途愉快的伴侣。1980 年，查理斯应林徽因夫妇的好友费慰梅的要求，回忆了当年他们的交往：

人生的际遇中，有时出现神奇（不再重复出现）的片段或插曲。我们和梁氏夫妇短暂而热烈的友谊就是如此——一扇敞开、通向共同憧憬的大门。

1928 年初夏，芙瑞莉卡和我搭上一列穿越西伯利亚的火车，从莫斯科缓缓东行，列车沿途停下，加水或添木头燃料。靠站时，旅客都跑到站台上去，上下走动，向当地人换东西吃或者泡茶。

在那些粗鲁的、发臭的旅客群中，这一对迷人的年轻夫妇显得特别醒目。除了天生的沉静外，在我们眼里，他们仿佛反映着一种不可抗拒的光辉和热情。在相互愉悦的心情下，我们很快谈起话来——他们说，他们是满载着美国的体验回去，急于把它们付诸实践，而我们则是刚开始展开长长的、通往深深吸引我们的艺术和哲学的旅程。蓦然回首，火车旅行的单调和语言障碍，显然也是增进彼此友谊的因素。

但是谁又能“说清楚”，好感，它就这么来了——与对方同行，分享着共同的观念、计划和志向，我们感到欢喜。

火车颠簸前行，经过鄂姆斯克、托木斯克、伊尔库茨克、贝加尔，一个又一个的站，最后抵达和中国中东路的接轨站，四人一行从那里登上往东南穿过满洲的火车，经过哈尔滨、沈阳，来到黄海边的大连。

我们在沈阳停下，拜访一座沿大街陈列着石刻侍卫的古老大图书馆。思成的父亲在那里有熟人，当我们走过书法和绘画的珍藏展时，“梁”这个姓氏，引来无数的打躬作揖。

我们从大连登上一艘日本轮船横渡直隶湾，驶往天津的外港大沽口。日光淡了，大雨倾泻如注，又换搭一列既缓慢又漏雨的火车前往北京。车顶上坐满了搭霸王车的旅客。尽管如此，雨水还是漏进来，落在我们用报纸折成的帽上，淋湿了座位靠背上点着的蜡烛。就这样到了北京，一个鼻孔里是晚香玉的味道，另一个鼻孔里是粪臭，夹杂着人力车夫和乞丐的叫喊声，在吵吵嚷嚷中来到了这座梦寐以求的古都。

……在北京，梁氏夫妇成了我们忠实的导游。从景山到天坛，从玉泉塔到西山，参观了各式饭馆、戏院、街市、店铺，甚至一探梁老先生有围墙的私家花园，溜进叔叔阿姨的豪华宴会，会场设在养着小鸟、夏日花卉，有水池、树木的内院里。紫禁城里一间又一间、空荡寂静的房间和冷然无声的庭院。一切都呈现在眼前，夹杂着热切和殷勤。

走过北海、孔庙以及那些著名胜地，在残存的辉煌中我们分享彼此的心声，渐渐地明白，他们归来已感到一种震惊和失望。他们说，显然不管受了多少教育，在祖国目前混乱和变动的情况下，他们很难（甚至不可能）使得上力，或有任何影响力。（由于要和官僚作风和漠然态度迎面相撞，在戏剧和建筑方面新旧融合的问题，似乎很难克服。尽管如此，他们依然“坚持！坚持!”）

又是那种玩世不恭和屡遭挫折的感觉油然而生。这时候我们就坚持，尽管我们怀疑和无知，这终究是一个变革的时代，从长远来看，一切都会转好。尽管如此，我们的朋友显然觉得自己就像是一对温克尔［Rip Van Winkles，美国作家华盛顿·欧文（Washington Irving）作品《见闻杂记》中的主角，喻指和时代、环境格格不入的人］。他们回到突然间变得不熟悉而混乱的祖国，然而，他们还是决心要找到自己的位置，把他们的新技能和创造力贡献给杂乱无章的环境。有时他们充满田园诗般的憧憬，大半时候却只有怀疑。

菲丽丝感情丰沛，爱开玩笑，对任何事都很坚持，走到哪儿都惹人注目。思成则是温文尔雅、有幽默感，神情愉快，对古代公共建筑、桥梁、城墙、店铺和民居的任其损坏或被破坏的现象，表示深恶痛绝。他们俩人是完美的组合……一种气质和技巧的平衡，即使在早年，似乎也看出两人合为一体，比各自分散所得成果要大得多——一种罕有的奇迹的配合。

依我们看来，在那军阀土匪当道的混乱年代，即使以他们的才能和优越的社会地位，在中国社会的大旋涡里似乎也将消逝得无影无踪。他们的传奇故事到此暂告一段落，我们必须离开，到京都去，此后彼此没再见过面。

沈阳东北大学创办建筑系

在林徽因和梁思成在欧洲尽情游览的时候，梁启超已开始为他们回国后的工作作打算。1928年4月26日，梁启超在给他们的信中写道：

你们回来的职业，正在向各方面筹划进行（虽然未知你们自己打何主意），一是东北大学教授（东北为势最顺，但你们去也有许多不方便处，若你能得到清华，徽因能得燕京，那是最好不过了），一是清华学校教授，成否皆未可知……以徽因现在的境遇，该迎养她的娘才是正办……但现在觅业之难，恐非你们意想所及料，所以我一面随时替你们打算，另一面愿意你们先有这种觉悟，纵令回国一时未能得相当职业，也不必失望沮丧。失望沮丧是我们生命上最可怖之敌，我们须终身不许它侵入。

但是梁思成和林徽因在回信中却没有同父亲谈到工作的打算，这让梁启超有些不满，在给女儿梁思顺的信中说：

关于思成职业问题，你的意见如何？他有点胡闹，我在几个月以前，已经有信和他商量，及此他来信一字不提（根本就来信太少），因此我绝不知他打何主意，或者我所替他筹划的事，他根本不以为然，我算是白费心了。这些地方，他可谓少不更事，朋友们若是关心自己的事，替自己筹划，也应该急速回信给他一个方针，何况尊长呢？（他不愿以自己的事劳动我的思虑，也是他的孝心，但我既已屡屡问及他，总要把他的意旨所在告诉我才是）你去信关于这些地方，该应责备他，教导他一下。

尽管如此，梁启超还是不顾自己身体有病，尽力为他们寻找一份合适的工作。5 月 13 日，他在给梁思顺的信中说：

思成职业问题，居然已得到解决了。清华及东北大学皆请他，两方比较，东北为优，因为那边建筑事业前途极有希望，到彼后便可组织公司，从小规模办起，徐图扩充，所以我不等他回信，径替他做主辞了清华（清华太舒服，会使人懒于进取）……但既已应聘，九月开学前须到校，至迟八月初要到家。

8 月 18 日，林徽因和梁思成回到北京。见到阔别数年的亲人，自是喜极而泣，感慨万千。梁启超一直悬着的一颗心也可以放下来了。他在给女儿的信中说：

新人到家以来，全家真是喜气洋溢。初到那天看见思成那种风尘憔悴之色，面庞黑瘦，头筋涨起，我很有几分不高兴。这几天将养转来，很是雄姿英发的样子，令我越看越爱。看来他们夫妇体子都不算弱，几年来的忧虑，现在算放心了。新娘子非常大方，又非常亲热，不解作从前旧家庭虚伪的神容，又没有新时髦的讨厌习气，和我们家的孩子像同一个模型铸出来。

回家不久，这对新婚夫妻便按照传统习俗，到北京西山拜谒母亲李蕙仙之墓。

在家休息了十来天，梁思成便赶往位于沈阳的东北大学。东北大学建于1923年。1926年张学良任校长后，把原有的文、法、理、工四个学科，改为文学院、法学院、理学院和工学院。在工学院设建筑系。这是我国最早的一个建筑系。梁思成被聘为系主任。

此时，林徽因回福建探望孤苦的母亲。其间，曾应邀在乌石山第一中学和仓前山英华中学分别做了题为《建筑与文学》和《园林建筑艺术》的演讲。之后，她又匆忙赶到东北大学，与梁思成会合。

第一学年，建筑系只有他们夫妇俩，教四十多名学生，任务比较繁重。梁思成教建筑设计和西洋与中国建筑史。林徽因负责教美术课和建筑设计，她的课妙趣横生，非常受学生欢迎。而且她对学生非常关心，尽管当时已怀有身孕，但还是常常辅导学生到深夜。

就在他们的事业刚刚有所起色的时候，他们没有意识到，父亲梁启超的病已经非常严重了。梁启超的身体一直都还不错，向来都是家里最权威的主人，做一切重要的决定。正因为意识到家里一切全靠他拿主意，他便隐瞒了1928年春天的时候尿中有血的问题。梁启超意识到了其中的危险，去北京德国医院检查，但医生告诉他没有发现什么恶化征兆。出院以后他坚持用中医治疗，但没有什么效果。后来他又到北京协和医院去做检查，经过化验，医生诊断有一个肾发生病变，便动了切除手术。然而，手术后，梁启超的尿中还是有血，医生便怀疑他有肺病，后来又说牙齿出血，连续拔掉七颗牙齿后，病仍未得到治疗。一路下来，梁启超被折腾得元气大伤。

得到父亲病重的消息，林徽因和梁思成等学校一放假，便立即赶回北平，下车后直奔医院。看到一向精力充沛，目光炯炯有神的父亲脸色苍白，形容枯槁，好像一下子走到了生命的尽头，夫妇俩顿时泪如雨下。躺在床上的梁启超无力地抬抬眼睛，微弱的眼神里透出些许欣慰。对于儿女，他的责任已经尽到了。

不久，梁启超的病情继续恶化，到了十分危险的地步。这时，刚从欧洲回到上海的徐志摩得知恩师病危，立即赶往北平探视。梁思成告诉他，由于病情十分危险，医生禁止亲人探视。徐志摩只好从门缝中看了老师最后一眼。看到曾经神采飞扬、谈笑风生、指点天下的老师病得只剩下皮包着骨头，徐志摩痛哭失声。

1929 年 1 月 19 日下午，一代风云人物梁启超病逝，噩耗传开，震动全国。各界名流都前来祭悼，家人伤心欲绝。

梁启超与夫人李蕙仙合葬于北平西山卧佛寺西东沟村。墓碑是梁思成和林徽因设计的，高 2.8 米，宽 1.7 米，朴素庄重，上面镌刻着："先考任公府君暨先妣李太夫人墓"。这是他们俩的第一件作品。

四十多年后，即 1971 年，梁思成从医生那儿得知父亲早逝的真相。据当时参加手术的两位实习医生说："病人被推进手术室后，值班护士用碘在肚皮上标位置，结果标错了地方。刘博士就动了手术(切除了那健康的肾)，而没有仔细核对一下挂在手术台旁的 X 光片。这个悲惨的错误在手术之后立刻就发现了，但由于攸关协和医院的声誉，被当成‘最高机密’归档。”对于这次医疗事故，病中的梁启超知道得很清楚，但无力回天，无法掌握自己的命运。

寒假结束后，林徽因和梁思成返回东北大学，又开始了紧张的教学生活。林徽因除了讲授雕饰史外，还担任英文课老师，工作十分繁忙。

1929 年夏天，梁思成把他宾夕法尼亚大学的同学陈植、童寯等，请到东北大学任教。梁思成、林徽因跟他们密切合作，相处融洽，把东北大学建筑系办得有声有色，在全国有了一定声望。

到了 8 月，林徽因生下一个女儿，取名再冰，以纪念号为“饮冰室主人”的祖父梁启超。

这一年，梁思成和陈植等人成立了“营造事务所”，从事建筑研究的同时，承揽建筑工程。事务所一开张就接了两个大项目。一是修建吉林大学校舍，二是设计交通大学锦州分校校舍。林徽因不但一直参与这些设计，还和梁思成在一项“公共设计”中合作，设计了沈阳郊区一座公园——肖何园。此外，他们还替沈阳一些有钱的军阀设计私宅。

这年还有一件事值得一提，东北大学校长张学良征求“东北大学校徽图案”，林徽因应征设计了“白山黑水”图案，而且中奖，获得 400 元奖金。

正当他们的事业蓬勃发展的时候，由于工作繁重加上抚育小孩的辛苦，林徽因病倒了。经诊断，她患上了当时的难治之症——肺病，不得不经常卧床休息。而且当时东北时局混乱，形势很不安宁。林徽因曾说：“当时东北时局不太稳定，各派势力争夺地盘。一到晚上经常有土匪出现（当地人称为胡子），他们多半从北部牧区下来。这种时候我们都不敢开灯，听着他们的马队在屋外奔驰而过，那气氛真是紧张。有时我们隔着窗子往外偷看，月光下胡子们骑着骏马，披着红色的斗篷，奔驰而过，倒也十分罗曼蒂克。”这些都说明，林徽因该换一换生活环境了。

四、北总布胡同三号的“太太”

在20世纪30年代的文化圈子里，北总布胡同三号是一个让人倾心的地方，因为这里是有名的“太太的客厅”的所在地。

太太的客厅

费慰梅描写道：

徽因的客厅坐北朝南，白花花的阳光照进来，常常也像老金的“星期六碰头会”那样挤满了人，而上门来的人各式各样的都有，这就是北总布胡同有名的“太太的客厅”。除了跑来跑去的孩子和佣人外，还有各门亲戚串进串出。有几个当时在上大学的梁家侄女，爱把她们的同学带到这个充满生气的家里来。她们在这里经常会遇见一些著名的诗人和作家，因仰慕徽因的作品而来，而常着迷于她本人的魅力，一次又一次回来。

当时，林徽因和梁思成经常邀请朋友们到家里聚会。边喝茶边海阔天空地神聊。常常前来聚会的有坦率豪爽的政治学家张奚若，国际问题专家钱端升，不苟言笑的经济学家陈岱孙，曾带领中央研究院小组发掘殷墟的人类学和考古学家李济，当时任中央研究院社会研究所所长的社会学家陶孟和，北方文坛的领军人物作家沈从文等。可以说，梁家客厅里会聚了当时的文坛名人、教坛大匠、社会名流。这种朋友间的私人聚会，由于有着相近的知识背景和思想观点，加上没有拘束，随便表达自己的想法，显示出令人神往的气氛。然而，在这其中，最光彩耀人、最吸引人的，是女主人林徽因。这并不是单单因为林徽因有着美丽的外貌，更因为她经常成为谈话的主角。她机智幽默的谈吐，优雅迷人的气质，她的真诚、宽容给每一位在场的人都留下了难忘的印象。甚至可以说，林徽因像一块强大的磁石，站立在磁场的中间，吸引大家凑到一起来参加这精神的盛宴。

而且，尤为重要的是，林徽因从不恃才傲物，或有意炫耀。她坚持自己独立的见解，但对待不同的观点，却十分宽容，而且对人真诚，这是她赢得大家一致好评的重要原因。

多年以后，费慰梅用带有很深的感情的笔触这样描述林徽因：

每个老朋友都记得，徽因是怎样滔滔不绝地垄断了整个谈话。她的健谈是人所共知的，……她的谈话和她的创作一样充满了创造性，话题从诙谐的轶事到敏锐的分析，从明智的忠告到突发的愤怒，从发狂的热情到深刻的蔑视，几乎无所不包。她总是聚会的中心人物，当她侃侃而谈的时候，爱慕者总是为她那天马行空般的灵感中所迸发出的精辟警语而倾倒。

萧乾回忆他第一次见到林徽因的情景时说：

我第一次见到林徽因是1933年11月初一个星期六的下午。沈从文先生在《大公报·文艺》上发表了我的小说《蚕》以后，来信说有位绝顶聪明的小姐很喜欢我那篇小说，要我去她家吃茶。

那天，我穿着一件新洗的蓝布大褂，先骑车赶到达子营的沈家，然后与沈先生一道跨进了北总布胡同徽因那有名的“太太的客厅”。

听说徽因得了很严重的肺病，还经常得卧床休息。可她哪像个病人，穿了一身骑马装（她经常和费正清与夫人威尔玛去外国人俱乐部骑马）。她对我说的第一句话是：“你是用感情来写作的，这很难得。”给了我很大的鼓舞。她说起话来，别人几乎插不上嘴。别说沈先生和我，就连梁思成和金岳霖也只是坐在沙发上吧嗒着烟斗，连连点头称赏。徽因的健谈决不是结了婚的妇人那种闲言碎语，而常是有学识，有见地，犀利敏捷的批评。我后来心里常想：倘若这位述而不作的小姐能像十八世纪英国的翰逊博士那样，身边也有一位博斯韦尔，把她那些充满机智，饶有风趣的话一一记载下来，那该是多么精彩的一部书啊！她从不拐弯抹角，模棱两可。这种纯学术的批评，也从来没有人记仇。我常常折服于徽因过人的艺术悟性。

就是在这种聚会中，哲学家、逻辑学家金岳霖被林徽因的才华风姿所打动，逐渐萌生爱意，并且在爱情之网中越陷越深。也许可以说，金岳霖在深奥的哲学领域之外，在林徽因那里感到了迷人的人性魅力。

金岳霖陷入情网

金岳霖，1895 年出生于湖南长沙。1914 年毕业于清华学校，获赴美留学的奖学金。1920 年获美国哥伦比亚大学哲学博士学位。1921 年到英国留学，深受英国著名的经验派哲学家休谟、新实在论和分析哲学的主要创始人摩尔和罗素的影响。1925 年回国后，创办清华大学哲学系，任系主任。清华文学院成立后，任文学院院长。当年张申府曾说："如果中国有一个哲学界，金岳霖当是哲学界第一人。"冯友兰称赞金岳霖在中国现代思想史上占据"三个第一"，即"中国第一个真正懂得近代逻辑学的人"，"中国第一个懂得并且引进现代逻辑学的人"，"是使认识论和逻辑学在中国发达起来的第一人"。他的三部重要著作《论道》《知识论》《逻辑》在学术界产生了很大影响。

在林徽因他们这个圈子里，大家都亲切地叫金岳霖"老金"。这位中国首屈一指的逻辑学家，一点也不像他的专业那么神秘，只让人联想到"洋怪物"。他个子很高，喜欢打网球，既内敛又能说会道，天性浪漫，乐观幽默，爱交朋友。在他们的圈子里，老金是一个非常可爱的人。

与林徽因、梁思成相识以后，很快，他们成为最为密切的朋友。金岳霖在《梁思成林徽因是我最亲密的朋友》一文中说："从 1932 年到 1937 年，我们住在北总布胡同，他们住前院，大院；我住后院，小院。前后院都单门独户。30 年代，一些朋友每个星期六有聚会，这些集会都是在我的小院里进行的。因为我是单身汉，我那时吃洋菜。除了请一个拉东洋车的外，还请了一个西式厨师。'星期六碰头会’吃的咖啡冰激凌和喝的咖啡都是我的厨师按我要求的浓度做出来的。除早饭我在自己家吃外，我的中饭晚饭大都搬到前院与梁家一起吃。这样的生活维持到‘七七事变’为止。”

据说，金岳霖在国外的时候曾经和几个西方女孩谈过恋爱，其中一个还曾经跟他到北京生活过一段时间，但最后都没有成功。这次，金岳霖遇到了可以让他珍爱一生的人。

1932 年 6 月，梁思成去河北考察古建筑，林徽因留在家里。一直对林徽因充满爱慕的金岳霖向她表达了自己的感情。林徽因感到非常困惑、苦恼。她对这位看上去很古怪的大个子，这位才华横溢的哲学家也很有好感。

梁思成考察归来，林徽因很坦诚地把这件事告诉了他，并说：“我苦恼极了，因为我同时爱上了两个人，不知怎么办才好。”

林徽因对自己的丈夫梁思成谈论这件事的时候，表情像个困惑的小妹妹在向大哥哥讨主意。她的坦诚的表白像一根大棒敲在梁思成的头上，让他顿时呼吸困难。

梁思成彻夜难眠。“她没有把我当一个傻丈夫，怎么办?”“徽因到底是和我在一起生活幸福，还是和老金在一起幸福?”他躺在床上辗转反侧，思量再三。他觉得自己尽管在建筑方面有一定成绩，在文学艺术等方面都有一定修养，但缺乏老金那哲学家的头脑和逻辑学家的思辨能力，因而，综合起来看，不如老金。

第二天，梁思成把自己的想法告诉林徽因，并说：“你是自由的，如果你选择了老金，我祝愿你们永远幸福。”他边说边哭，而林徽因则边听边哭。

林徽因把梁思成的决定告诉老金，老金听后回答说：“看来思成是真的爱你的，我不能伤害一个真正爱你的人，我应该退出。”

后来他们之间再也没有谈起这件事，而且三人真的像他们所说的，划分出了友谊和爱情的界限，彼此真诚相待，成为最好的朋友。这中间，金岳霖当然还深爱着林徽因，但这爱是坦诚的、无私的。他没有把她从她的家庭拉走的意思。梁思成和他的孩子们也都爱老金、信任他。金岳霖终生不娶，似乎是梁家的“高级顾问”，差不多成了梁家的一位家庭成员。梁思成遇到工作上的麻烦，就说得找老金来理一理。林徽因遇到什么难题，或是跟母亲吵架，或是跟梁思成发生争执，都会来找老金“仲裁”。老金以其极强的逻辑分析能力，很快把事情分析得清清楚楚，有效地平息“战火”。

生活中常有趣事发生。有一天早晨，金岳霖正在书房读书。忽然听见房顶有人在喊“老金”。金岳霖跑出去一看，原来林徽因和梁思成正在他们正房的房顶上。虽然知道他们都是“梁上君子”，但金岳霖看到他们在不太结实的房顶很危险，便立即对他们喊：“你们替我赶快下来！”林徽因和梁思成笑了起来，不久便下来了。

老金晚年与梁思成的儿子梁从诫同住，梁从诫喊他“金爸”，并为他送终。

沈从文求助

还值得一提的是沈从文。因为文学上的往来，林徽因和沈从文很快成了很好的朋友。虽然沈从文比林徽因长两岁，但是遇到什么问题，经常像对大姐一样来咨询林徽因，请她帮着出主意。

有一次，沈从文的妻子回娘家了，沈从文一个人待在北京。一天早晨，他满脸郁闷地来到梁家，寻求林徽因的安慰。他说他跟妻子坦白承认了自己对一位女作家的爱慕和关心，这引起了妻子的嫉恨，写来了一封长信。沈从文感到苦恼。

林徽因在给费慰梅的信中说：

要是我写一篇故事，有这般情节，并（像他那样）为之辩解，人们会认为我瞎编，不近情理。可是，不管你接不接受，这就是事实。而恰恰又是他，这个安静、善解人意、“多情”而又“坚毅”的人，一位小说家，又是如此一个天才。他使自己陷入这样一种感情纠葛，像任何一个初出茅庐的小青年一样，对这种事陷于绝望。他的诗人气质造了他自己的反，使他对生活和其中的冲突茫然不知所措，这使我想到雪莱，也回想起志摩与他世俗苦痛的拼搏。可我又禁不住觉得好玩。他那天早上竟是那么的迷人和讨人喜欢！而我坐在那里，又老又疲惫地跟他谈、骂他、劝他，和他讨论生活及其曲折，人类的天性、其动人之处及其中的悲剧、理想和现实！

过去我从没想到过，像他那样一个人，生活和成长的道路如此的不同，竟然会有我如此熟悉的感情，也被在别的景况下我所熟知的同样的问题所困扰。这对我是一个崭新的经历……

信中的“他”就是沈从文。后来到了 1936 年年初，沈从文又写信给林徽因。信中到底写了什么，由于至今没有发现这封信，我们不得而知。不过，就林徽因给他的回信看，里面的内容肯定也是与“感情横溢”的苦恼有关的。因此，林徽因给沈从文回了一封蕴意丰富的长信，阐述了自己对感情、人生的看法，对沈从文做了合情合理的开导。这封饱含人生体验、感受和智慧的信，我们今天读来，仍会颇受震动，受益匪浅：

世间事有你想不到的那么古怪，你的信来的时候正遇到我双手托着头在自恨自伤的一片苦楚的情绪中熬着。在廿四个钟头中，我前前后后，理智地，客观地，把许多纠纷痛苦和挣扎或希望或颓废的细目通通看过好几遍，一方面展开事实观察，另一方面分析自己的性格情绪历史，别人的性格情绪历史，两人或两人以上相互的生活，情绪和历史，我只感到一种悲哀，失望，对自己对生活全都失望而无兴趣。我觉得像我这样的人应该死去；减少自己及别人的痛苦！这或是暂时的一种情绪，一会儿希望会好。

在这样消极悲伤的情景下，接到你的信，理智上，我虽然同情你所告诉我你的苦痛（情绪的紧张），在情感上我却很羡慕你那么积极，那么热烈，那么丰富的情绪，至少此刻同我的比，我的显然萧条颓废消极无用。你的是在情感的尖锐上奔迸！

可是此刻我们有个共同的烦恼，那便是可惜时间和精力，因为情绪的盘旋而耗废去。

你希望抓住理性的自己，或许找个聪明的人帮忙你整理一下你的苦恼或是“横溢的感情”，设法把它安排妥帖一点，你竟找我来，我懂得的，我也常常被同种的纠纷弄得左不是右不是，生活掀在波澜里盲目地同危险周旋，累得我既为旁人焦灼，又为自己操心，又同情于自己又很不愿意宽恕放任自己。

不过我同你有大不同处：凡是在横溢奔放的情感中时，我便觉到抓住一种生活的意义，即使这横溢奔放的情感所发生的行为上纠纷是快乐与苦辣对渗的性质，我也不难过不在乎。我认定了生活本身原质是矛盾的，我只要生活；体验到极端的愉快，灵质的，透明的，美丽的近于神话理想的快活，以下我情愿也随着赔偿这天赐的幸福，坑在悲痛，纠纷失望，无望，寂寞中挨过若干时候好像等自己的血来在创伤上结痂一样！一切我都在无声中忍受默默地等天来布置我，没有一句话说！（我且说说来给你做个参考）

我所谓极端的、浪漫的或实际的都无关系，反正我的主义是要生活，没有情感的生活简直是死！生活必须体验丰富的情感，把自己变成丰富，宽大能优容能了解，能同情种种“人性”，能懂得自己，不苛责自己，也不苛责旁人，不难自己以所不能，也不难别人所不能，更不怨命运或是上帝，看清了世界本是各种人性混合做成的纠纷，人性又就是那么一回事，脱不掉生理，心理，环境习惯先天特质的凑合！把道德放大了讲，别裁判或裁削自己。任性到损害旁人时如果你不忍，你就根本办不到任性的事（如果你办得到，那你那种残忍，便是你自己性格里的一点特性也用不着过分地去纠正）。想做的事太多，并且相互冲突时，拣最想做——想做到顾不得旁的牺牲——的事做，未做时心中发生纠纷是免不了的，做后最用不着后悔，因为你既会去做，那桩事便一定是不可避免的，别尽着罪过自己。

我方才所说到极端的愉快灵质的透明的美丽的快乐不知道你有否同一样感觉。我的确有过，我不忘却我的幸福。我认为最愉快的事都是一闪亮的在一段较短的时间内迸出神奇的——如同两个人透彻地了解：一句话打到你心里，使得你理智和感情全觉到一万分满足；如同相爱：在一个时候里，你同你自身以外另一个人互相以彼此存在为极端的幸福；如同恋爱：在那时那刻眼所见，耳所听，心所触无所不是美丽，情感如诗歌自然地流动如花香那样不知其所以然。这些种种便都是一生中不可多得的瑰宝。世界上没有多少人有那机会，且没有多少人有那种天赋的敏感和柔情来尝味那经验，所以就有那种机会也无用。如果有如诗剧神话般的实景，当时当事者本身却没有领会诗的情感又如何行？即使有了，只是浅俗的赏月折花的限量那又有什么话说？转过来说，对悲哀的敏感容易也是生活中可贵处。当时当事，你也许得流出血泪，过去后那些在你经验中也是不可鄙视的创痂（此刻说说话，我倒暂时忘记了昨天到今晚已整整哭了廿四小时中间仅仅睡着三四个钟头方才在过分的失望中颓废着觉到浪费去时间精力，很使自己感叹）。在夫妇中间为着相爱纠纷自然痛苦，不过那种痛苦也是接着极端丰富的幸福在内的。冷漠不关心的夫妇结合才是真正的悲剧！

如果在“横溢情感”和“僵死麻木的无情感”中叫我来拣一个，我毫无问题要拣上面的一个，不管是为我自己或是为别人。人活着的意义基本的是在能体验情感。能体验情感还得有智慧有思想来分别了解那情感——自己的或别人的！如果再能表现你自己所体验所了解的种种在文字上——不管那算是宗教或哲学，诗，或是小说，或是社会学论文——（谁管那些）——使得别人也更得点人生意义，那或许就是所有的意义了——不管人文明到什么程度，天文地理科学的通到哪里去，这点人性还是一样的主要一样的是人生的关键。

（在一些微笑或皱眉印象上称较分量在无边际人事上驰骋细想正是一种生活。）

算了吧！二哥，别太虐待自己，有空来我这里，咱们再费点时间讨论讨论它，你还可以告诉我一点实在情形。我在廿四小时中只在想自己如何消极到如此田地苦到如此如此，而使我苦得想去死的那个人自己在去上海火车中也苦得要命已经给我来了两封电报一封信，这不是"人性"的悲剧么？那个人便是说他最不喜管人性的梁二哥！

……

这封信字字珠玑，处处闪耀着智慧的光芒，析事说情都透彻精辟，想必当年沈从文读了之后既感动，又深受启发。而且，从信中我们也可以看到林徽因和梁思成相爱之深。

他们的友谊一直持续发展着。1949 年，留在北京的沈从文由于内外原因的作用，从 1 月起，陷入精神失常状态。为了有一个相对安静的疗养环境，让他安心治病，林徽因、梁思成等把沈从文接到清华园金岳霖的家中，吃饭都在梁家，并经常安慰他。沈从文能挺过这一难关，林徽因等朋友的帮助起了很大作用。

第[illegible]章

徐志摩是她生命里的诗

也就是在这种频繁而又让人着迷的交往中，徐志摩对林徽因『倾倒之极』，觉得自己终于找到了梦想中的伴侣，因而陷入狂恋之中。也许可以这么说，文学艺术和林徽因真正地打开了徐志摩内心潜伏已久的狂热激情，激活了他让人回味不尽的诗歌情思。

一、徐志摩的追求，汹涌而至

第一次世界大战结束后，国际联盟成立，各国纷纷响应，中国也成立了国际联合协会中国分会。林长民是发起人之一，任协会总干事。1920 年春天，辞去司法总长职务的林长民为了国联的事务，被派去常驻伦敦。这次，他决定带女儿林徽因同去。临行前在给林徽因的信中，他说："我此次远游携汝同行。第一要汝多观览诸国事物增长见识。第二要汝近我身边能领悟我的胸次怀抱。……第三要汝暂时离去家庭烦琐生活，俾得扩大眼光养成将来改良社会见解与能力。"林长民对女儿可谓体贴入微，满怀期望。事实证明，他开明的态度、在当时颇为超前的教育方法，使女儿终生受益。而且，林徽因也没有辜负父亲的苦心和厚望。

随父亲到欧陆

4 月，林徽因到达伦敦。在家里，她扮演了女主人的角色，每天接待很多来拜会父亲的客人，陪同父亲参加各种社交活动。在父亲的携带下，她加入了一个包括 H. G. 威尔斯、E. M. 福斯特、A. 韦利、T. 哈代、B. 罗西尔、K. 曼斯菲尔德的社交圈子，眼界大为开阔。

在这儿，林徽因还遇到了对她今后的事业影响重大的一个人，这就是她的房东——一位女建筑师。通过与女建筑师的接触，林徽因知道了建筑原来还有如此复杂巧妙的结构和难以言传的美。她为这个新发现的美妙世界而深深着迷，并立志将来学建筑，做一名优秀的建筑师。

8 月，林徽因随父亲前往欧洲大陆旅行，先后游历巴黎、日内瓦、罗马、法兰克福、柏林、布鲁塞尔等城市。从前只在书本上读到的事物一一展现在眼前，正处于求知欲旺盛时期的林徽因贪婪地观赏着各地的自然风物、民族风情，不知不觉中极大地扩大了自己的视野。

9 月，林徽因回到伦敦，不久便以优异的成绩考入圣玛丽女子学院学习。读书之外参加各种社交活动。也就是在这个时期，她认识了徐志摩。

徐志摩其人

徐志摩，1897 年生于浙江硖石，父亲为浙江著名实业家徐申如。1915 年徐志摩中学毕业后考入北京大学预科，同年 10 月，与张幼仪结婚。1917 年徐志摩成为北京大学法科学生。1918 年经张幼仪的哥哥张君劢介绍，拜梁启超为师，同年 9 月，赴美国留学，学历史、经济等专业。1920 年，徐志摩获哥伦比亚大学经济学硕士。因为仰慕罗素的大名，徐志摩离美赴英求学剑桥，但到达英国后却得知罗素被剑桥大学辞退，已经远赴中国讲学。深感失望之余，徐志摩入伦敦大学政治学院攻读博士学位。

由于对自己所学专业兴趣不大，加上离家已久，徐志摩“正感着苦闷想换路走”，十分思念妻儿，因而盼望张幼仪能早日来到自己身边。这时，一个偶然的机会，他与林徽因相识。

关于第一次见面，林徽因在《悼志摩》中说，“我初次遇到他，也就是他初次认识影响他迁学的狄更生先生。”1920年秋天，徐志摩为了与英国文学家和“中国迷”狄更生认识，想请林长民作介绍，因而到林家去拜见林长民。在那里，他不但结识了狄更生，而且与林长民相谈甚欢，彼此都有相见恨晚之感，更为重要的是，他见到了让他倾慕一生的人——林徽因。可以说，正是这次见面，改变了徐志摩今后的人生，使他的生命得到了绚烂但却短暂的绽放。

很快，徐志摩与狄更生成为好友，并在他的推荐下，在第二年春天到剑桥大学皇家学院当了一名特别生，随意选课听讲。在这里，徐志摩开始比较广泛地接触英国文学，并为此深深着迷。可以说，狄更生带领徐志摩进入了一个新的领域，一个可以让徐志摩找到回家的感觉的世界——文学。

由于性情相近，都十分浪漫潇洒、率真幽默，从第一次见面起，徐志摩与林长民就一见如故，很快成为无话不谈的忘年交。从此，徐志摩成为林家的常客，一有空就跑去找他的老朋友聊天。林长民告诉徐志摩，他在留日期间曾经爱上一个日本女孩，并向他倾诉自己对婚姻的感受。徐志摩则向他讲述留美的经历，对学业的厌倦，等等。这种忘年的友谊在短短的时间内突飞猛进，甚至发展到二人互通“情书”的地步。徐志摩扮一个有夫之妇，林长民则扮一个有妇之夫，假设两人在不自由的情况下相爱，只能互通书信倾诉绵绵情意。更有意思的是，徐志摩在回国之后还将一封林长民给他的“情书”公开发表。可以说，林长民的浪漫才情进一步激发了徐志摩内心的激情，使他更加开放、活跃。他说，当时他们两人“彼此同感‘万种风情无地着’的情调，这假惺惺未始不是一种心理学叫作‘升华’的”。

在林长民死后，徐志摩曾作一篇感情沉痛的悼文。在文中，他详细地谈到了对林长民的认识、敬佩，以及二人真挚深厚的友谊，一种“人生得一知己足矣”的感慨让人唏嘘不已。他说：“早年在国外初识面时，你每每自负你政治的异禀，记得年前避居津地时你还以为前途不少有为的希望，直至最近政态诡变，你才内省厌倦，认真想回复你书生逸士的生涯。我从最初惊讶你清奇的相貌，惊讶你更清奇的谈吐，我便不阿服你从政的热心，曾经多少次我讽劝你趁早回航，领导这新时期的精神，共同发现文艺的新土。可惜当时不曾记下你摇曳多姿的吐属，蓓蕾似的满缀着警句与谐趣，在此时回忆，只如天涯远处的点点航影，再也认不分明。你常常自称厌世人。果然，这世界，这人情，哪禁得起你锐利的理智的剖析与抉剔？你的锋芒，有人说，是你一生最吃亏的所在。但你厌恶的是虚伪，是矫情，是顽老，是乡愿的面目，那还不是该的？谁有你的豪爽，谁有你的倜傥，谁有你的幽默？你的锋芒，即使露，也决不是完全在他人身上应用，你何尝放过你自己来？对己一如对人，你丝毫不存姑息，不存隐讳。这就够难能，在这无往不是矫揉的日子，再没有第二人，除了你，能给我这样脆爽的清淡的愉快。再没有第二人在我的前辈中，除了你，能使我感受到这样的无‘执’无‘我’精神。”也许，只有他们这种具有真性情的人才能有这么独特的友情。

这年冬天，张幼仪来到英国，与徐志摩居住在离剑桥不远的乡下沙士顿。对于这段生活，张幼仪说：“我来英国的目的本来是要夫唱妇随，学些西方学问的，没想到做的尽是清房子、洗衣服、买吃的和煮东西这些事。”“他的心思飞到别处去了，放在书本文学、东西文化上面。”“我没法子让徐志摩了解我是谁，他根本不和我说话……我和自己的丈夫在一起的时候，情况总是：‘你懂什么?’‘你能说什么?’”张幼仪说，他们结婚以来夫妻之间很少说话，关系冷漠。徐志摩说她是“乡下土包子”，“观念守旧，没受教育”，甚至曾对她说过要成为“中国第一个离婚的男人”。沉稳柔婉、性格内敛，主要接受传统教育的张幼仪，难以吸引天性浪漫天真、自由开放，受到中西两种文化熏陶的徐志摩，而且，徐志摩对张幼仪的成见从一开始便有，这种成见顽固地阻止他对张幼仪作进一步地了解，因而，尽管张幼仪试着做种种努力，精心料理好家庭生活，但始终得不到徐志摩的认可。到了1921年的春天，他们这种本来就冷漠的关系更是遇到了前所未有的危机。

初次见面，印象深刻

林徽因第一次与徐志摩见面，就给他留下了深刻的印象。外表的美丽，蕴于内而体现于一颦一笑的大家闺秀的气质都让徐志摩赞叹不已。而且，随着交往的增多，林徽因的聪慧、幽默、追求独立、坚持己见等内在的品质越来越散发出迷人的光辉，让徐志摩深深折服。在很多的闲暇时间，他们一起谈论各地见闻、风土人情、文学艺术、故家旧事等，而其中最令两人着迷，让两颗心灵激动的，应该是文学的迷人殿堂。

徐志摩本来就具有爱美、爱自由、浪漫不羁的诗人气质，进入剑桥大学学习之后，他大量阅读乔叟、华兹华斯、拜伦、雪莱、哈代、艾略特等著名诗人、作家的作品，沉浸于文学的世界尽情遨游，心中的浪漫主义激情终于找到了文学上的知己。林徽因对文学艺术也是充满热爱，而且正以一颗敏感的少女的心感受、想象着这个世界。她后来写道："差不多二十多年前，我爸爸到瑞士国联开会去，我能在楼上嗅到顶下层楼下厨房里炸牛腰子同洋咸肉，到晚上又是在顶大的饭厅里（点着一盏顶暗的灯）独自坐着，垂着两条不着地的腿同刚刚垂肩的发辫。一个人吃饭一面咬着手指头哭——闷到实在不能不哭！理想的我老希望着生活有点浪漫的发生，或是有个人叩下门走进来坐在我对面同我谈话，或是同我同坐在楼上炉边给我讲故事，最要紧的还是有个人要来爱我。我做着所有女孩做的梦。"

他们一起讨论某个作家的风格、某首诗歌的韵味，有时为有共同的见解而激动不已，有时也会互相争论。与林徽因相知甚深的美国学者费慰梅说："多年后听徽因提起徐志摩，我注意到她对徐的回忆，总是离不开那些文学大家的名字，如雪莱、济慈、拜伦、曼殊斐儿、伍尔芙。我猜想，徐在对她的一片深情中，可能已不自觉地扮演了一个导师的角色，领她进入英国诗歌和戏剧的世界，新美感、新观念、新感觉，同时也迷惑了他自己。我觉得徽因与志摩的关系，非情爱而是浪漫，更多的还是文学关系。"

也就是在这种频繁而又让人着迷的交往中，徐志摩对林徽因"倾倒之极"，觉得自己终于找到了梦想中的伴侣，因而陷入狂恋之中。也许可以这么说，文学艺术和林徽因真正地打开了徐志摩内心潜伏已久的狂热激情，激活了他让人回味不尽的诗歌情思。他在日记中宣泄自己的感情，灵感闪现便给林徽因写信倾诉。用他自己的话说："正当我生平最重大一个关节，也是我在机械教育的桎梏下自求解脱的时期，所以我那时的日记上只是泛滥着洪水，狂窜着烈焰，苦痛的呼声掺和着狂欢的叫响，幻想的希望蜃楼似的隐现着，自艾的烦懑连锁着自傲的狷狂……"张幼仪则说："几年以后，我才从郭君那儿得知徐志摩之所以每天早上赶忙出去，的确是因为要和住在伦敦的女朋友联络。他们用理发店对街的杂货铺当他的地址，那时伦敦和沙士顿之间的邮件送得很快。所以徐志摩和他女朋友至少每天都可以鱼雁往返。"林徽因也在给胡适的信中说，徐志摩的确恋爱过自己，给她写过好些书信。

对于林徽因来说，这种火一般的爱恋让她感到激动、幸福而又困惑。她因为有了这么一位才华横溢、宽容、善良、体贴的"大朋友"而庆幸，父亲不在身边的时候也有人做伴了，满腹的对于这个世界的看法也有人倾诉了。世界好像不再那么空虚，一个热情的身影填补了无聊的空闲时间，一切变得似乎更有活力，更有激情。但是，她只能把他当作一位"大朋友"。其实，一开始相识的时候，比她大近十岁的徐志摩更倾心的是与她的父亲的友谊。甚至可以说，一开始，徐志摩是作为林徽因的"徐叔叔"而出现的。当这位比自己年长而且已婚的男子向自己坦白火辣辣的爱慕之情的时候，林徽因感到有些无所适从，不自主地往后退缩，像是怕被这热情所灼伤。

然而，到了1921年夏天，被爱情所鼓动的徐志摩不但没有退缩，而且更加勇敢地追求林徽因。他已经下定决心，要与张幼仪离婚，以便能够赢得林徽因的爱情。8月初，当张幼仪将自己又怀孕的事情告诉他时，他要求立即把孩子打掉。他对张幼仪已经没有了耐心。两人在因琐事而争吵时，徐志摩怒气冲冲地提出要离婚，并且在未对张幼仪的生活做任何安排的情况下离家出走，把她一个人丢在沙士顿。

被遗弃的张幼仪想以死了结，经过反复考虑，还是坚强地活了下来。不久，她离开沙士顿，去了巴黎她二哥那里。

志摩要离婚

但是徐志摩的满腔热情都只是一厢情愿。他离婚的想法反而有可能更加坚定了林徽因拒绝他的决心。少年时代的家庭阴影梦魇一样的压在她的心头，她深知母亲被冷淡的痛苦和“家庭战争”的可怕。她知道如果自己接受徐志摩的爱情，离婚会让张幼仪陷入痛苦的深渊，这是她不愿意看到的。而且，自己虽然没有正式订婚约，但当年父亲安排与梁思成认识，也有口头约定的意思。也许更为重要的是，她自己并不是特别了解徐志摩，他浪漫不羁的天性，他的空灵潇洒是她所欣赏的，但有可能也是她无法把握的。在她的心目中，自己只是徐志摩的一个“小朋友”。徐志摩的热情让她心醉，但自己却无法焕发同样的激情去应和。选择一个一生的爱人、伴侣，要考虑的因素很多。徐志摩诗人的热情会不会只在某个时期短暂燃烧，这热情能持续多久？林徽因有父亲的浪漫潇洒，但骨子里却又十分理性。她后来说，如果徐志摩活着，“恐怕我待他仍不能改的。事实上太不可能。也许那就是我不够爱他的缘故”。在给胡适的信中，她说：“我昨天把他的旧信一一翻阅了。旧的志摩我现在真真透彻地明白了，但是过去，现在不必重提了，我只求永远纪念着。”“实说，我不会以诗人的美谀为荣，也不会以被人恋爱为辱。……有过一段不幸的曲折的旧历史也没有什么可惭。”从这里可以看出林徽因对徐志摩的确心存情意，但这并不足以让她抛弃一切顾虑，不顾一切地在爱情里燃烧。林徽因对徐志摩的感情只是存在于一定的限度之内，这里有理性的约束，也因为感情本身并没有达到冲决一切的程度。

而对两人的性格、感情、现实状况，甚至今后的人生道路，看得更为清楚的，是徐志摩的挚友、林徽因的父亲林长民。徐志摩是个有妇之夫，他的浪漫天性难以拘束，自己已经与梁启超有口头之约等因素他都会考虑。自己与这位忘年交玩“爱情游戏”可以，但女儿的终身大事还是要慎重考虑。他对自己的朋友了解甚深，判定他只是一个好的朋友，而不能是一个好的女婿。因而，知道徐志摩的爱情之火已经愈烧愈烈，快到了无法收拾的地步的时候，他立即决定让林徽因跟随柏烈特医生一家前往英国南部的海滨小城布莱顿度暑假，以防止意外发生。

在布莱顿海滨，林徽因与柏烈特的五个女儿吉蒂、黛丝、苏珊、苏娜、斯泰西尽情嬉戏，非常快乐。一次在沙滩上玩的时候，斯泰西用沙子堆了一个城堡，但是反复几次都不是很成功，于是，她便喊黛丝：“来，工程师，来帮帮忙。”果然，黛丝很快就用沙子堆成了一座漂亮的城堡。林徽因好奇地问：“为什么大家叫你工程师?”黛丝说：“我对建筑感兴趣。将来我想做工程师。”林徽因又问：“你说的是盖房子吗?”黛丝告诉她：“不。建筑和盖房子不是一回事。建筑是一门艺术!”林徽因的心动了一下，对建筑这一艺术世界更加向往。

闲暇时候，林徽因则更加冷静地思考她与徐志摩的感情纠纷。

不久，林徽因收到父亲的来信，信中写道：

得汝来信，未即复。汝行后，我无甚事，亦不甚闲。匆匆过了一个星期，今日起实行整理归装。“波罗加”船展期至十月十四日始行。如是则发行李亦可稍缓。汝如觉得海滨快意，可待至九月七八日，与柏烈特家人同归。此间租屋，十四日满期，行李能于十二三日发出为便，想汝归来后结束余件当无及也。九月十四日以后，汝可住柏烈特家，此意先与说及，我何适，尚未定，但欲一身轻快随便游行了，用费亦可较省。老斐理璞尚未来，我意不欲多劳动他。此间余务有其女帮助足矣。但为远归留别，姑俟临去时，图一晤，已嘱他不必急来，其女九月梢入越剧训练处，汝更少伴，故尤以住柏家为宜，我即他住。将届开船时，还是到伦敦与汝一路赴法，一切较便。但手边行李较之寻常旅行不免稍多，姑到临时再图部署。盼汝涉泳日语，心身俱适。八月二十四日父手书。

度假快结束时林徽因又收到了父亲的信：

读汝至壁醍函，我意正盼汝早归。前书所云与柏烈特家同回者，如汝多尽数日游兴了。今我已约泰晤士报馆监六号来午饭，汝五号能归为妙，报馆组织不可不观，午饭时可与商定参观时日。柏烈特处，吾懒致信，汝可先传吾意，并云九月十四日以后我如他适，或暂置汝其家，一切俟我与之面晤时，决定先谢其待汝殷勤之谊。八月三十一日父手。

显然，林长民为林徽因作了精心的安排。由于这种缘故，徐志摩一直很难见到林徽因。

1921年10月14日，林徽因跟随父亲乘“波罗加”号轮船回国。此时林徽因的心情可以用她后来写的《情愿》一诗做注解。

情　愿

我情愿化成一片落叶，
让风吹雨打到处飘零；
或流云一朵，在澄蓝天，
和大地再没有些牵连。

但抱紧那伤心的标志，
去触遇没着落的怅惘；
在黄昏，夜半，蹑着脚走，
全是空虚，再莫有温柔；
忘掉曾有这世界；有你；
哀悼谁又曾有过爱恋；
落花似的落尽，忘了去
这些个泪点里的情绪。

到那天一切都不存留
比一闪光，一息风更少
痕迹，你也要忘掉了我
曾经在这世界里活过。

据说，临行前，他们并没有告知徐志摩要离开。徐志摩得知后自然异常苦恼。

但徐志摩并没有追随而去，而是留在剑桥等待着与张幼仪离婚，进而再作打算。从 1921 年秋开始，徐志摩独自在剑桥待了约一年的时间。正是有了这种相对安静的独处，徐志摩的诗情在酝酿中开始爆发。

徐志摩后来回忆说："那年的秋季我一个人回到康桥，整整有一个学年，那时我才有机会接近真正的康桥生活，同时我也慢慢地'发现'了康桥。我不曾知道过更大的愉快。""我一辈子就只那一春，说也可怜，算是不曾虚度。就只那一春，我的生活是自然的，是真愉快的！（虽则碰巧那也是我最感受人生痛苦的时期）我那时有的是闲暇，有的是绝对单独的机会。说也奇怪，竟像是第一次，我辨认了星月的光明，草的青，花的香，流水的殷勤。我能忘记那初春的睥吗？曾经有多少个清晨我独自冒着冷去薄霜铺地的林子里闲步——为听鸟语，为盼朝阳，为寻泥土渐次苏醒的花草，为体会最细微最神妙的春信。"这种与大自然的亲密接触使徐志摩的性灵得到了很好的涵养，也使他诗情澎湃，促成了他的散文名篇《我所知道的康桥》以及许多美丽的诗篇。

1922 年 2 月，张幼仪在德国生下了第二个儿子彼得。徐志摩知道后于 3 月赶到柏林，决定与张幼仪离婚。他在给张幼仪的信中写道："无爱之婚姻无可忍，自由之偿还自由，真生命必自奋斗自求得来，真幸福亦必自奋斗自求得来！彼此前途无限……彼此有改良社会之心，彼此有造福人类之心，其先自作榜样，勇决智断，彼此尊重人格，自有离婚，止决痛苦，始兆幸福。"张幼仪看到此信后的第二天便赶到徐志摩借住的吴经熊家里，忍痛与徐志摩离婚，并由吴经熊、金岳霖做证。不久，徐志摩将《徐志摩、张幼仪离婚通告》刊登在《新浙江》副刊《新朋友》上。

徐志摩离婚的行为遭到了父母的激烈批评。徐父徐申如一直非常疼爱张幼仪，得到离婚的消息后，把张幼仪认作干女儿，支持她在德国求学。

为了继续追求林徽因，1922 年 9 月，徐志摩回国。

二、林长民约志摩长谈

徐志摩在给梁启超的信中曾说："我将于茫茫人海中访我唯一灵魂之伴侣，得之，我幸；不得，我命，如此而已。"虽然没有明说灵魂之伴侣是谁，但很明显，她就是林徽因。然而此时，徐志摩对爱情的追求一再受挫，林徽因已经离他越来越远了。但是，在这爱情、友情、师生情种种感情的纠缠中，徐志摩与林徽因、梁思成、林长民、梁启超等人并没有心生龃龉，或者反目成仇。相反，他们依然保持着真挚的友谊，时常联络，互相交流。1923 年上半年，当徐志摩和胡适等人发起组织聚餐会时，梁思成、林徽因等都是其中的热心人。他们在酒楼或家里不定期地聚餐交流，畅谈人生、理想、学问，互相支持，互相激励。

北京西单新月社

是什么把他们会聚到了一起，在乱世风云中保持着那一份激情和雅兴？应当是相近的家庭出身、知识文化背景、兴趣爱好、品行修养让他们同声相应，同气相求。他们都出身大家豪门，受过良好的中西文化相结合的教育，传统文化功底深，又多留学欧美，接受西方近代自由主义思想，眼界开阔、思想开明，有很高的人文修养，对当时社会深感不满，并力求在自己专长的领域，比如文学、思想、政治、建筑、艺术等有所建树，以裨益社会，促进文明的发展。

1923 年年初，由聚餐会改立的新月社在北京西单成立，林徽因、林长民等参加并表示祝贺。他们在石虎胡同租了一所房子，作为新月社的活动场所。房子根据他们的爱好，布置得非常雅致，他们一群人常来这里聚会谈天，读书看报，交流思想，举行各种文化活动，如年会、元宵灯会、古琴会、书画会等。在女中读书的林徽因常与表姐一起来参加，并且开始崭露自己在文艺方面的才华。徐志摩等组织者希望新月社能够团结一部分志同道合的知识分子，在新文艺甚至政治等方面有所贡献，有所作为。

1924 年，梁启超和林长民等人主持的“讲学社”打算邀请印度著名诗人、亚洲第一位诺贝尔文学奖获得者泰戈尔访华讲学。梁启超委托徐志摩筹办接待事宜。徐志摩对泰戈尔早就心仪已久，自然热心、认真地去做准备工作。他跟梁启超、林长民、胡适等人反复商量，精心设计接待活动的日程和内容。

泰戈尔来访

1924 年 4 月 12 日，泰戈尔一行抵达上海。徐志摩、郑振铎、张君劢等人亲自到码头迎接。然后，徐志摩作为陪同兼翻译，带领泰戈尔在上海、杭州等地参观访问。两位诗人一见如故，成为好友。据说，在陪同泰戈尔游览西湖时，徐志摩诗兴大发，在花下通宵达旦地吟诗、作诗。在北京的梁启超得知此事后，专门集宋人吴梦窗、姜白石的词句作联一副：“临流可奈清癯，第四桥边，呼棹过环碧；

此意平生飞动，海棠花下，吹笛到天明。”据说，梁启超对此句特别满意，认为很好地表现了徐志摩的天性。

4 月 23 日，泰戈尔抵达北京。文化界名流梁启超、林长民、胡适、蒋梦麟、梁漱溟等三百多人到车站迎接。梁思成、林徽因也参加了迎接。

为了表达对泰戈尔的热烈欢迎，梁启超、胡适等人在日坛公园的草坪上举行了盛大的欢迎会。林徽因搀扶着白发白髯、身材高大的泰戈尔登上主席台，徐志摩在一旁担任翻译，泰戈尔做了即兴演讲。他首先表达了对中国人民的感谢，对中国文化的热爱，希望中印人民团结一致，共同促进文化的发展和繁荣。徐志摩的翻译非常成功，文采飞扬，充满感情。讲演赢得了听众的阵阵掌声。

随后，泰戈尔在北京的活动，基本都由徐志摩做翻译，林徽因做陪同。由于泰戈尔的大名以及徐志摩的才情，他们所到之处都受到学生和知识分子的热烈欢迎。吴咏在《天坛诗话》里这样描述：“林小姐人艳如花，和老诗人挟臂而行，加上长袍白面，郊寒岛瘦的徐志摩，有如苍松竹梅的一幅三友图。”泰戈尔的访问由于有了徐志摩和林徽因具有了浓厚的浪漫色彩。

泰戈尔访华的高潮是 5 月 8 日，为他 63 岁举办的寿筵。寿筵由新月社主办，胡适作祝寿会的主席，四百多位北京名流出席了宴会。在演说和赠礼结束之后，演出了泰戈尔的短剧《齐特拉》以助兴。剧本情节是泰戈尔将印度诗史摩诃婆罗多的故事加以衍化而成的：马尼浦国王生有唯一的女儿齐特拉，他想把女儿当成儿子来传宗接代，立为储君。她长相不美，从小被作为王子来加以训练。当邻国英俊的王子阿顺那来到马尼浦山中坐禅睡着时，正好被进山中行猎的齐特拉碰见，并一见钟情。齐特拉为自己没有女性美而苦恼，向爱神祈祷赐她美貌，即使只有一天的美丽也好。爱神便答应给她一年的美貌，使她得到了王子的爱，结为夫妇。可是不久后，王子表示敬慕那个曾经平定了盗贼的女英雄齐特拉。于是，她又祈求爱神收回所赐的美貌，在丈夫面前显露出自己的本来面貌。在剧中，林徽因饰演公主齐特拉，徐志摩演爱神玛达那，林长民演春神代森塔。由于剧情浪漫，台词华丽优美，诗意盎然，加上演员演出投入，激情充沛，演出非常成功，赢得观众的热烈响应。

压抑的感情再度燃烧

在陪同泰戈尔期间，由于一直与林徽因在一起，徐志摩压抑的感情再度燃烧起来。他寻找种种适合的场合表达自己的爱意，但林徽因都装作视而不见。无奈之下，徐志摩恳求泰戈尔为之求情，说自己仍然爱着林徽因，无法压抑自己的爱情之火。泰戈尔无奈之下，只好说凌叔华比林徽因有过之而无不及。

此事在当时被传得沸沸扬扬，自然引起了林梁两家的注意。尤其是梁启超的夫人李蕙仙和女儿梁思顺对林徽因极为反感，认为她有辱门庭，不配做梁家的儿媳。两难之中的林徽因非常苦恼。她同情徐志摩，但对他早已下定了决心，只当作朋友，决不越过雷池，但是现在却被亲人误解，连申诉的机会都没有。梁思成也很痛苦。梁启超说："思成和徽因，去年便有几个月在刀山剑树上过活！这种地狱比城隍庙十王殿里画出来还可怕，因为一时造错了一点业，便受如此惨报，非受完了不会转头。"

对这一段时期的情形，梁从诚后来这样描述：

在去英国之前，母亲就已认识了当时刚刚进入“清华学堂”的父亲。从英国回来，他们的来往更多了。在我的祖父梁启超和外祖父看来，这门亲事是颇为相当的。但是两个年轻人此时已经受到过相当多的西方民主思想的熏陶，不是顺从于父辈的意愿，而确是凭彼此的感情而建立起亲密的友谊的。他们之间在对中国传统文化的珍爱和对造型艺术的趣味方面有着高度的一致性，但是在其他方面也有许多差异。父亲喜欢动手，擅长绘画和木工，又酷爱音乐和体育，他生性幽默，做事却喜欢按部就班，有条不紊；母亲富有文学家式的热情，灵感一来，兴之所至，常常可以不顾其他，有时不免受情绪的支配。我的祖母一开始就对这位性格独立不羁的新派的未来儿媳不大看得惯，而两位热恋中的年轻人当时也不懂得照顾和体贴已身患重病的老人的心情，双方关系曾经搞得十分紧张，从而使母亲又逐渐卷入了另一组家庭矛盾之中。这种局面更进一步强化了她内心那种潜在的反抗意识，并在后来的文学作品中有所反映。

梁启超对儿女比较理解，但理解归理解，为了避免意外发生，加上本来就打算今年让林徽因和梁思成一起赴美留学，梁启超便和林家商定，立即让他们俩动身赴美，待完成学业后再结婚。

对于徐志摩来说，这意味着追求林徽因的机会也许再也没有了。这的确是个残酷的打击。对此，老友林长民很清楚。他认为，应该和自己的这位忘年交好好谈谈了，而且，这也应该是他们之间最后谈这个话题。

林父与志摩的最后约谈

在一个月色美好的夜晚，林长民约徐志摩泛舟游湖。这是一次长谈。林长民告诉徐志摩，林徽因和梁思成不久将一起赴美留学，过去的事就让它过去。林长民还说了很多，但徐志摩只知道他要与林徽因分别了，他只记得那个夜晚的月色异常凄迷。

没过几天，林徽因和徐志摩也见面谈了谈。她的态度没有变，他们可以是很好的朋友，但每人有自己的方向，他们只能互相祝福。

大概，这就是所说的缘分。

徐志摩的一首诗对此做了优美而感伤的诠释。

偶　然

我是天空里的一片云，
偶然投影在你的波心——
你不必讶异，
更毋须欢喜——
在转瞬间消灭了踪影。

你我相逢在黑夜的海上，
你有你的，我有我的，方向；
你记得也好，
最好你忘掉，
在这交会时互放的光亮！

林徽因后来也用诗歌道出了自己的心声。

那一晚

那一晚我的船推出了河心，
澄蓝的天上托着密密的星。
那一晚你的手牵着我的手，
迷惘的星夜封锁起重愁。
那一晚你和我分定了方向，
两人各认取个生活的模样。
到如今我的船仍然在海面飘，
细弱的桅杆常在风涛里摇。
到如今太阳只在我背后徘徊，
层层的阴影留守在我周围。
到如今我还记着那一晚的天，
星光、眼泪、白茫茫的江边！
到如今我还想念你岸上的耕种：
红花儿黄花儿朵朵的生动。
那一天我希望要走到了顶层，
蜜一般酿出那记忆的滋润。
那一天我要跨上带羽翼的箭，
望着你花园里射一个满弦。
那一天你要听到鸟般的歌唱，
那便是我静候着你的赞赏。
那一天你要看到零乱的花影，
那便是我私闯入当年的边境！

5月20日傍晚，徐志摩陪同泰戈尔赴太原。在火车站，来送行的人很多。林徽因也在人群里看着他们离开。离别，总是让人伤感。想到多日来陪在自己左右、年轻可爱的林徽因，泰戈尔也黯然。他特意为她作了一首诗：

蔚蓝的天空，
爱上了碧绿的大地，
他们中间的清风叹了一声“唉！”

火车开动，俯在车窗的徐志摩看到林徽因优美的身影越来越模糊，痛苦至极。他知道，待到回来时，林徽因很可能已经同梁思成比翼双飞，远赴美国了。而自己，只落得个形单影只。心痛的感觉让他难以忍受，他赶紧掏出笔，写道：

我真不知道我要说的是什么话，我已经好几次提起笔来想写，但是每次总是不成篇。这两日我的头脑总是昏昏沉沉的，开着眼闭着眼却只见大前晚模糊的月色，照着我们不愿意的车辆，迟迟地向荒野里退缩，离别！怎么能叫人相信？我想着了就要发疯。这么多的丝，谁能割得断？我的眼前又黑了……

三、诗与信的对答

1930年冬，徐志摩为了与胡适商定到北大任教一事，从上海来到北平。当他得知林徽因身体欠安时，便长途跋涉前往东北大学探望。当时正值寒冬，沈阳天气异常寒冷，加上医疗条件欠佳，徐志摩看到林徽因病情严重，便力劝她回北平治疗，因为那儿的气候稍暖，而且医疗条件也比沈阳好。经过再三考虑，林徽因、梁思成采纳了徐志摩的意见。

香山双清别墅六个月

不久，梁思成把林徽因、女儿梁再冰，还有林徽因的母亲一起安置在北总布胡同三号，一座典型的北京四合院里。林徽因打算这个寒假在北平治好病，来年春天再返回东北，她不想离开自己热爱的建筑事业。

1931年2月，徐志摩到北平教书，他原以为林徽因早已返回东北，但却发现她和梁思成都还在北平，而且“瘦得像一对猴子”。尤其是林徽因，简直让人不忍多看。在给陆小曼的信中，徐志摩悲痛地说，林徽因的肺病已经深入到危险的地步，“这岂不是人生到此天道宁论?”看到这个样子，徐志摩又劝说林徽因不要回东北，立即停止一切工作，到香山养病。梁思成听从徐志摩的建议，把林徽因送到香山，然后独自回到东北大学。

从3月到香山双清别墅，9月回城里，林徽因在香山共待了6个月。在此期间，医生建议她尽量停止一切工作，精心养病。这真是难得的悠闲。远离了她的建筑事业，加上养病时期独有的心境，林徽因的诗情开始抑制不住地涌动起来。先后发表诗歌《那一晚》《谁爱这不息的变幻》《仍然》《激昂》《一首桃花》《山中一个夏夜》《笑》《深夜里听到乐声》《情愿》以及短篇小说《窘》。

林徽因感情细腻、感觉敏锐，早年就显示出独特的艺术才华，对绘画、戏剧等艺术形式有很深的理解。这些从年少时就开始培育的艺术素养，为林徽因从事诗歌创作打下了良好的基础。

对林徽因走上诗歌创作的道路，徐志摩的作用应该说最大了。早在伦敦学习期间，林徽因就受徐志摩影响，阅读了大量浪漫主义诗人如拜伦、雪莱、勃朗宁、泰戈尔等人的作品，并深受感染。后来徐志摩苦恋林徽因，他的激情、诗意、才华都让林徽因刻骨铭心，并在一定程度上改变了林徽因的情感状态和发展历程，使其具有了别样的丰富经历。这些，都像酵母一样催发着林徽因杰出的诗歌篇什的产生。

林徽因在香山养病期间，徐志摩常约朋友张奚若夫妇、沈从文、金岳霖等去看望她，陪她谈天，艺术、人生、社会现实等，海阔天空，无所不谈。梁家的一位亲戚，1931年的时候还是一个少女，回忆当年徐志摩的风采时说：“他的出现很戏剧性，穿了件锦缎长袍，脖子上围一件细致的英国羊毛围巾。一副怪诞的组合！所有的眼睛都盯着他瞧。他的外表多少有几分女性气质，人却热情奔放，一出现就感染在场的所有人。”

《山中》和《你去》

徐志摩的到来无疑带给林徽因极大的精神慰藉，而且，这位对林徽因一直抱有深厚的感情的诗人一有时间就为她作诗。情到深处，不能自已。比如：

山　中

庭院是一片静，
听市谣围抱；
织成一片松影——
看当头月好！

不知今夜山中，
是何等光景；
想也有月，有松，
有更深的静。

我想攀附月色，
化一阵清风，
吹醒群松春醉，
去山中浮动；

吹下一针新碧，

掉在你窗前；

轻柔如同叹息——

不惊你安眠！

还有这首《你去》，也是写给林徽因的：

你去，我也走，我们在此分手；

你上那一条大路，你放心走，

你看那街灯一直亮到天边，

你只消跟从这光明的直线！

你先走，我站在此地望着你：

放轻些脚步，别教灰土扬起，

我要认清你远去的身影，

直到距离使我认你不分明，

再不然，我就叫响你的名字，

不断的提醒你，有我在这里

为消解荒街与深晚的荒凉，

目送你归去……

不，我自有主张，

你不必为我忧虑；你走大路，

我进这条小巷。你看那棵树，

高抵着天，我走到那边转弯，

再过去是一片荒野的凌乱：
有深潭，有浅洼，半亮着止水，
在夜芒中像是分披的眼泪；
有石块，有钩刺胫踝的蔓草，
在期待过路人疏神时绊倒，
但你不必焦心，我有的是胆，
凶险的途程不能使我心寒。
等你走远，我就大步向前，
这荒野有的是夜露的清鲜；
也不愁愁云深裹，但求风动，
云海里便波涌星斗的流汞；
更何况永远照彻我的心底，
有那颗不夜的明珠，我爱——你！

此诗写成之后，徐志摩致信林徽因，说：

我愁望着云泞的天和泥泞的地，直担心你们上山一路平安。到山上大家都安好否？我在纪念。

我回家累得直挺在床上，像死人——也不知哪来的累。适之在午饭时说笑话，我照例照规矩把笑放上嘴边，但那笑仿佛离嘴有半尺来远，脸上的皮肉像是经过风腊，再不能活动！

下午忽然诗兴发作，不断地抽着烟，茶倒空了两壶，在两小时内，居然诌得了一首。哲学家（指金岳霖——作者注）上来看见，端详了十多分钟，然后正色的说："It is one of your very best."

（这是你最好的诗之一——作者注）但哲学家关于美术作品只往往挑错的东西来夸，因而，我还不敢自信，现在抄了去请教女诗人，敬祈指正！

雨下得凶，电话电灯会断。我讨得半根蜡，匍匐在桌上胡乱写。……

思成恐怕也有些着凉，我保荐喝一大碗姜糖汤，妙药也！宝宝老太都还高兴否？我还牵记你家矮墙上的艳阳。此去归来时难说完，敬祝山中人"神仙生活"，快乐康强！

读了徐志摩的这些书信、诗作，林徽因的心情自然难以平静。有这么一位才华横溢的男子爱恋自己，不论怎么说，也是人生的一件幸事。更何况，他们都知道两人之间的爱情是不可能的，但还保有这么真挚的友谊，的确难得。

《一首桃花》与《笑》

正巧，此时徐志摩在北京大学任教之余，与陈梦家等人筹办《诗刊》。他与朋友们一再鼓励林徽因写诗。正是有了这样的"天时、地利、人和"，林徽因不甘寂寞，终于拿起笔，开始了诗歌创作。

梁从诫说：

香山的"双清"也许是母亲诗作的发祥之地。她留下来的最早的几首诗都是那时在这里写成的。清静幽深的山林，同大自然的亲近，初次做母亲的快乐，特别是北平朋友们的真挚友情，常使母亲心里充满了宁静的欣悦和温情，也激起了她写诗的灵感。从一九三一年春天，她开始发表自己的诗作。

上面所列举的林徽因的诗歌，大多是爱情诗，构思巧妙，意象生动，回味悠长。诗歌灵动飘逸、清新绮丽，具有独特的艺术魅力。比如：

一首桃花

桃花，
那一树的嫣红，
像是春说的一句话：
朵朵露凝的娇艳，
是一些
玲珑的字眼，
一瓣瓣的光致，
又是些
柔的匀的吐息；
含着笑，
在有意无意间
生姿的顾盼。
看——
那一颤动在微风里
她又留下，淡淡的，
在三月的薄唇边，

一瞥，

一瞥多情的痕迹！

以桃花为意象，写一位女性的娇艳妩媚，生动活泼，充满诗情画意。

又如：

笑

笑的是她的眼睛，口唇，
和唇边浑圆的旋涡。
艳丽如同露珠，
朵朵的笑向
贝齿里闪光里躲。
那是笑——神的笑，美的笑；
水的映影，风的轻歌。

笑的是她惺忪的鬈发，
散乱的挨着她耳朵。
软软如同花影，
痒痒的甜蜜
涌进了你的心窝。
那是笑——诗的笑，画的笑：
云的留痕，浪的柔波。

诗歌通过形象描绘，把一位女性的笑写得活灵活现、跃然纸上。读者读诗时，面前自然而然地会浮现出一张美丽的笑脸。

《深夜里听到乐声》

林徽因还在诗歌里表达爱而不能的伤感，比如《深夜里听到乐声》：

这一定又是你的手指，
轻弹着，
在这深夜，稠密的悲思。

我不禁频边泛上了红，
静听着，
深夜里弦子的生动。

一声听从我心底穿过，
忒凄凉
我懂得，但我怎能应和？

生命早描定她的式样，
太薄弱
是人们的美丽的想象。

除非在梦里有这么一天，

你和我

同来攀动那根希望的弦。

这乐声是一种感召，一种纪念，轻柔细腻中蕴含着热烈和真挚。这是来自性灵深处的诗情。在艺术建构上，这首诗也体现了音律美和建筑美，两长一短的构式，抑扬适度，往还复沓，余音袅袅。整首诗像哀婉的歌声，冷清地飘荡在寂静深夜，“我懂得，但我怎能应和?”

林徽因的诗歌在文学期刊上发表以后，引起了强烈反响。陈梦家在《新月诗选·序言》中说：“渴望着更绮丽的诗篇的出现，对于林徽因初作的几首诗表示我们酷爱的欢心。她的《笑》也是一首难得的好诗。”一颗诗坛的新星正在升起。

四、志摩出事了

1931年9月，经过半年的治疗之后，林徽因的病情有了好转，回到城里。

这时，梁思成离开东北大学，回到北平，加入“中国营造学社”。“中国营造学社”是一个专门从事中国古代建筑研究的机构，社址在故宫，其发起人是朱启钤。朱启钤1914年曾做过内务总长，1915年奉袁世凯之命修缮皇宫时，对营造学产生了浓厚的兴趣。1917年，他在江南图书馆发现《营造图式》的抄本，便自筹资金，成立“中国营造学社”，自任社长。1930年，他向“庚子赔款”的中华教育基金会申请经费补助，邀请林徽因和梁思成加入。梁思成担任法式部主任，林徽因任营造学社校理。他们俩又开始了建筑研究工作，并时常参加文化界的活动，生活过得忙碌而又充实。

志摩过得不顺心

然而，这段时间，徐志摩却过得很不顺心。与陆小曼结婚以后，他们定居上海。在这个花花世界，陆小曼很快就沉迷于奢华的生活中而不能自拔。她的花销远远超出了徐志摩的经济能力。在经济的压力下，徐志摩不得不经常来往于北平和上海之间，在多所大学任教，以满足陆小曼的高额花费。为此，徐志摩曾多次劝说陆小曼，要她到北平生活，脱离上海这个能使人堕落糜烂的地方。然而陆小曼非但不听，还催促徐志摩从事房地产生意来挣钱。两人的争吵越来越多。

11 月 12 日，徐志摩回到上海的家中，没想到，一到家便和陆小曼吵了起来。据王映霞说："达夫告诉我志摩离上海那天与小曼吵架的情景。11 月 12 日徐志摩从北京回到上海，苦口婆心地劝小曼戒鸦片。'眉，我爱你，深深地爱着你，所以劝你把鸦片烟戒掉，这对你身体有害。现在，你瘦得成什么样子，我看了，真伤心得很，我的眉啊！'良药苦口，忠言逆耳。小曼听了，大发雷霆，随手把烟枪往徐志摩的脸上掷去。志摩赶忙躲开，幸未击中，金丝眼镜掉在地上，玻璃碎了……"

徐志摩很生气，当晚便离开家，跑到朋友家里消解心中的烦闷。

18 日早晨，徐志摩离开上海，来到南京，当晚住在朋友何竞武家里。不一会儿，杨杏佛也应约前来会面。一见面，杨杏佛就问徐志摩："为什么这次回来不多住几天就走？"徐志摩说："徽因明天在协和礼堂为外国使节讲中国的建筑艺术，我已经答应她赶回去参加。"然后，他们便随便地聊天，聊得很开心。

韩湘眉说："Suppose something happens tomorrow（明天也许会发生什么事情——作者注），志摩？"

徐志摩笑着说："你怕我死吗？"

"志摩！正经话，总是当心点好。司机是中国人，还是外国人？"韩湘眉认真地说。"不知道！没有关系，天气晴朗，宜于飞行。”徐志摩显得无所谓。

“你这次乘飞机，小曼说什么没有？”韩湘眉问道。

“小曼说，我若坐飞机死了，她做 merry widow（风流寡妇——作者注）。”徐志摩笑着说。

杨杏佛一听，立即插话说：“All widows are merry（凡是寡妇都风流——作者注）！”

就这样，一直谈到深夜，徐志摩、杨杏佛才离开。走到门口时，徐志摩还像兄长一样，轻吻了韩湘眉的脸颊。

飞机撞到白马山

19 日上午，徐志摩搭乘中国航空公司的邮政班机“济南号”飞往北平。午后 2 时，飞机飞到济南上空时，因为雾气浓重，飞机撞在白马山上，当即坠入山谷。徐志摩遇难身亡，年仅 34 岁。在“济南号”起飞之前，徐志摩曾给梁思成、林徽因发去电报，要他们下午 3 时派车到南苑机场接他。可是派去的汽车等到 4 点半还没有等到他来。林徽因打电话给胡适，担心可能发生什么不测。第二天，胡适看到了《晨报》上的消息：

京平北上机肇祸，昨在济南坠落！

机身全毁，乘客司机均烧死，天雨雾大误触开山。

［济南十九日专电］十九日午后 2 时中国航空公司飞机由京飞平，飞行至济南城南卅里党家庄，因天雨雾大，误触开山山顶，当即坠落山下，本报记者前往调查，见机身全焚毁，仅余空架，乘客一人，司机二人，全被烧死，血肉黑焦，莫可辨认，邮件被焚后，

邮票仿佛可见，惨状不忍睹。

胡适看了这报道后，断定徐志摩出事了。他马上打电话告知林徽因。接着，他又亲自到中国航空公司询问。当日12时，胡适的判断果然被证实。下午，林徽因、梁思成、张奚若、陈雪屏、孙大雨、钱端升、张慰慈、陶孟和等，都来到胡适家里。林徽因神色凄婉，泣不成声，张奚若则失声恸哭。经过商议后，他们立即电告青岛大学的杨振生，通报徐志摩遇难的消息，并委派梁思成、金岳霖、张奚若赶赴现场。林徽因、梁思成回到家后，立即赶制了一个用碧绿铁树叶和白花编成的径尺大小的花圈，并由梁思成带往济南。

22日晨，梁思成等和从青岛大学赶来的沈从文在济南相会。他们一同到中国银行找到了冒雨到现场将徐志摩遗体装殓的陈先生，打听有关情况。然后，他们又来到停放灵柩的福源庵的小庙里，开棺看了徐志摩的遗容："棺木里静静地躺着的志摩，戴了一顶红顶绒球青缎子瓜皮帽，帽前还嵌了一小方丝料烧成'帽正'，露出一个掩盖不尽的额角，右额角上一个李子大斜洞，这显然是他的致命伤。眼睛是微张的，他不愿意死！鼻子略略发肿，想来是火灼炙的。门牙脱尽，额角上那个小洞，皆可说明是向前猛撞的结果。"随后，梁思成将他们夫妇特制的那个花圈，安置在棺盖上。他还捡了"济南"号飞机残骸一块小木板，以作纪念。这是林徽因和他商量过的。

下午5时，徐志摩的儿子年仅13岁的徐积锴和张幼仪的哥哥张嘉铸从上海赶到济南。晚上8时半，灵柩装上了一辆敞篷车，运回上海，停放在万国殡仪馆。

12 月 6 日，上海文艺界人士在静安寺设灵堂，追悼徐志摩。之后，徐志摩灵柩被运回硖石，葬于东山万石窝。

《悼志摩》

12 月 7 日，林徽因在《晨报》上发表《悼志摩》一文，沉痛悼念作为父亲和自己，也是梁启超和梁思成两代人的好友的徐志摩。这篇感人至深的悼念文字，写出了徐志摩的某些个性特点，也表达了林徽因的深沉悲痛。

悼志摩

十一月十九日我们的好朋友，许多人都爱戴的新诗人，徐志摩突兀的，不可信的，惨酷的，在飞机上遇险而死去。这消息在二十日的早上像一根针刺猛触到许多朋友的心上，顿使那一早的天墨一般地昏黑，哀恸的哽咽锁住每一个人的嗓子。

志摩……死……谁曾将这两个句子联在一处想过！他是那样活泼的一个人，那样刚刚站在壮年的顶峰上的一个人。朋友们常常惊讶他的活动，他那像小孩般的精神和认真，谁又会想到他死？

突然的，他闯出我们这共同的世界，沉入永远的静寂，不给我们一点预告，一点准备，或是一个最后希望的余地。这种几乎近于忍心的决绝，那一天不知震麻了多少朋友的心？现在那不能否认的事实，仍然无情地挡住我们面前。任凭我们多苦楚的哀悼他的惨死，多迫切的希冀能够仍然接触到他原来的音容，事实是不会为体贴我们这悲念而有些须更改；而他也再不会为不忍我们这伤悼而有些须活动的可能！这难堪的永远静寂和消沉便是死的最残酷处。

我们不迷信的，没有宗教地望着这死的帷幕，更是丝毫没有把握。张开口我们不会呼吁，闭上眼不会入梦，徘徊在理智和情感的边沿，我们不能预期后会，对这死，我们只是永远发怔，吞咽枯涩的泪，待时间来剥削这哀恸的尖锐，痂结我们每次悲悼的创伤。那一天下午初得到消息的许多朋友不是全跑到胡适之先生家里吗？但是除却拭泪相对，默然围坐外，谁也没有主意，谁也不知有什么话说，对这死！

谁也没有主意，谁也没有话说！事实不容我们安插任何的希望，情感不容我们不伤悼这突兀的不幸，理智又不容我们有超自然的幻想！默然相对，默然围坐……而志摩则仍是死去没有回头，没有音讯，永远地不会回头，永远地不会再有音讯。

我们中间没有绝对信命运之说的，但是对着这不测的人生，谁不感到惊异，对着那许多事实的痕迹又如何不感到人力的脆弱，智慧的有限。世事尽有定数？世事尽是偶然？对这永远的疑问我们什么时候能有完全的把握？

在我们前边展开的只是一堆坚质的事实：

“是的，他十九晨有电报来给我……

“十九早晨，是的！说下午三点准到南苑，派车接……

“电报是九时从南京机场发出的……

“刚是他开始飞行以后所发……

“派车接去了，等到四点半……说飞机没有到……

“没有到……航空公司说济南有雾……很大……”只是一个钟头的差别；下午三时到南苑，济南有雾！谁相信就是这一个钟头中便可以有这么不同事实的发生，志摩，我的朋友！

他离平的前一晚我仍见到，那时候他还不知道他次晨南旅的，飞机改期过三次，他曾说如果再改下去，他便不走了的。我和他同由一个茶会出来，在总布胡同口分手。在这茶会里我们请的是为太平洋会议来的一个柏雷博士，因为他是志摩生平最爱慕的女作家曼殊斐儿的姊丈，志摩十分的殷勤；希望可以再从柏雷口中得些关于曼殊斐儿早年的影子，只因限于时间，我们茶后匆匆地便散了。晚上我有约会出去了，回来时很晚，听差说他又来过，适遇我们夫妇刚走，他自己坐了一会，喝了一壶茶，在桌上写了些字便走了。我到桌上一看，——

"定明早六时飞行，此去存亡不卜……"我怔住了，心中一阵不痛快，却忙给他一个电话。

"你放心，"他说，"很稳当的，我还要留着生命看更伟大的事迹呢，哪能便死？……"

话虽这样说，他却已经死了整两周了！

凡是志摩的朋友，我相信全懂得，死去他这样一个朋友是怎么一回事！

现在这事实一天比一天更结实，更固定，更不容否认。志摩是死了，这个简单残酷的实际早又添上时间的色彩，一周，两周，一直地增长下去……

我不该在这里语无伦次地尽管呻吟我们做朋友的悲哀情绪。归根说，读者抱着我们文字看，也就是像志摩的请柏雷一样，要从我们口里再听到关于志摩的一些事。这个我明白，只怕我不能使你们满意，因为他的事，动听的，使青年人知道这里有个不可多得的人格存在的，实在太多，决不是几千字可以表达得完。谁也得承认像他这样的一个人世间便不轻易有几个的，无论在中国或是外国。

我认得他，今年整十年，那时候他在伦敦经济学院，尚未去康桥。我初次遇到他，也就是他初次认识到影响他迁学的狄更生先生。不用说他和我父亲最谈得来，虽然他们年岁上差别不算少，一见面之后便相互引为知己。他到康桥之后由狄更生介绍进了皇家学院，当时和他同学的有我姊丈温君源宁。一直到最近两月中源宁还常在说他当时的许多笑话，虽然说是笑话，那也是他对志摩最早的一个惊异的印象。志摩认真的诗情，绝不含有丝毫矫伪，他那种痴，那种孩子似的天真实能令人惊讶。源宁说，有一天他在校舍里读书，外边下了倾盆大雨——唯是英伦那样的岛国才有的狂雨——忽然他听到有人猛敲他的房门，外边跳进一个被雨水淋得全湿的客人。不用说他便是志摩，一进门一把扯着源宁向外跑，说快来我们到桥上去等着。这一来把源宁怔住了，他问志摩等什么在这大雨里。志摩睁大了眼睛，孩子似的高兴地说“看雨后的虹去”。源宁不止说他不去，并且劝志摩趁早将湿透的衣服换下，再穿上雨衣出去，英国的湿气岂是儿戏，志摩不等他说完，一溜烟地自己跑了！

以后我好奇地曾问过志摩这故事的真确，他笑着点头承认这全段故事的真实。我问：那么下文呢，你立在桥上等了多久，并且看到虹了没有？他说记不清但是他居然看到了虹。我诧异地打断他对那虹的描写，问他：怎么他便知道，准会有虹的。他得意地笑答我说：“完全诗意的信仰！”

“完全诗意的信仰”，我可要在这里哭了！也就是为这“诗意的信仰”他硬要借航空的方便达到他“想飞”的宿愿！“飞机是很稳当的，”他说，“如果要出事那是我的命运！”他真对命运这样完全诗意的信仰！

志摩我的朋友，死本来也不过是一个新的旅程，我们没有到过的，不免过分地怀疑，死不定就比这生苦，“我们不能轻易断定那一边没有阳光与人情的温慰”，但是我前边说过最难堪的是这永远的静寂。我们生在这没有宗教的时代，对这死实在太没有把握了。这以后许多思念你的日子，怕要全是昏暗的苦楚，不会有一点点光明，除非我也有你那美丽的诗意的信仰！

我个人的悲绪不竟又来扰乱我对他生前许多清晰的回忆，朋友们原谅。

诗人的志摩用不着我来多说，他那许多诗文便是估价他的天平。我们新诗的历史才是这样的短，恐怕他的判断人尚在我们儿孙辈的中间。我要谈的是诗人之外的志摩。人家说志摩的为人只是不经意的浪漫，志摩的诗全是抒情诗，这断语从不认识他的人听来可以说很公平，从他朋友们看来实在是对不起他。志摩是个很古怪的人，浪漫固然，但他人格里最精华的却是他对人的同情，和蔼和优容；没有一个人他对他不和蔼，没有一种人，他不能优容，没有一种情感，他绝对地不能表同情。我不说了解，因为不是许多人爱说志摩最不了解人情吗？我说他的特点也就在这上头。

我们寻常人就爱说了解，能了解的我们便同情，不了解的我们便很落寞乃至于酷刻。表同情于我们能了解的，我们以为很适当；不表同情于我们不能了解的，我们也认为很公平。志摩则不然，了解与不了解，他并没有过分地夸张，他只知道温存，和平，体贴，只要他知道有感情的存在，无论出自何人，在何等情况之下，他理智上认为适当与否，他全能表几分同情，他真能体会原谅他人与他自己不相同处。从不会刻薄地单支出严格的迫仄的道德的天平指谪凡是与他不同的人。他这样的温和，这样的优容，真能使许多人惭愧，我可以忠实地说，至少他要比我们多数的人伟大许多；他觉得人类各种的情感动作全有它不同的，价值放大了的人类的眼光，同情是不该只限于我们划定的范围内。他是对的，朋友们，归根说，我们能够懂得几个人，了解几桩事，几种情感？哪一桩事，哪一个人没有多面的看法！为此说来志摩朋友之多，不是个可怪的事；凡是认得他的人不论深浅对他全有特殊的感情，也是极自然的结果。而反过来看他自己在他一生的过程中确是很少得着同情的。不止如此，他还曾为他的一点理想的愚诚几次几乎不见容于社会。但是他却未曾为这个而鄙吝他给他人的同情心，他的性情，不曾为受了刺激而转变刻薄暴戾过，谁能不承认他几有超人的宽量。

志摩的最动人的特点，是他那不可信的纯净的天真，对他的理想的愚诚，对艺术欣赏的认真，体会情感的切实，全是难能可贵到极点。他站在雨中等虹，他感冒社会的大不韪争他的恋爱自由；他坐曲折的火车到乡间去拜哈代，他抛弃博士一类的引诱卷了书包到英国，只为要拜罗素做老师，他为了一种特异的境遇，一时特异的感动，从此在生命途中冒险，从此抛弃所有的旧业，只是尝试几行新诗——这几年新诗尝试的命运并不太令人踊跃，冷嘲热骂只是家常便饭——他常能走几里路去采几茎花，费许多周折去看一个朋友说两句话；这些，还有许多，都不是我们寻常能够轻易了解的神秘。我说神秘，其实竟许是傻，是痴！事实上他只是比我们认真，虔诚到傻气，到痴！他愉快起来他的快乐的翅膀可以碰得到天，他忧伤起来，他的悲戚是深得没有底。寻常评价的衡量在他手里失了效用，利害轻重他自有他的看法，纯是艺术的感情的脱离寻常的原则，所以往常人常听到朋友们说到他总爱带着嗟叹的口吻说：“那是志摩，你又有什么法子！”他真的是个怪人吗？朋友们，不，一点都不是，他只是比我们近情，近理，比我们热诚，比我们天真，比我们对万物都更有信仰，对神，对人，对灵，对自然，对艺术！

朋友们我们失掉的不只是一个朋友，一个诗人，我们丢掉的是个极难得可爱的人格。

至于他的作品全是抒情的吗？他的兴趣只限于情感吗？更是不对。志摩的兴趣是极广泛的。就有几件，说起来，不认得他的人便要奇怪。他早年很爱数学，他始终极喜欢天文，他对天上星宿的名字和部位就认得很多，最喜暑夜观星，好几次他坐火车都是带着关于宇宙的科学的书。他曾经译过爱因斯坦的相对论，并且在一九二二年便写过一篇关于相对论的东西登在《民铎》杂志上。他常向思成说笑：“任公先生的相对论的知识还是从我徐君志摩大作上得来的呢，因为他说他看过了许多关于爱因斯坦的哲学都未曾看懂，看到志摩的那篇才懂了。”今夏我在香山养病，他常来闲谈，有一天谈到他幼年上学的经过和美国克来克大学两年学经济学的景况，我们不竟对笑了半天，后来他在他的《猛虎集》的“序”里说了那么一段。可是奇怪的！他不像许多天才，幼年里上学，不是不及格，便是被斥退，他是常得优等的，听说有一次康乃尔暑校里一个极严的经济学教授还写了信去克莱克大学教授那里恭维他的学生，关于一门很难的功课。我不是为志摩在这里夸张，因为事实上只有为了这桩事，今夏志摩自己便笑得不亦乐乎！

此外他的兴趣对于戏剧绘画都极深浓，戏剧不用说，与诗文是那么接近，他领略绘画的天才也颇可观，后期印象派的几个画家，他都有极精密的爱恶，对于文艺复兴时代那几位，他也很熟悉，他最爱鲍蒂切利和达文骞。自然他也常承认文人喜画常是间接地受了别人论文的影响，他的，就受了法兰（Roger Fry）和斐德（Walter Pater）的不少。对于建筑审美他常常对思成和我道歉说："太对不起，我的建筑常识全是 Ruskins 那一套。"他知道我们是最讨厌 Ruskins 的。但是为看一个古建的残址，一块石刻，他比任何人都热心，都更能静心领略。

他喜欢色彩，虽然他自己不会作画，暑假里他曾从杭州给我几封信，他自己叫它们作"描写的水彩画"，他用英文极细致地写出西（边?）桑田的颜色，每一份嫩绿，每一色鹅黄，他都仔细地观察到。又有一次他望着我园里一带断墙半晌不语，过后他告诉我说，他正在默默体会，想要描写那墙上向晚的艳阳和刚刚入秋的藤萝。

对于音乐，中西的他都爱好，不止爱好，他那种热心便唤醒过北平一次——也许唯一的一次——对音乐的注意。谁也忘不了那一年，克拉斯拉到北平在"真光"拉一个多钟头的提琴。对旧剧他也算得"在行"，他最后在北平那几天我们曾接连地同去听好几出戏，回家时我们讨论的热闹，比任何剧评都诚恳都起劲。

谁相信这样的一个人，这样忠实于"生"的一个人，会这样早地永远地离开我们另投一个世界，永远地静寂下去，不再透些须声息！

我不敢再往下写，志摩若是有灵听到比他年轻许多的一个小朋友拿着老声老气的语调谈到他的为人不觉得不快吗？这里我又来个极难堪的回忆，那一年他在这同一个的报纸上写了那篇伤我父亲惨故的文章，这梦幻似的人生转了几个弯，曾几何时，却轮到我在这风紧夜深里握吊他的惨变。这是什么人生？什么风涛？什么道路？志摩，你这最后的解脱未始不是幸福，不是聪明，我该当羡慕你才是。

独乐寺考察回来之后，林徽因的病情进一步恶化，再一次上香山养病。想起去年今日，也是在这香山养病，还可以与那热情的诗人互相唱和，互诉衷肠，今年此时，却是一人独居山中，品味生与死的界限，追悼过往的那一把热情。她忍不住写下了这首耐人寻味的《别丢掉》：

这一把过往的热情，
现在流水似的，
轻轻
在幽冷的山泉底，
在黑夜 在松林，
叹息似的渺茫，
你仍要保存着那真！
一样是月明，
一样是隔山灯火，
满天的星，
只使人不见，
梦似的挂起，
你问黑夜要回

那一句话——你仍得相信
山谷中留着
有那回音！

正如有的学者所指出的，这首诗是“遥祭亡灵之作”。那逝去的，像流水一样，消失在“幽冷的山泉底，在黑夜，在松林”，渺渺茫茫，无处不在，又无处追寻。可是“仍要保存那真！”这是林徽因和徐志摩性格特点中主要的共同点。真诚面对自己，真诚对待他人，不矫情，不虚伪，真情流露，真爱也会永存。

“你问黑夜要回/那一句话——你仍得相信/山谷中留着/有那回音！”这里写的，是对徐志摩去年写给林徽因的《你去》中的诗句的回应。《你去》中写道：“等你走远，我就大步向前/这荒野有的是夜露的清鲜/也不愁愁云深裹，但求风动/云海里便波涌星斗的流汞/更何况永远照彻我的心底/有那颗不夜的明珠，我爱——你！”徐志摩在诗中表达自己心中对林徽因永存的爱，这种爱至死不悔。而林徽因在《别丢掉》中的意思是，你说的话至今仍在山谷里回荡，你的爱至今仍铭记在我的心头，但这终究是不可能的，你还是收回去吧。

与凌叔华的纠纷

在追悼徐志摩之前，胡适和林徽因等人已经商定，设立徐志摩文学奖，建立徐志摩图书馆以及徐志摩纪念馆，以作为对徐志摩的永久纪念。此外，他们还打算收集徐志摩的遗文，以出版徐志摩的文集。可是，在收集徐志摩的文字时，林徽因和凌叔华发生了“康桥日记”的纠纷。

1925 年 3 月，徐志摩辞去北京大学的教职，准备到欧洲旅行。行前，他将一个小提箱交给凌叔华保管，并对她说：“要是我不能回来的话，你得给我写传。这箱子里面有你需要的材料。”据说，箱子里有部分文稿，徐志摩的两三册英文日记，还有陆小曼的两本日记。这个小提箱一直放在凌叔华那儿，徐志摩遇难前一直没有去取。

这里所说的英文日记，是徐志摩在剑桥大学时写的“康桥日记”。徐志摩遇难前，曾告诉林徽因说他的“康桥日记”放在凌叔华那儿，因而林徽因知道徐志摩的日记的下落。现在，物是人非，林徽因非常想看看那些日记，那里面应该详细地记录了徐志摩当时的所思所感，是了解徐志摩的重要资料，而且，里面肯定有大量是关于她自己的。林徽因的想法应该说合情合理。

因而，林徽因请好友胡适出面向凌叔华要徐志摩的日记。在胡适的要求下，凌叔华把日记交给了胡适。11 月 28 日，胡适又把日记转交给林徽因。可是林徽因拿到日记后却发现里面没有“康桥日记”。显然，凌叔华把它抽掉了。

没过几天，凌叔华到林徽因家里向她要徐志摩的书信，打算编成一本“志摩信札”。林徽因说信都在天津，大都是英文的，一时没法给她。接着林徽因便问凌叔华：“听说志摩的‘康桥日记’在你那儿，能否借给我看看?”凌叔华听了之后，很勉强地说可以。林徽因又说到她家里去取，凌叔华说她下午不在家，改天吧。

12 月 9 日，林徽因到凌叔华家里去拿信，但是没见着凌叔华，只看见她留下的一封信：

昨归遍找志摩日记不得，后捡自己当年日记，乃知志摩交我三本：两小，一大，小者即在君处箱内，阅完放入的。大的一本（满写的）未阅完，想来在字画箱内（因友人物多，加意保全）。因三四年中四方奔走，家中书物皆堆叠成山，甚少机缘重为整理，日间得闲休当细捡一下，必可找出来阅。此两日内，人事烦扰，大约此星期底才有空翻寻也。

林徽因看完信之后非常不满，“气得通宵没有睡着”。

直到12月14日，凌叔华才将半本“康桥日记”拿给林徽因。林徽因看了之后，更是气不打一处来，搞不明白凌叔华究竟怎么想的。她接连写了几封信给胡适，告诉他这一连串的事，而且还郑重指出：“现在无论日记是谁裁去的，当中一段缺了是事实，她没有坦白地说明了以前，对那几句瞎话没有相当解释以前，她永有嫌疑的（志摩自己不会撕的，小曼尚在可问）。”

胡适得知这一情况之后，12月28日写信给凌叔华，要她把剩下的日记交给林徽因。他说：

昨始知你送徽因处的志摩日记只有半册，我想你一定是把那一册半留下作传记或小说的材料了。

但我细想，这个办法不很好。其中流弊正多。第一，材料分散，不便研究。第二，一人所藏成为私有秘宝，则余人所藏也有各成为私有秘宝的危险。第三，朋友之中会因此发生意见，实为最大不幸，绝非死友所乐意。第四，你藏有此两册日记，一般朋友都知道。我是知道的，公超与孟和夫妇皆知道，徽因是你亲自告诉她的。

所以我上星期编的遗著略目，就注明你处存两册日记。昨天有人问我，我就说："叔华送来了一大包，大概小曼和志摩的日记都在那里，我还没有打开看。"所以我今天写这信给你，请你把那两册日记交给我，我把这几册英文日记全付打字人打成三个副本，将来我可以把一份全的留给你做传记材料。

请你给我一个回信。倘能把日记叫来人带回，那就更好了。

……

我知道你能谅解我的直言的用意，所以不会怪我。祝你好。

胡适说得很委婉，但又很严厉，凌叔华收到信后，不得不于1932年1月22日托人把徐志摩康桥日记的另外半部分交给胡适，并附一封信：

适之：

外本璧还，包纸及绳仍旧样，望查收。此事以后希望能如一朵乌云飞过清溪，彼此不留影子才好。否则怎样对得住那个爱和谐的长眠人！

你说我记忆不好，我也承认，不过不是这一次。这一次明明是一个像平常毫不用准备的人，说出话，行出事，也如平常一样，却不知旁人是有心立意地观察指摘。这有备与无备分别大得很呢。算了，只当我今年流年不利罢了。我永远未想到北京的风是这样刺脸，土是这样迷眼。你不留神，就许害一场病。这样也好，省得总依恋北京。问你们大家好。

即日

凌叔华在信中表达了对林徽因和胡适的不满。可是，之所以有这场“官司”，原因还在凌叔华自己不爽快地交出日记，一拖再拖，让大家都不高兴。但是，即便是这次交给胡适的半本，仍然有4页被裁掉。胡适看了之后很是不满，认为凌叔华一错再错，不知悔改。他只好把这仍然残缺的日记交给林徽因。林徽因的心情可想而知。

半个世纪之后，凌叔华在1982年10月15日和1983年5月7日致陈从周的信中旧事重提，她还是满腹怨言：

不意在他飞行丧生的后几日，在胡适家有一些他的朋友，闹着要求把他的箱子取出来公开，我说可以交给小曼保管，但胡帮着林徽因一群人要求我交出来（大约是林和他的友人怕志摩恋爱日记公开了，对她不便，故格外逼胡适向我要求交出来）。我说我应交小曼，但胡适说不必。他们人多势众，我没法拒绝，只好原封交与胡适。可惜里面不少稿子及日记，世人没见过面的，都埋没或遗失了。

至于志摩坠机后，由适之出面要我把志摩箱子交出，他说要为志摩整理出书纪念。我因想到箱内有小曼私人日记两本，也有志摩英文日记二三本。他既然说过不要随便给人看，他信托我，所以交我代存，并且重托过我为他写“传记”。为了这些原因，同时我知道如我交胡适，他那边天天有朋友去谈志摩的事，这些日记恐将滋事生非了。因为小曼日记内（两本）也常记一些是是非非，且对人无一点包含。想到这一点（彼时小曼对我十分亲热，她常说人家叔华就不那样想，里面当然也有褒贬徽因的日记），我回信给胡适，说我只能把八宝箱交给他，要求他送给陆小曼。以后他真的拿走了。

信中，凌叔华除了表达对林徽因等人的不满外，并没有交代那裁去的4页的下落。

终生保存志摩的日记

据卞之琳称，林徽因将徐志摩的两本日记一直保存到她生命的最后一刻。后来，日记焚于“文革”中。

这件事在北平闹得满城风雨。胡适在日记中说：“为了志摩的半册日记，北京闹得满城风雨，闹得我在南方也不能安宁。”（胡适写日记时在上海）而在这纠纷中，受到刺激和伤害最大的是林徽因。因为当时盛传林徽因要“康桥日记”的原因是里面有不利于她的记录，怕日记曝光后对她造成不良影响。然而，事实并非如此。林徽因在给胡适的信中说：

实说，我不会也以诗人的美谀为荣，也不会以被人恋爱为辱。我永是“我”，被诗人恭维了也不会增美增能。有过一段不幸的曲折的旧历史也没有什么可惭（我只是要读读那日记，给我是种满足，好奇心满足，回味这古怪的世事，纪信老朋而已）。

我觉得这桩事人事方面看来真不幸，精神方面看来这桩事或为造成志摩为诗人的原因而也给我不少人格上知识上磨炼修养的帮助，志摩 in a way 从某方面不悔他有这一段苦痛历史，我觉得我的一生至少没有太堕入凡俗的满足也不算一桩坏事，志摩警醒了我，他变成一种 Stimulant（激励——作者注）在我生命中，或恨，或怒，或 Happy 或 Sorry（幸运或遗憾——作者注），或难过，或苦痛，我也不悔的，我也不 Proud（得意——作者注），我自己的倔强，我也不惭愧。

我的教育是旧的，我变不出什么新的人来，我只要“对得起”人——爹娘、丈夫（一个爱我的人，待我极好的人）、儿子、家族等，后来更要对得起另一个爱我的人，我自己有时的心，我的性情便弄得十分为难。前几年不管对得起他不，倒容易——现在结果，也许我谁都没有对得起，您看多冤！

我自己也到了相当年纪，也没有什么成就，眼看得机会愈少——我是个兴奋 type accomplish things by sudden inspiration and master stroke（我是个兴奋型的人，靠突然的灵感和神来之笔做事——作者注），不是能用功慢慢修炼的人。现在身体也不好，家常的负担也繁重，真是怕从此平庸处世，做妻生仔的过一世！我禁不住伤心起来。想到志摩今夏的 inspiring friendship and love（富于启迪性的友谊和爱——作者注）对于我，我难过极了。

这几天思念他得很，但是他如果活着，恐怕我待他仍不能改。事实上是太不可能。也许那就是我不够爱他的缘故，也就是我爱我现在的家在一切之上的确证。志摩也承认过这话。

在一连串的刺激下，加上工作家务的劳累，林徽因的肺病复发，她又倒下了。在给胡适的信中她说：

日前，人觉得甚病不大动得了，后来赶了几日夜，两三处工程图案，愈弄得人困马乏。

上星期起到现在一连走了几天协和检查身体，消息大不可人，医生和思成又都皱开眉头！看来我的病倒进展了些，医生还在商量根本收拾我的办法。

……

身体情形如此，心绪更不见佳，事情应着手的也复不少，甚想在最近期间能够一晤谈，将志摩几本日记事总括筹个办法。

据我意见来看，此几本日记，英文原文并不算好，年轻得厉害，将来于他“整传”大有补助处故甚多，单印出来在英文文学上价值并不太多（至少在我看到那两本中文字比他后来的作品书札差得很远），并且关系人个个都活着，也极不便，一时只是收储保存问题。

志摩作品中，诗已差不多全印出，散文和信札大概是目前最要紧的问题，不知近来有人办理此事否？“传”不“传”的，我相信志摩的可爱的人格永远会在人们记忆里发亮的，暂时也没有赶紧（的）必要。至多慢慢收集材料为将来的方便而已。

林徽因的处理态度很冷静，她主要从徐志摩日记的文学价值，以及对现在的影响来判断这些文字到底适不适合出版。胡适也同意她的看法，暂不公开发表徐志摩的日记。这件事总算告一段落。

对于林徽因和徐志摩之间的感情，梁从诫谈了自己的看法：

母亲写作新诗，开始时在一定程度上受到过徐志摩的影响和启蒙。她同徐志摩的交往，是过去文坛上许多人都知道，却又讹传很多的一段旧事。在我和姐姐长大后，母亲曾经断断续续地同我们讲过他们的往事。母亲同徐是一九二〇年在伦敦结识的。当时徐是外祖父的年轻朋友，一位二十四岁的已婚者，在美国学过两年经济之后，转到剑桥学文学；而母亲则是一个还未脱离旧式大家庭的十六岁的女中学生。据当年曾同徐志摩一道去过林寓的张奚若伯伯多年以后对我们的说法："你们妈妈当时梳着两条小辫子，差一点把我和志摩叫作叔叔！"因此，当徐志摩以西方式诗人的热情突然对母亲表示倾心的时候，母亲无论在精神上、思想上，还是生活体验上都处在与他完全不对等的地位上，因此也就不可能产生相应的感情。母亲后来说过，那时，像她这么一个在旧伦理教育熏陶下长大的姑娘，竟会像有人传说的那样去同一个比自己大八九岁的已婚男子谈恋爱，简直是不可思议的事。母亲当然知道徐在追求自己，而且也很喜欢和敬佩这位诗人，尊重他所表露的爱情，但是正像她自己后来所分析的："徐志摩当时爱的并不是真正的我，而是他利用诗人的浪漫情绪想象出来的林徽因，可我其实并不是他心目中所想的那样一个人。"不久，母亲回国，他们便分手了。等到一九二二年徐回到国内时，母亲同父亲的关系已经十分亲密，后来又双双出国留学，和徐志摩更没有了直接联系。父母留学期间，徐志摩的离婚和再娶，成了当时国内文化圈子里几乎人人皆知的事。可惜他的再婚生活带给他的痛苦竟多于欢乐。一九二九年母亲在北平与他重新相聚时，他正处在那样的心情中，而母亲却满怀美好的憧憬，正迈向新的生活。这时的母亲当然早已不是伦敦时代那个梳小辫子的女孩，她在各方面都已成熟。徐志摩此时对母亲的感情显然也越过了浪漫的幻想，变得沉重而深化了。徐志摩是个真挚奔放的人，他所有的老朋友都爱他，母亲当然更珍重他的感情。尽管母亲后来也说过，徐志摩的情趣中有时也露出某种俗气，她并不欣赏，但是这没有妨碍他们彼此成为知音，而且徐也一直是我父亲的挚友。母亲告诉过我们，徐志摩那首著名的小诗《偶然》是写给她的，而另一首《你去》，徐也在信中说明是为她而写的，那是他遇难前不久的事。从这前后两首有代表性的诗中，可以体会出他们感情的脉络，比之一般外面的传说，确要崇高许多。

应该说，梁从诫的看法是比较客观的。

第三章

建筑世界里，她找到灵魂皈依

梁思成在文中称林徽因为『第一个发现中国最稀奇的古庙的人』，实不为过。在考察的过程中，林徽因不畏艰难险阻，疲惫劳苦，以一种极其敬业的精神在人迹罕至的古老建筑中搜寻考察，的确是后人学习的榜样。

一、中国建筑的过去与未来

1932 年 3 月，林徽因在《中国营造学社汇刊》1932 年第 3 卷第 1 期发表《论中国建筑之几个特征》一文。这是她公开发表的第一篇学术论文。

在这篇论文中，林徽因主要论述了四个方面的问题。

中国建筑的艺术特征

关于建筑艺术的原则，林徽因写道："在原则上，一种好的建筑必含有以下三要点：实用；坚固；美观。实用者：切合于当时当地人民生活习惯，适合于当地地理环境。坚固者：不违背其主要材料之合理的结构原则，在寻常环境之下，含有相当永久性的。美观者：具有合理的权衡（不是上重下轻巍然欲倾，上大下小势不能支；或孤耸高峙或细长突出等违背自然律的状态），要呈现稳重、舒适、自然的外表，更要诚实地呈露全部及部分的功用，不事掩饰，不矫揉造作，勉强堆砌。美观，也可以说，即是综合实用，坚稳，两点之自然结果。"这些观点，是林徽因的基本的建筑理论，是她评判、设计建筑的基本原则。

对于中国建筑的艺术特征，林徽因认为，中国建筑曾经具有上述三种要素，只是因为时代的发展使之在实用和坚固方面显得落后。可是，“仍然保留着它的纯粹美术的价值”，北京的天坛、故宫和金字塔、希腊神庙等应该享受同等的荣誉。中国建筑的美在于：“决不是在那浅现的色彩和雕饰，或特殊之式样上面，却是深藏在那基本的，产生这美观的结构原理里，及中国人的绝对了解控制雕饰的原理上。”中国的建筑是木结构，其原则是“架构制”，其特色是“屋顶、台基、斗拱、色彩和匀称的平面布置”。

林徽因同时指出了中国建筑的弱点，她说，中国建筑存在着三个问题：一是因为匠师缺乏科学知识，往往用过大的木头作横梁，造成很大的浪费；二是因为同样的原因，造成屋架有过早倾斜的危险；三是地基太浅，使建筑物不够牢固。

关于中国建筑的未来，林徽因指出：“关于中国建筑之将来，更有特别可注意的一点：我们架构制的原则适巧和现代‘洋灰铁筋架’或‘钢架’建筑同一道理；以立柱横梁牵制成架为基本。现代欧洲建筑为现代生活所驱，已断然取革命态度，尽量利用近代科学材料，另具方法形式，而迎合近代生活之需求。若工厂，学校，医院，及其他公共建筑等为需要日光便利，已不能仿取古典派之垒砌制，致多墙壁而少窗牖。中国架构制既与现代方法恰巧同一原则，将来只需变更建筑材料，主要结构部分则均可不有过激变动，而同时因材料之可能，更作新的发展，必有极满意的新建筑产生。”林徽因采用发展的眼光看问题，既不拘泥于传统，也不局限于中国，而是放眼世界，立足现实，根据实用美观的基本原理来构想将来的建筑形式。她的观点在今天仍有重要的参考价值。

从这篇论文可以看出，林徽因已经形成了自己对建筑的基本看法，这些都是她将来从事建筑研究和设计的基础。

研究古建筑，肯定不能只是闭门造车，而需要经常出去做实地考察。发表论文的下一个月，林徽因便和梁思成等前往河北蓟县考察古建筑。

河北蓟县的考察

早在 1931 年秋天，梁思成的一位朋友告诉他，在鼓楼民众教育馆里，见到几张介绍蓟县风光的照片。其中一张是独乐寺的照片，它的斗拱很大，跟清故宫的结构很不一样。梁思成得知这件事以后，立即乘车到鼓楼去看，果真如此。他想，这座独乐寺很可能是更早时候的建筑。于是梁思成想立即准备行装，前去考察。但是由于洪水冲垮了一处河堤，不能通行，因此，考察一事便推迟下来。

蓟县离北平约 90 公里。“那时的道路都是铺垫着碎石子的土公路，缺少像样的桥梁，当穿过遍布鹅卵石和细沙的旱河时，行车艰难，乘客还得下车步行一段，遇到泥泞的地方，还得大家下车推车。”而且由于独乐寺地处山麓，深山沟壑中有土匪出没，因此，一开始梁思成只带着两个助手和弟弟思达前往。

途中的艰辛梁思成记录了下来。他写道：

这是一次难忘的考察，是我第一次离开主要交通干线的旅行。这辆在美国大概早就被当成废铁卖掉了的老破车，可它还在北京和那座小城之间定期地——或不如说是无定时地——行驶。出了北京城东门几英里，我们来到箭杆河。旱季，它的主流只剩下不到 30 英尺，但是两岸之间的细沙床却足有一英里半宽。在借助渡船过河水后，这辆公共汽车在松软的沙土中寸步难移。我们这些乘客得帮忙把这老古董一直推过整个河床，而引擎就冲着我们的眼鼻轰鸣。在别的难走的地方，我们还得多次下车。为了这50英里路程，我们花了三个多小时……独乐寺观音阁高耸于城墙之上，老远就可以看到。从远处，人们可以看出这是一座古拙而又醇和的建筑。

到达之后，梁思成把情况告诉了家中的林徽因：路非常难走，但是没有遇见土匪，住宿也便宜。林徽因了解情况后，不顾自己肺病未痊愈，而且怀孕在身，很快赶到蓟县独乐寺，与梁思成等一起开展考察工作。

独乐寺离县城十多公里，原是一个建筑群体，现只剩有山门和观音阁。观音阁外表两层，实则三层纯为木结构建筑。里面有一尊高约16米的11个头的观音塑像，由底层穿过二三层，显得雄伟而又慈祥。因而，二三层楼板的中间均有一个较大的空间，每层楼板上又有一条围廊，以便于人们参观景仰。它始建于辽代统和二年（公元984年），是当时我国发现的最古老的一座木构建筑，保存了不少唐代建筑的风格。

这次考察结束之后，林徽因和梁思成很快写出了独乐寺的调查报告。由于以前没有人做过这方面的调查研究，他们的文章在国内外建筑学界引起了轰动。

这些都表明，林徽因在经过多年的学习积累之后，已经开始进行考察和研究工作，并开始在建筑学界崭露头角。

北平西郊古建筑

1932年8月，林徽因生下一个儿子。家里人都特别高兴。尽管他们在许多方面受过西方思想的影响，但是，这次有了继承香火的子嗣，这喜庆是不能免俗的。经过夫妇俩认真商量，他们决定给儿子取名“从诫”，意思是“跟随李诫”。四年前，他们选择婚礼的日期，就已经表示了对李诫的敬意。现在，他们再一次表达了对宋代这位天才建筑师的崇敬。

当然，家里添了人口，林徽因的家务就明显地多了起来。这是她第一次为操持家务苦恼。虽然林徽因雇用了仆人，但是她的女儿、新生的儿子，还有可能是最麻烦的、感情上完全依附于她、头脑同她的小脚一样被裹得紧紧的母亲，都牵扯了她很大一部分精力。她要照顾母亲、丈夫、两个孩子，还要监管六七个佣人，还得注意外面来卖东西的陌生人。总之，她是这个家的总管。这些责任耗掉她在家里的大部分时间和精力。

同当时许多知识分子一样，林徽因是过渡一代的知识女性。她反抗传统的老规矩，但有些又是她所反抗不了的。她在英国、美国，甚至在读小学的时候，都广泛接触西方文明，她一直都在坚持一个独立女性的姿态。但是，这次家里的一切把她牵扯住了。她在书桌或画板前没有一刻不受孩子、母亲、佣人的干扰，一切都要她拿主意。

1932年10月，把事业当作自己的生命的林徽因从家务中挣扎出来，和梁思成一道对北平郊区古建筑进行考察。考察完毕，他们夫妇俩又合作完成了《平郊建筑杂录》一文，发表在《中国营造学社汇刊》1932年11月第3卷第4期。

平郊建筑杂录

北平四郊近二三百年间建筑遗物极多，偶尔郊游，触目都是饶有趣味的古建。其中辽金元古物虽然也有，但是大部分还是明清的遗构；有的是显赫的“名胜”，有的是消沉的“痕迹”；有的按期受成群的世界游历团的赞扬，有的只偶尔受诗人们的凭吊，或画家的欣赏。

这些美的存在，在建筑审美者的眼里，都能引起特异的感觉，在“诗意”和“画意”之外，还使他感到一种“建筑意”的愉快。这也许是个狂妄的说法——但是，什么叫作“建筑意”？我们很可以找出一个比较近理的含义或者解释来。

顽石会不会点头，我们不敢有所争辩，那问题怕要牵涉到物理学家，但经过大匠之手泽，年代之磋磨，有一些石头的确是会蕴含生气的。天然的材料经人的聪明建造，再受时间的洗礼，成美术与历史地理之和，使它不能不引起赏鉴者一种特殊的性灵的融会，神志的感触，这话或者可以算是说得通。

无论哪一个巍峨的古城楼，或一角倾颓的殿基的灵魂里，无形中都在诉说，乃至于歌唱，时间上漫不可信的变迁；由温雅的儿女佳话，到流血成渠的杀戮。他们所给的“意”的确是“诗”与“画”的。但是建筑师要郑重郑重的声明，那里面还有超出这“诗”“画”以外的“意”存在。眼睛在接触人的智力和生活所产生的一个结构，在光影恰恰可人中，和谐的轮廓，披着风露所赐予的层层生动的色彩；潜意识里更有“眼看他起高楼，眼看他楼塌了”凭吊兴衰的感慨；偶然更发现一片，只要一片，极精致的雕纹，一位不知名匠师的手笔，请问那时锐感，即不叫他作“建筑意”，我们也得要临时给他制造个同样狂妄的名词，是不？

建筑审美可不能势利的。大名显赫，尤其是有乾隆御笔碑石来赞扬的，并不一定便是宝贝；不见经传，湮没在人迹罕至的乱草中间的，更不一定不是一位无名英雄。以貌取人或者不可，“以貌取建”却是个好态度。北平近郊可经人以貌取舍的古建筑实不在少数。摄影图录之后，或考证它的来历，或由村老传说中推测它的过往——可以成一个建筑师为古物打抱不平的事业，和比较有意思的夏假消遣。而他的报酬便是那无穷的“建筑意”的收获。

(1) 卧佛寺的平面

说起受帝国主义的压迫，再没有比卧佛寺委屈的了。卧佛寺的住持智宽和尚，前年偶同我们谈天，用“叹息痛恨于桓灵”的口气告诉我，他的先师老和尚，如何如何的与青年会订了合同，以每年一百元的租金，把寺的大部分租借了二十年，如同胶州湾，辽东半岛的条约一样。

其实这都怪那佛一觉睡几百年不醒，到了这危难的关头，还不起来给老和尚当头棒喝，使他早早觉悟，组织个佛教青年会西山消夏团。虽未必可使佛法感化了摩登青年，至少可藉以繁荣了寿安山……不错，那山叫寿安山……又何至等到今年五台山些少的补助，才能修葺开始残破的庙宇呢！

我们也不必怪老和尚，也不必怪青年会……其实还应该感谢青年会。要是没有青年会，今天有几个人会知道卧佛寺那样一个山窝子里的去处。在北方——尤其是北平——上学的人，大半都到过卧佛寺。一到夏天，各地学生们，男的，女的，谁不愿意来消消夏，爬山，游水，骑驴，多么优哉游哉。据说每年夏令会总成全了许多爱人儿们的心愿，想不到睡觉的释迦牟尼，还能在梦中代行月下老人的职务，也真是佛法无边了。

从玉泉山到香山的马路，快近北辛村的地方，有条岔路忽然转北上坡的，正是引导你到卧佛寺的大道。寺是向南，一带山屏障似的围住寺的北面，所以寺后有一部分渐高，一直上了山脚。在最前面，迎着来人的，是寺的第一道牌楼，那还在一条柏荫夹道的前头。当初这牌楼是什么模样，我们大概还能想象，前人做的事虽不一定都比我们强，却是关于这牌楼大概无论如何他们要比我们大方得多。现在的这座只说他不顺眼已算十分客气，不知哪一位和尚化来的酸缘，在破碎的基上，竖了四根小柱子，上面横钉了几块板，就叫它作牌楼。这算是经济萎衰的直接表现，还是宗教力渐弱的间接表现？一时我还不能答复。

顺着两行古柏的马道上去，骤然间到了上边，才看见另外的鲜明的一座琉璃牌楼在眼前。汉白玉的须弥座，三个汉白玉的圆门洞，黄绿琉璃的柱子，横额，斗木共，檐瓦。如果你相信一个建筑师的自言自语，“那是乾嘉间的作法”。至于《日下旧闻考》所记寺前为门的如来宝塔，却已不知去向了。

琉璃牌楼之内，有一道白石桥，由半月形的小池上过去。池的北面和桥的旁边，都有精致的石栏杆，现在只余北面一半，南面的已改成洋灰抹砖栏杆。这池据说是“放生池”，里面的鱼，都是“放”的。佛寺前的池，本是佛寺的一部分，用不着我们小题大作的讲。但是池上有桥，现在虽处处可见，但它的来由却不见得十分古远。在许多寺池上，没有桥的却较占多数。至于池的半月形，也是个较近的做法，古代的池大半都是方的。池的用途多是放生，养鱼。但是刘士能先生告诉我们说南京附近有一处律宗的寺，利用山中溪水为月牙池，和尚们每斋都跪在池边吃，风雪无阻，吃完在池中洗碗。幸而卧佛寺的和尚们并不如律宗的苦行，不然放生池不惟不能放生，怕还要变成脏水坑了。

与桥正相对的是山门。山门之外，左右两旁，是钟鼓楼，从前已很破烂，今年忽然大大的修整起来。连角梁下失去的铜铎，也用二十一号的白铅铁焊上，油上红绿颜色，如同东安市场的国货玩具一样的鲜明。

山门平时是不开的，走路的人都从山门旁边的门道出入。入门之后，迎面是一座天王殿，里面供的是四天王——就是四大金刚——东西梢间各两位对面侍立，明间面南的是光肚笑嘻嘻的阿弥陀佛，面北合十站着的是韦驮。

再进去是正殿，前面是月台，月台上（在秋收的时候）铺着金黄色的老玉米，像是专替旧殿着色。正殿五间，供三位喇嘛式的佛像。据说正殿本来也有卧佛一躯，雍正还看见过，是旃檀佛像，唐太宗贞观年间的东西。却是到了乾隆年间，这位佛大概睡醒了，不知何时上哪儿去了。只剩了后殿那一位，一直睡到如今，还没有醒。

从前面牌楼一直到后殿，都是建立在一条中线上的。这个在寺的平面上并不算稀奇，罕异的却是由山门之左右，有游廊向东西，再折而向北，其间虽有方丈客室和正殿的东西配殿，但是一气连接，直到最后面又折而东西，回到后殿左右。这一周的廊，东西（连山门后殿算上）十九间，南北（连方丈配殿算上）四十间，成一个大长方形。中间虽立着天王殿和正殿，却不像普通的庙殿，将全寺用“四合头”式前后分成几进。这是少有的。在这点上，本刊上期刘士能先生在智化寺调查记中说：“唐宋以来有伽蓝七堂之称。惟各宗略有异同，而同在一宗，复因地域环境，互相增省……”现在卧佛寺中院，除去最后的后殿外，前面各堂为数适七，虽不敢说这是七堂之例，但可藉此略窥制度耳。

这种平面布置，在唐宋时代很是平常，敦煌画壁里的伽蓝都是如此布置，在日本各地也有飞鸟平安时代这种的遗例。在北平一带（别处如何未得详究），却只剩这一处唐式平面了。所以人人熟识的卧佛寺，经过许多人用帆布床“卧”过的卧佛寺游廊，是还有一点新的理由，值得游人将来重加注意的。

卧佛寺各部殿宇的立面（外观）和断面（内部结构）却都是清式中极规矩的结构，用不着细讲。至于殿前伟丽的娑罗宝树，和树下消夏的青年们所给予你的是什么复杂的感觉，那是各人的人生观问题，建筑师可以不必参加意见。事实极明显的，如东院几进宜于消夏乘凉；西院的观音堂总有人租住；堂前的方池——旧籍中无数记录的方池——现在已成了游泳池，更不必赘述或加任何的注解。

“凝神映性”的池水，用来作锻炼身体之用，在青年会道德观之下，自成道理——没有康健的身体，焉能有康健的精神？——或许！或许！但怕池中的微生物杂菌不甚懂事。

池的四周原有精美的白石栏杆，已拆下叠成台阶，做游人下池的路。不知趣的，容易伤感的建筑师，看了又一阵心酸。其实这不算稀奇，中世界的教皇们不是把古罗马时代的庙宇当石矿用，采取那石头去修“上帝的房子”吗？这台阶——栏杆——或也不过是将原来离经叛道“崇拜偶像者”的迷信废物，拿去为上帝人道尽义务。“保存古物”，在许多人听去当是一句迂腐的废话。“这年头！这年头！”每个时代都有些人在没奈何时，喊着这句话出出气。

(2) 法海寺门与原先的居庸关

法海寺在香山之南，香山通八大处马路的西边不远。一个很小的山寺，谁也不会上那里去游览的。寺的本身在山坡上，寺门却在寺前一里多远山坡底下。坐汽车走过那一带的人，怕绝对不会看见法海寺门一类无系轻重的东西的。骑驴或走路的人，也很难得注意到在山谷碎石堆那一点小建筑物。尤其是由远处看，它的颜色和背景非常相似。因此看见过法海寺门的人我敢相信一定不多。

特别留意到这寺门的人，却必定有。因为这寺门的形式是与寻常的极不相同；有圆拱门洞的城楼模样，上边却顶着一座喇嘛式的塔——一个缩小的北海白塔。这奇特的形式，不是中国建筑里所常见。

这圆拱门洞是石砌的。东面门额上题着“敕赐法海禅寺”，旁边陪着一行“顺治十七年夏月吉日”的小字。西面额上题着三种文字，其中看得懂的中文是“唵巴得摩乌室尼渴华麻列吽敍吒”，其他两种或是满蒙各占其一个。走路到这门下，疲乏之余，读完这一行题字也就觉得轻松许多！

门洞里还有隐约的画壁，顶上一部分居然还勉强剩出一点颜色来。由门洞西望，不远便是一座石桥，微拱的架过一道山沟，接着一条山道直通到山坡上寺的本身。

门上那座塔的平面略似十字形而较复杂。立面分多层，中间束腰石色较白，刻着生猛的浮雕狮子。在束腰上枋以上，各层重叠像阶级，每级每面有三尊佛像。每尊佛像带着背光，成一浮雕薄片，周围有极精致的琉璃边框。像脸不带色釉，眉目口鼻均伶俐秀美，全脸大不及寸余。座上便是塔的圆肚，塔肚四面四个浅龛，中间坐着浮雕造像，刻工甚俊。龛边亦有细刻。更上是相轮（或称刹），刹座刻作莲瓣，外廓微作盆形，底下还有小方十字座。最顶尖上有仰月的教徽。仰月徽去夏还完好，今秋已掉下。据乡人说是八月间大风雨吹掉的，这塔的破坏于是又进了一步。

这座小小带塔的寺门，除门洞上面一围砖栏杆外，完全是石造的。这在中国又是个少有的例。现在塔座上斜长着一棵古劲的柏树，为塔门增了不少的苍姿，更像是做他的年代的保证。为塔门保存计，这种古树似要移去的。怜惜古建的人到了这里真是彷徨不知所措；好在在古物保存如许不周到的中国，这忧虑未免神经过敏！

法海寺门特点并不在上述诸点，石造及其年代等，主要的却是他的式样与原先的居庸关相类似。从前居庸关上本有一座塔的，但因倾颓已久，无从考其形状。不想在平郊竟有这样一个发现。虽然在《日下旧闻考》里法海寺只占了两行不重要的位置；一句轻淡的“门上有小塔”，在研究居庸关原状的立脚点看来，却要算个重要的材料了。

(3) 杏子口的三个石佛龛

由八大处向香山走，出来不过三四里，马路便由一处山口里开过。在山口路转第一个大弯，向下直趋的地方，马路旁边，微偻的山坡上，有两座小小的石亭。其实也无所谓石亭，简直就是两座小石佛龛。两座石龛的大小稍稍不同，而他们的背面却同是不客气的向着马路。因为他们前面全是向南，朝着另一个山口——那原来的杏子口。

在没有马路的时代，这地方才不愧称作山口。在深入三四十尺的山沟中，一道唯一的蜿蜒险狭的出路；两旁对峙着两堆山，一出口则豁然开朗一片平原田壤，海似的平铺着，远处浮出同孤岛一般的玉泉山，托住山塔。这杏子口的确有小规模的“一夫当关，万夫莫敌”的特异形势。两石佛龛既据住北坡的顶上，对面南坡上也立着一座北向的，相似的石龛，朝着这山口。由石峡底下的杏子口往上看，这三座石龛分峙两崖，虽然很小，却顶着一种超然的庄严，镶在碧澄澄的天空里，给辛苦的行人一种神异的快感和美感。

现时的马路是在北坡两龛背后绕过去，直趋下山。因其逼近两龛，所以驰车过此地的人，绝对要看到这两个特别的石亭子的。但是同时因为这山路危趋的形势，无论是由香山西行，还是从八大处东去，谁都不愿意冒险停住快驶的汽车去细看这么几个石佛龛子。于是多数过路车客，全都遏制住好奇爱古的心，冲过去便算了。

假若作者是个细看过这石龛的人，那是因为他是例外，遏止不住他的好奇爱古的心，在冲过便算了不知多少次以后发誓要停下来看一次的。那一次也就不算过路，却是带着照相机去专程拜谒；且将车驶过那危险的山路停下，又步行到龛前后去瞻仰丰采的。

在龛前，高高地往下望着那刻着几百年车辙的杏子口石路，看一个小泥人大小的农人挑着担过去，又一个戴朵鬓花的老婆子，夹着黄色包袱，弯着背慢慢地踱过来，才能明白这三座石龛本来的使命。如果这石龛能够说话，他们或不能告诉得完他们所看过经过杏子口底下的图画——那时一串骆驼正在一个跟着一个地穿出杏子口转下一个斜坡。

北坡上这两座佛龛是并立在一个小台基上，它们的结构都是由几片青石片合成——（每面墙是一整片，南面有门洞，屋顶每层檐一片）。西边那座龛较大，平面约一米余见方，高约二米。重檐，上层檐四角微微翘起，值得注意。东面墙上有历代的刻字，跑着的马，人脸的正面等。其中有几个年月人名，较古的有“承安五年四月廿三日到此”和“至元九年六月十五日□□□贾智记”。承安是金章宗年号，五年是公元一二〇〇年。至元九年是元世祖的年号，元顺帝的至元到六年就改元了，所以是公元一二七二年。这小小的佛龛至迟也是金代遗物，居然在杏子口受了七百多年以上的风雨，依然存在。当时巍然顶在杏子口北崖上的神气，现在被煞风景的马路贬到盘坐路旁的谦抑；但它们的老资格却并不因此减损，那种倚老卖老的倔强，差不多是傲慢冥顽了。西面墙上有古拙的画——佛像和马——那佛像的样子，骤看竟像美洲土人的 Totam-Pole。

龛内有一尊无头趺坐的佛像，虽像身已裂，但是流利的衣褶纹，还有“南宋朝”的遗风。

台基上东边的一座较小，只有单檐，墙上也没字画。龛内有小小无头像一躯，大概是清代补作的。这两座都有苍绿的颜色。

台基前面有宽二米长四米余的月台，上面的面积勉强可以叩拜佛像。

南崖上只有一座佛龛，大小与北崖上小的那座一样。三面做墙的石片，已成纯厚的深黄色，像纯美的烟叶。西面刻着双钩的“南”字，南面“无”字，东面“佛”字，都是径约八分米。北面开门，里面的佛像已经失了。

这三座小龛，虽不能说是真正的建筑遗物，也可以说是与建筑有关的小品。不止诗意画意都很充足，“建筑意”更是丰富，实在值得停车一览。至于走下山坡到原来的杏子口里往上真真瞻仰这三龛本来庄严峻立的形势，更是值得。

关于北平掌故的书里，还未曾发现有关于这三座石佛龛的记载。好在对于它们年代的审定，因有墙上的刻字，已没有什么难题。所可惜的是它们渺茫的历史无从参考出来，为我们的研究增些趣味。

这篇文章，有三点值得注意：

文章强调“建筑意”。他们在文中开篇便指出：这些美的存在，在建筑审美者的眼里，都能引起特异的感觉，在“诗意”和“画意”之外，还使他感到一种“建筑意”的愉快。

“建筑意”的提出，在诗画之外，强调建筑自己的艺术特点和美感，从建筑本身来寻求它的艺术价值，无疑让人们对建筑的美有了进一步的认识，而且，为建筑研究和设计提供了新的指导思想。

强调“平民意识”。文章指出：“建筑审美可不能势利的。大名显赫，尤其是有乾隆御笔碑石来赞扬的，并不一定便是宝贝；不见经传，湮没在人迹罕至的乱草中间的，更不一定不是一位无名英雄。”这说明他们还是从建筑本身来判断它们的艺术价值，这才是真正科学的态度。

文章强调要“慧眼识珠”，要从众多平庸的建筑中寻找真正的艺术杰作。北平郊区的古建筑非常多，但大多是明清时期的，真正辽元时期的很少，也就是说，真正具有历史、艺术价值的并不是很多。因而，这要求他们必须做到“慧眼识珠”。在文中他们指出：卧佛寺的“平面布置，在唐宋时代很是平常，敦煌画壁里的伽蓝都是如此布置，在日本各地也有飞鸟平安时代这种的遗例。在北平一带（别处如何未得详究），却只剩这一处唐式平面了。所以人人熟识的卧佛寺……值得游人将来重加注意的”。法海寺门的特点，“主要的却是他的式样与原先的居庸关相类似。从前居庸关上有一座塔的，但因倾颓已久，无从考其形状。不想在平郊竟有这样一个发现。虽然在《日下旧闻考》里法海寺只占了两行不重要的位置；一句轻淡的‘门上有小塔’，在研究居庸关原状的立脚点看来，却要算个重要的材料了”。至于杏子口的“三座小龛，虽不能说是真正的建筑遗物，也可以说是与建筑有关的小品。不止诗意画意都很充足，‘建筑意’更是丰富，实在值得停车一览。至于走下山坡到原来的杏子口里往上真真瞻仰这三龛本来庄严峻立的形势，更是值得”。由此可见，梁思成和林徽因有着丰富的建筑史知识和独到的审美眼光，能见人所未见，发人所未发。

行文生动活泼。这篇考察报告，甚至可以称作游记散文。记述准确而又有条理，文笔活泼生动，妙趣横生，读起来丝毫没有学究气。从这生动传神的笔触，可以断定是林徽因所作。

从华严寺、云冈石窟到应县木塔

1933 年 9 月，林徽因和梁思成、刘敦真、莫宗江等人前往大同考察古建筑。几年之前他们就有前往大同考察的愿望，因为那里是南北朝佛教建筑艺术的中心，有许多有价值的古建筑，是研究古建筑的学者必去之地。

他们乘坐一辆破旧的汽车，一路颠颠簸簸，好不容易才到达大同。下车后，又找不到一间干净的旅馆安身。只好到梁思成在美国时的同学李景熙（大同火车站站长）家里住宿。而一日三餐的饮食，则在一家酒楼吃一大碗汤面（这还是向大同市当局求援得到的）。

他们着重对华严寺和善化寺作了测绘，并有可喜的发现。如：华严寺的大雄宝殿是在已知道的古代木建筑中体形最为巨大的，薄伽教藏是公元1038年建成的佛经图书馆。又如善化寺三圣殿建成于公元1128—1143年，有自己的特点。类似的这些发现，都对辽金建筑嬗变的研究有价值。因而，林徽因感到非常高兴。她曾说："回想在大同善化寺暮色里面向着塑像瞠目结舌的情形，使我愉快得不愿忘记那一刹那人生稀有的，由审美本能所触发的锐感。"

考察完华严寺和善化寺后，林徽因、梁思成等人到云冈考察石窟。云冈石窟建造在绵延的峭壁上，在一个又一个的石窟里，是一座座精美的佛像等石雕艺术品。它是"中国早期佛教史迹壮观"，"更是后魏艺术之精华——中国美术史上一个极重要时期中难得的大宗实物遗证"。

但是多年来，对云冈石窟的研究却少之又少。直到近代才陆续有学者进行研究。例如日本人伊东忠太、我国著名历史学家陈垣等，但他们的研究大都致力于考察云冈石窟所受的外来影响，从纯建筑艺术角度进行研究的，林徽因和梁思成等则是开了首例。

当林徽因一行来到云冈石窟时，面前的景象一片荒凉。周围的山上光秃秃的，没有树，连草都很少。地里的庄稼矮小而又杂乱，一片荒芜的景象。看来，很少有人来这里游览。果然，他们连住的旅馆都没有，只好在一家农户的一间连门窗都没有的屋子里住了三天。当地气候让他们难以忍受，中午炎热，晚上寒冷。吃的当然只能凑合，土豆和玉米面糊糊已经是不错的了。

在这样艰苦的环境下，他们每天不顾风吹日晒，爬到石窟前进行认真的测绘、考察，坚持将云冈石窟的建筑艺术作了系统的研究，而且很快写出了论文《云冈石窟中所表现的北魏建筑》，发表在《中国营造学社汇刊》1933 年 12 月第 3 卷第 3、4 期上。

该文是一篇严谨的学术论文。作者以丰富的中外建筑知识和中国历史知识，运用比较研究的方法，以实事求是的科学态度对云冈石窟做了三个方面的研究：一是石窟建造的年代、其布置与构造；二是石窟中石刻上所表现的北魏建筑物，如塔、柱、斗拱、屋顶等；三是石窟中飞仙的雕刻以及上面的雕饰花纹的题材、样式等。林徽因等人将云冈石窟和敦煌印度洞窟，希腊、日本的建筑艺术作了比较，得出这样的结论：

云冈石窟所表现的建筑式样，大部为中国固有的方式，并未受外来多少影响，不但如此，且使外来物同化于中国，塔即其例。……在结构根本原则及形式上，中国建筑两千多年来保持其独立性，不曾被外来影响所动摇。所谓受印度希腊影响者，实仅限于装饰雕刻两方面的。

在雕刻上只强烈地触动了中国雕刻艺术的新创造。——其精神、气魄、格调，根本保持着中国固有的。而最后却在装饰花纹上，输给中国以大量的新题材，新变化，新刻法，散布流传直至今日，的确是个值得注意的现象。

林徽因和梁思成从日本学者的调查中得知，在应县有一座 11 世纪的宝塔，当地人称作“应州塔”。为了在出发前确认这座塔到底还在不在，梁思成在没有电话的情况下，想出了一个好办法。他写信到“山西应县最高等照相馆”，弄到一张应县木塔的照片。林徽因看到照片后说：“阿弥陀佛！幸亏思成倾心的不是什么电影明星，要不，凭他的执着劲，谁都能追得到。”有趣的是，这家照相馆索要的酬金很特别，他们要一点北京的信纸和信笺，因为他们那儿没有纸店。

这次考察，林徽因没有去，她通过梁思成寄回家的信得知木塔的情况。梁思成的考察经历了很多艰险，一路颠簸不说，考察时所遇到的危险让人感到惊心动魄。

在工作的最后一天，梁思成在信中说：“在天晴日美的下午五时前后狂风暴雨，雷电交作。我们正在最上层梁架上，不由得不感到自身的危险，不单是在二百八十多尺高将近千年的木架上，而且紧在塔顶铁质相轮之下，电母风伯不见得会讲特别交情。我们急着爬下，则见实测记录册子已被吹开，有一页已飞到栏杆上了。若再迟半秒钟，则十天的工作有全部损失的危险。我们追回那一页后，急步下楼——约五分钟——到了楼下，却已有一线骄阳，由蓝天云隙里射出，风雨雷电已全签了停战协议了。”

经过这样艰苦的考察后，林徽因颇有感触。她说：“山西应县的辽代木塔，说来容易，听来似乎平淡无奇……但是西历一〇五六年到现在，算起来是整整八百七十七年。古代完全木构的建筑物高到二百八十五尺，在中国也就剩这一座，独一无二的应县佛宫寺塔了……现在唐代木构在国内还没找到一个，而宋代所刊营造法式又还有困难不能完全解释的地方，这距唐不久，离宋全盛时代还早的辽代，居然遗留给我们一些顶呱呱的木塔，高阁，佛殿，经藏，帮我们抓住前后许多重要的关键，这在几个研究建筑的死心眼人看来，已是了不起的事了。”

她不无感慨地说：

在这整个民族和他的文化，均在挣扎着他们重危的命运的时候，凭你有多少关于古代艺术的消息，你只感到说不出的难受！艺术是未曾脱离过一个活泼的民族而存在的；一个民族衰败湮没，他们的艺术也就跟着消沉僵死。知道一个民族在过去的时代里，曾有过丰富的成绩，并不保证他们现在仍然在活跃繁荣的。

但是反过来说，如果我们到了连祖宗传留下来的家产都没有能力清理，或保护；乃至于让家里的至宝毁坏散失，或竟拿到旧货摊上变卖；这现象却又恰恰证明我们这做子孙的没有出息，智力德行已经都到了不能堕落的田地。睁着眼睛向旧有的文艺喝一声“去你的，咱们维新了，革命了，用不着再留丝毫旧有的任何知识或技艺了”。这话不但不通，简直是近乎无赖！

林徽因对中国古建筑的深厚感情由此可见一斑。但当时的社会环境却使她只能眼睁睁地看着古建筑毁坏散失，痛心疾首，却无能为力。

这种野外考察还带给了林徽因和梁思成这样久居城市的知识分子一种难得的机会，去观察和体验偏僻农村中劳动人民的艰难生活和淳朴民风。这种经验带给了林徽因思想上很大的震动。

正是因为有着相同的爱好和事业，林徽因和梁思成互相鼓励、互相合作，在家庭和事业上，都取得了令人满意的成绩。

在谈到林徽因对建筑事业的热爱和执着时，梁从诫说：

文学上的这些最初的成就，其实并没有成为母亲当时生活的主旋律。对她后来一生的道路发生了重大影响的，是另一件事。一九三一年四月，父亲看到日本侵略者势力在东北日趋猖狂，便愤然辞去了东北大学建筑系的职务，放弃了刚刚在沈阳安下的家，回到了北平，应聘来到朱启钤先生创办的一个私立学术机构，专门研究中国古建筑的“中国营造学社”，并担任了“法式部”主任，母亲也在“学社”中任“校理”。以此为发端，开始了他们的学术生涯。

当时，这个领域在我国学术界几乎还是一片未经开拓的荒原。国外几部关于中国建筑史的书，还是日本学者的作品，而且语焉不详，埋没多年的我国宋代建筑家李诫（明仲）的《营造法式》，虽经朱桂老热心重印，但当父母在美国收到祖父寄去的这部古书时，几乎完全不知所云。遍布祖国各地无数的宫殿、庙宇、塔幢、园林，中国自己还不曾根据近代的科学技术观念对它们进行过研究。它们结构上的奥秘、造型和布局上的美学原则，在世界学术界面前，还是一个未解之谜。西方学者对于欧洲古建筑的透彻研究，对每一处实例的精确记录、测绘，对于父亲和母亲来说，是一种启发和激励。留学时代，父亲就曾写信给祖父，表示要写成一部“中国宫室史”，祖父鼓励他说：“这诚然是一件大事。”可见，父亲进入这个领域，并不是一次偶然的选择。

母亲爱文学，但只是一种业余爱好，往往是灵感来时才欣然命笔，更不会去“为赋新词强说愁”。然而，对于古建筑，她却和父亲一样，一开始就是当作一种近乎神圣的事业来献身的。

……

作为一个古建筑学家，母亲有她独特的作风。她把科学家的缜密、史学家的哲思、文艺家的激情融于一身。从她关于古建筑的研究文章，特别是为父亲所编《清式营造则例》撰写的“绪论”中，可以看到她在这门科学上造诣之深。她并不是那种仅会发思古之幽情，感叹于“多少楼台烟雨中”的古董爱好者；但又不是一个仅仅埋头于记录尺寸和方位的建筑技师。在她眼里，古建筑不仅是技术与美的结合，而且是历史和人情的凝聚。一处半圮的古刹，常会给她以深邃的哲理和美感的启示，使她禁不住要创造出“建筑意”这么个“狂妄的”名词来和“诗情”“画意”并列。好在那个时代他们还真不拘于任何“框框”，使她敢于用那么奔放的文学语言，乃至嬉笑怒骂的杂文笔法来写她的学术报告。母亲在测量、绘图和系统整理资料方面的基本功不如父亲，但在融汇材料方面却充满了灵感，常会从别人所不注意的地方独见精彩，发表极高明的议论。那时期，父亲的论文和调查报告大多经过她的加工润色。父亲后来常常对我们说，他文章的“眼睛”大半是母亲给“点”上去的。这一点在“文化大革命”中却使父亲吃了不少苦头。因为母亲那些“神来之笔”往往正是那些戴红袖章的狂徒们所最不能容忍的段落。

二、山西八县的古建筑

1932年，在一次聚会上，一对新婚不久的美国青年，蓦然闯入了林徽因和梁思成的生活。他们便是后来成为著名的社会学家、汉学家的费正清和夫人费慰梅。

费正清夫妇到来

当时，费正清和费慰梅都是刚刚毕业的大学生，这一对痴迷中国的人文历史和文化艺术的年轻人基于共同的爱好，走到了一起。他们把结婚地点也选在了中国的古都北平。婚后两个月，他们遇到了在北平最好的中国朋友林徽因和梁思成，从那时起，他们维系了一种跨越国的、血浓于水的友谊。费慰梅在晚年回忆说：

当时他们和我们都不曾想到这个友谊今后会持续多年，但它的头一年就把我们迷住了。他们很年轻，相互倾慕着，同时又很愿意回报我们喜欢和他们做伴的感情。徽（whei）——她为外国的亲密朋友所起的短名——是特别的美丽活泼。思成则比较沉稳些。他既有礼貌而又反应敏捷，偶尔还表现出一种古怪的才智，两人都会两国语言，通晓东西方文化。徽以她滔滔不绝的言语和笑声平衡着她丈夫的拘谨。通过交换美国大学生活的故事，她很快就知道我们夫妇俩都在哈佛念过书，而正清是在牛津大学当研究生时来到北京的。

在聚会上，他们为彼此的气质和才学所吸引，一询问，才知道两家居然是相距不远的近邻。这使他们有了发现奇遇的兴奋。

新的友谊带给了林徽因的生命新的活力。她已经是两个孩子的母亲，每天又要操持那么多的家务。在这繁忙的日子里，她不忘挤出一点时间，来享受异国友人带来的友谊。

费慰梅说：

她需要懂她的人来倾听她的诉说。我们之间的交流完全用英语，因为我还是个中文初学者时，她已经是精通英语的大师了。毫无疑问，若不是有英语当媒介，我们的友谊不会这么深刻，如此长久。在她的知交圈子里，有不少人掌握两种语言。但是，在他们之间进行的思想交流仍主要是通过他们的母语，而我们俩在单独交谈中，却选择英语来表达自己的思想。不久，我们便发现有着无数的共同语言，交换彼此的经验，维护自己的论点，共享相同的信念。她在英语方面博而深的知识使我们能够自在的交流，而她对英语的喜爱和娴熟，也使我们在感情上更为接近。她发现有机会用英语来说出日常生活中的奇想，觉得很有意思。在我这方面，我那时刚刚跨过中国生活的门槛，她生动的故事迷住了我，引导我登堂入室。

……

随着我们友谊的加深，我经常骑自行车或坐人力车在天黑时到梁家。红漆双扇大门深锁，一个佣人把庭院入口的门闩打开，我就径直穿过内花园去找徽因。在客厅里一个舒适的角落里坐下，泡上两杯热茶，我们迫不及待地把那些为对方保留的故事和想法讲出来。我们有时分析和比较中国和美国不同的价值观和生活方式，但接着我们就转向彼此在文学、艺术和冒险方面的许多共同兴趣，谈谈对方不认识的朋友。

天才诗人徐志摩当然是其中的一个。她不时对我谈起他，从来没有停止思念他。我时常想，我们之间用流利的英语谈着各种题材，那些充满激情的话语，可能就是徐志摩和林徽因之间生动的对话的回响。

那时，“星期六的碰头会”费正清夫妇也经常参加，他们已经融入这个圈子里面来。差不多每次大家在一起聚餐，林徽因都有开心的故事讲给大家，而故事的主角往往是她自己。

有一次林徽因讲了这样一个故事：陈妈有一天惊惶地跑来说，在梁家西边的紧邻，房顶上裂开了一个大缝，因为在那里居住的穷房客穷得修不起屋顶，托徽因向房东去求情，让房东出钱修补，林徽因马上去找房东，得知房客住的三间屋子每月只付50个铜板的房租，而且房客的祖上在乾隆年间就租用这处房子，已经200年了，每月的房租是固定的，始终没有变过，因此房东也没有钱来维修。最后呢？最后林徽因捐给房东一笔修理房子的钱才把这个故事结束。

大家笑起来。费慰梅说：“徽，真有你的！你向我们证明了过去的北京仍旧赫然存在。”

山西汾阳城外的磨房

1934年8月，费正清夫妇借到了好友亚瑟·哈默博士的一座磨房。这座磨房坐落在山西汾阳城外峪道河畔，四周全是绿树包围，非常清爽。因而，他们邀请林徽因和梁思成到那儿消夏，考虑到可以同时到那里考察古建筑，林徽因和梁思成欣然前往。

当他们到达磨房时，感到十分惊讶。因为在那么干旱的地方竟然有这么一道白水和古老的磨房。经过调查后，林徽因知道了此中的传说和现实情况。她说："汾阳城外峪道河，为山右绝好消夏的去处；地据白彪山麓，因神头有'马跑神泉'，自从宋太宗的骏骑蹄下踢出甘泉，救了干渴的三军，这泉水便没有停流过。千年来为沿溪数十家磨坊供给原动力，直至电气磨机在平遥创立了山西面粉业的中心，这源源清流始闲散地单剩曲折的画意，辘辘轮声既然消寂下来，而空静的磨坊，便也成了许多洋人避暑的别墅。"

在北京时，费慰梅和梁思成每次相见都是来去匆匆，这次，他们每天三顿饭都在一起吃，因而，她对梁思成有了进一步的了解。她发现这个平时沉静的男子在饭桌上妙语连珠，一顿饭吃下来总是让大家欢声笑语不断。饭后，梁思成就专心研究他的建筑，或是翻阅他带来的历史地理书。

对于林徽因夫妇来说，来此处的主要目的还不是消夏，而是考察古建筑。他们很快就制订出一份考察计划，准备到八个县去，即：太原、文水、汾阳、孝义、介休、灵石、霍县和赵城。

他们和费正清夫妇先是徒步，后骑毛驴考察了附近的寺庙。他们分工明确，费正清夫妇做丈量工作，梁思成拍照和做记录，林徽因则抄录重要的碑文，合作得非常愉快。林徽因写道：

在我们住处，峪道河的两壁山岩上，有几处小小庙宇。东岩上的实际寺，以风景幽胜著名。神头的龙王庙，因马跑泉享受了千年的烟火，正殿前有拓黑了的宋碑，为这年代的保证，这碑也就是这庙里唯一的“古物”。西岩南头有一座关帝庙，几经修建，式样混杂别有趣味。北头一座龙天庙，虽然在年代或结构上并无可以惊人之处，但秀整不俗，我们却可以当他作山西南部小庙宇的代表作品。

龙天庙在西岩上，庙南向，其东边立面，厢庑后背，钟楼及围墙，成一长线剪影，隔溪居高临下，隐约白杨间。在斜阳掩映之中，最能引起沿溪行人的兴趣。……

庙周围土坡上下有盘旋小路，坡孤立如岛，远距村落人家。庙前本有一片松柏，现时只剩一老松，孤傲耸立，缄默如同守卫将士。庙门镇日闭锁，少有开时，苟遇一老人耕作门外，则可暂借锈钥，随意出入……

庙中空无一人，蔓草晚照，伴着殿庑石级，静穆神秘，如在画中。两厢为“窑”，上平顶，有砖级可登，天晴日美时，周围风景全可入揽。此带山势和缓，平趋连接汾河东西区域；远望绵山峰峦，竟似天外烟霞；但傍晚时，默立高处，实不竟古原夕阳之感。近山各处全是赤土山级，层层平削，像是出自人工；农民多辟洞“穴居”，耕种其上。麦黍赤土，红绿相间成横层，每级土崖上所辟各穴，远望似平列桥洞，景物自成一种特殊风趣。沿溪白杨丛中，点缀土筑平屋小院及磨坊，更错落可爱。

龙天庙的平面布置南北中线甚长，南面围墙上辟山门。门内无照壁，却为戏楼背面。山西中部南部我们所见的庙宇多附属戏楼，在平面布置上没有向外伸出的舞台。楼下部为实心基坛，上部三面墙壁，一面开敞，向着正殿，即为戏台。台正中有山柱一列，预备挂上帷幕可分成前后台。楼左阙门，有石级十余可上下。在龙天庙里，这座戏楼正堵截山门入口处成一大照壁。……

至于这殿，按乾隆十二年“重增修龙天庙碑记”说：

按正殿上梁所志系元季丁亥（元顺帝至正七年公元一三四七）重建。正殿三小间，献食棚一间，东西厦窑二眼，殿旁两小房二间，乐楼三间。……鸠工改修，计正殿三大间，献食棚三间，东西窑六眼，殿房东西房六间，大门洞一座……零余银备异日牌楼钟鼓楼之费。……

所以我们知道龙天庙的建筑，虽然曾经重建于元季，但是现在所见，竟全是乾嘉增修的新构。

这些记述简洁形象，清晰条理，都可以当作很好的建筑小品文来欣赏。

赵城附近的广胜寺

梁思成和林徽因还有更大的目标。1933 年，汾水下游离他们居住的地方约有 120 公里的赵城附近的广胜寺发现一部宋版藏经，引起了学术界的轰动，广胜寺大名远播。梁思成和林徽因认为，如果藏经是宋代的版本，那么，寺庙也可能是宋代的。因而，他们决定前去看个究竟。

本来那些距离并不算什么，租一辆汽车一天就能到达。但是当时阎锡山为了抗击南京政府军北上攻击山西，正在叫他的部队在从南入山西的唯一通道——汾水北岸的公路上铺窄轨铁路，以阻止标准轨道的火车和汽车开进山西。但这一情况并没有压倒他们前去的决心。他们从传教士那里租来一辆汽车，装上所有的必备品往赵城开去。然而当时大雨滂沱，把黄土路淋成了烂泥塘，使得他们寸步难行。到日落时分，才走了几十公里，还没有到河边。于是他们只好下车，祝那位司机回程一路平安。正巧附近有一座庙，他们前几天还来考察过，便不管条件多么艰苦，在那儿先住了下来。

第二天，他们租了两辆驴车，雇船过河，向介休前进了25公里。到黄昏时分，他们看到了阎锡山的窄轨铁路，高高低低，东倒西歪地横卧在路上。当晚，他们投宿旅馆，并考察了介休城。

天亮后，他们继续赶路，在灵石遇到了干活的铁路工人。现在，他们遇到了更大的麻烦，所有的人力车都被征去铺路了，他们一辆都雇不到。幸好一位旅店老板帮他们找到三辆人力车。他们把行李扔到车上，徒步继续往前走。

到了晚上，他们在一个村子里停下，但却找不到住所。绝望中，他们把一座门楼当作避难所。但这里面早就住上了一群士兵，他们很是恼火，大吵大嚷起来。后来来了一名上校，把他的私人住宅拨给了他们一间，这才总算有了住处。

第二天，他们急于往南赶路，但是上校又来了。他坚持要陪他们游览一下城镇，拖延了好一会儿，他们才终于脱身。

一路疾走，天黑的时候他们离霍州还有12公里。总不能就在荒山野岭过夜。于是他们又花钱买通车夫，并雇了一个小男孩打着灯笼在前面领路，他们在后面的泥路里跟着往前赶。这样一直走到夜里11点，才到达霍州。幸好还未关城门，他们得以进城，并投宿在一个传教站里。一位仁慈的中国女基督徒给他们端来一碗碗面汤，他们一气喝下去，倒头便睡了。

在霍州，他们休整了两天。这期间，林徽因和梁思成冒雨考察了霍州的几处建筑。接着，他们继续朝广胜寺前进。这时，天晴了，艳阳高照，仿佛预示着他们这次旅行的美好的目的地就要到来。

一直走到傍晚，他们才到达赵城。一到那儿，他们便直奔据当地报纸说是唐代建筑的一处庙宇，但等他们到达那儿后却发现不是那么回事。失望之下他们投靠一处传教站。接待他们的是一位年老而孤独的女传教士罗姆克，她非常热情，不但提供了食宿，还让他们洗了个热水澡。

距离他们的目的地霍山山脉南端的广胜寺还有20公里。天亮后他们又一路奔走，直到傍晚，才终于到达。林徽因写道：

广胜寺距赵城县城东南约四十里，据霍山南端。寺分上下两院，俗称“上寺”、“下寺”。上寺在山上，下寺在山麓，相距里许（但是照当地乡人的说法却是上山五里下山一里）。

由赵城县出发，约经二十里平原，地势始渐高，此二十里虽说是平原，但多黏土平头小冈，路陷赤土谷中，蜿蜒出入，左右只见土崖及其上麦黍，头上一线蓝天，炎日当顶，极乏趣味。后二十里积渐坡斜，直上高冈，盘绕上下，既可前望山峦屏嶂，俯瞰田陇农舍，乃又穿行几处山庄村落，中间小庙城楼，街巷里井，均极优雅有画意：树亦渐多渐茂，古干有合抱的，底下必供着树神，留着香火的痕迹。山中甘泉至此已成溪，所经地域，妇人童子多在濯菜浣衣，利用天然。泉清如琉璃，常可见底，见之使人顿觉清凉，风景是越前进越妩媚可爱。

但快到广胜寺时，却又走到一片平原上，这平原浩荡辽阔乃是最高一座山脚的干河床，满地石片，几乎不毛，不过霍山如屏，晚照斜阳早已在望，气象反开朗宏壮，现出北方风景的性格来。

因为我们向着正东，恰好对着广胜寺前行，可看其上下两院殿宇，及宝塔，附依着山侧，在夕阳渲染中闪烁辉映，直至日落。寺由山下望着虽近，我们却在暮霭中兼程一时许，至人困骡乏，始赶到下寺门前。……

到达广胜寺后，他们受到了僧侣们的热情欢迎。不仅招待他们吃饭，还让他们挑选自己喜欢的地方摆开帆布床歇息。林徽因和梁思成选择了大殿里面的大佛下面，以便研究上面的建筑物，而费正清夫妇则睡在小钟楼护栏里的露天平台上，以便能够望见夜晚灿烂的星空。

经过对广胜寺的认真考察，他们有很多发现。比如，他们知道广胜寺始建于东汉建和元年，经唐、宋、元历代重修，明清两代又予以补葺；它的诸门殿在结构上为我国建筑中少有；等等。最吸引他们的是毗卢殿，这座大殿，是庑式殿，殿内两山施大爬梁，结构奇特，是元代建筑艺术富有成就的实例。

汾县的晋祠

之后他们乘公共汽车回到汾县。这时，他们已经在山西考察了一个多月，已是身心俱疲。两对夫妇决定在这里分手。可是林徽因夫妇从前坐车经过晋祠时，看到了晋祠正殿的侧影，十分雄伟壮观，一直念念不忘。因而，他们在乘车从汾县回太原时，决定中途下车游览晋祠。当时他们可是抱着一不做二不休的决心来考察的。林徽因说："如果错过那末后一趟公共汽车回太原的话，也只好听天由命，晚上再设法露宿或住店。"

来到晋祠，果然不出所料，林徽因描述道："晋祠布置又像庙观的院落，又像华丽的宫苑，全部兼有开敞堂皇的局面和曲折深邃的雅趣，大殿楼阁古树婆娑池流映带之间，实像个放大的私家园亭。""所谓唐槐周柏，虽不能断其为原物，但枝干奇伟，虬曲横卧，煞是可观。池水清碧，游鱼闲逸，还有后山石级小径楼观石亭各种衬托。各殿雄壮，巍然其间，使初进园时的印象，感到俯仰堂皇，左右秀媚，无所不适。"在建筑方面，他们发现，"圣母庙大殿，重檐歇山顶，面阔七间进深六间，平面几成正方形，在布置上，至为奇特。……前廊异常空敞，在我们尚属初见"。在斗拱上，其下昂的形式和用法，也是他们未曾见过的奇例。

之后，梁思成、林徽因返回北平。这历时一个多月、行程三百多里的艰辛考察，他们收获颇丰。回来后，稍事休息，他们便开始撰写《晋汾古建筑预查记略》一文，发表在《中国营造学社汇刊》1935 年 3 月第 5 卷第 3 期上，全文长达 3.5 万字，并附有 70 多幅壮观的古建筑图片。文章详细记述了龙天庙、广胜寺、女娲庙、晋祠等几十处古建筑，文笔简练生动，记述条理清楚，一发表即得到圈内人士的广泛好评。

费慰梅后来说到他们的这次考察游览时，还谈到了路上林徽因对所见所闻的敏感以及反应。这对我们了解林徽因会有所帮助。费慰梅说：“徽因一如既往，对周遭事物极端敏感。当她休息够了的时候，对美丽的景色和有意思的遭遇，迎之以喜悦。但是当她累了，或因为某种原因情绪低落，这时的她可能很难对付。其实，这一次碰到的一些事，我们感觉都不太好。可是她在这时就会大声咒骂起来，这对从小就受到父母教育要‘随时保持风度’的我来说，颇受刺激。”

当年，费慰梅和丈夫费正清经常在北京城门外租安装好马鞍的马，在郊区驰骋，或去乡村考察，从中得到极大的快乐。看到林徽因有时心情不好，费慰梅夫妇无法帮助她排忧解难，便拉她到郊外去骑马。林徽因欣然接受邀请。

1935 年年底，林徽因经常跟费慰梅一起外出骑马。费慰梅后来回忆说：

在马背上她真是棒极了。显然骑马给了她信心和“坐姿”。马对于缰绳的敏感反应使她具有常人的那种惊吓。她回来时由于迎着料峭的寒风骑马快跑而两颊潮红、黑眼睛闪亮。这种体育运动完全没有损害她的健康，而是有益于她的身体，她的精神也在自然的美景中得到陶冶。距我们预定离开的日子只有六个星期了，而民族危机始终存在，但我们直到最后一刻仍能经常去骑马。徽因买到了一对马鞍、一套暖和的衫裤以及一顶舒服的皮帽子，兴致勃勃地扮演着她的新角色——女骑师。

当费慰梅夫妇回国后，林徽因写信给他们，还高兴地提到了骑马一事：

自从你们两人来到我们身边，并向我注入了新的活力和对生活以及总体上对未来的新看法以来，我变得更加年轻、活泼和有朝气了。每当我回想起今年冬天我所做过的每一件事，我自己都会感到惊讶并充满感激之情。

你们知道，我是在双重文化的教养下长大的，不容否认，双重文化的接触与活动对我是不可少的。在你们俩真正在（北总布胡同）3 号进入我们的生活之前，我总是觉得若有所失，缺了点什么，有一种精神上的贫乏需要营养，而你们的“蓝色书信”充分地补足了这一点。另一方面，我在北京的朋友都比我年岁大，比我老成。他们提供不了多少乐趣，反而总是要从思成和我身上寻求灵感和某些新鲜东西。我常有枯竭之感。

今秋或初冬的那些野餐、骑马（还有山西之行）使我的整个世界焕然一新。试想如果没有这些，我如何能熬过我们民族频繁的危机所带来的紧张、困惑和忧郁？骑马也有其象征意义。在我总认为都是日本人和他们的攻击目标的齐化门外（即今北京市朝阳门——作者注），现在我可以看到农村小巷和寒冬中的广袤的原野，散布着银色的纤细枯枝，寂静的小庙和人们可以怀着浪漫的自豪偶尔跨越的桥。

可以说，林徽因的生命因为有了费慰梅夫妇的友谊而焕发出更强的活力，更圆润的光彩。

三、从龙门石窟到五台山佛光寺

从1936年到1937年7月卢沟桥事变爆发的这一段时间里，林徽因除了热心参与文学活动，勤奋地进行文学创作以外，还几次外出对古建筑进行大规模的考察，并终于获得了重要发现。

洛阳龙门石窟

1936年5月28日，林徽因和梁思成等一行五人到达洛阳龙门石窟。这支只有五个人的考察小分队集中了中国古建筑史研究的青年才俊。梁思成、林徽因、刘敦桢当时已是海内外知名的建筑家，他们的学生陈明达、赵正之也已经在学界崭露头角。

在洛阳期间，他们的食宿之处非常肮脏，臭气熏天，而且有“成千上万的跳蚤”缠得人难以入睡。尽管环境恶劣，林徽因、梁思成等人还是坚持了下来，每天出去认真地进行考察。虽然人少，但他们的分工很细、很明确。刘敦桢负责洞窟编号和记录建筑特征，林徽因考察佛像雕饰，梁思成、陈明达负责摄影，赵正之负责记录铭刻年代。

一进入龙门，林徽因他们就被石窟那博大雄伟的气势深深地震撼了。看到九尊很大的雕像以种种安详而又富有表情的姿态盯着自己看时，林徽因“完全被只有在这种巨大的体验中才会出现的威慑力给镇住了”，“为艺术和人物景物的美和色彩所倾倒”。饮食住处的糟糕在罕有的精神体验中得到了补偿。

调查完龙门石窟之后，林徽因和梁思成等人又赶赴开封考察宋代的建筑繁塔、铁塔和龙塔等。

山东的塔

然后，他们又离开开封，抵达济南与他们的学生麦俨增会合，然后驱车东进，到历城、章丘、临淄、益都、潍县，接着又回济南，再南下长青、泰安、慈阳、济宁、邹县、滕县等11个县，考察神通寺四门塔、辟之塔、慧宗塔、法定塔、兴隆寺砖塔、铁塔寺铁塔、岱庙等古建筑。

山东之行不仅积累了第一手的建筑资料，也启发了林徽因的艺术灵感。她一路走，一路写诗。其中，许多佳作为人所称道。如《山中》：

紫色山头抱住红叶，将自己影射在山前，
人在小石桥上走过，渺小地追一点子想念。
高峰外云在深蓝天里镶白银色的光转，
用不着桥下黄叶，人在泉边，才记起夏天！

也不因一个人孤独地走路，路更蜿蜒，
短白墙房舍像画，仍画在山坳另一面，

只这丹红集叶替代人记忆失落的层翠，
深浅团抱这同一个山头，惆怅如薄层烟。

山中斜长条青影，如今红萝乱在四面，
百万落叶火焰在寻觅山石荆草边，
当时黄月下共坐天真的青年人情话，相信
那三两句长短，星子般仍挂秋风里不变。

这首诗形象细致地刻画出行走山中的感觉，心境与山境相和，美不胜收。

而《黄昏过泰山》则表达了另一种心情：

记得那天
心同一条长河，
让黄昏来临，
月一片挂在胸襟。
如同这青黛山，
今天，
心是孤傲的屏障一面；
葱郁，
不忘却晚霞，
苍莽，
却听脚下起风，
来了夜——

诗歌以孤绝苍莽的意象，写出了自己行走在山河大地时的心情，令人叫绝。

但是，虽然行程不少，林徽因对所考察的古建筑不是很满意。她说："尤其是这几天在建筑方面非常失望，所谒大寺庙不是全垃圾，便是已代以清末简陋的不相干的房子，还刷着蓝白色的'天下为公'及其他，变成机关或学校。每去一处都是汗流浃背地跋涉，走路工作的时候又总是早八至晚六最热的时间里。这三天来可真累得不亦乐乎。吃得也不好，天太热也吃不大下。因此种种，我们比上星期的精神差多了。"

西安小雁塔

1937 年，林徽因和梁思成应顾祝同的邀请到西安做小雁塔的维修计划。他们乘坐铁皮货车前往，天气非常寒冷，冻得人浑身发抖。西安的木结构建筑几乎都是清代以来重建的，但有大量唐代以来的砖石塔、经幢等，因而考察意义很大。他们着重考察了大、小雁塔，香积寺塔，深切地感受到了中国古建筑所独具的美以及其中所体现的民族风骨和文化内涵。

在此期间，林徽因、梁思成还北去耀县，考察了药王庙。按照原来的设想，他们还要西行到敦煌去考察莫高窟，但因为时局紧张等原因，没有去成，这成为他们终身的遗憾。

林徽因和梁思成虽然多次外出进行古建筑的考察，但一直没有发现唐代的木结构建筑，年代最早的木结构建筑只有初期调查的应县独乐寺、应县木塔等辽宋时期的建筑。这让他们感到很遗憾。当时日本人称中国已经没有了唐代木构建筑。林徽因和梁思成对此一直抱怀疑态度，并且决意一定要找到唐代的木构建筑。

五台山佛光寺

林徽因和梁思成曾经读过伯希和的《敦煌石窟图录》一书，那上面记载了五台山的佛光寺。然后他们又从北平图书馆《古清凉志》《高僧传》《佛祖统计》等史料中查阅了有关佛光寺的记载。这座寺院创建于北魏时期，是五台山颇负盛名的大寺之一。唐武宗时，佛光寺被毁，12 年后，逃亡在外的该寺僧人愿诚法师募资重建。由此推断，如果保留至今，这应该是一处意义重大的唐代木构建筑。因而，他们决定到五台山佛光寺去考察一番。

1937 年 6 月，林徽因、梁思成和莫宗江、纪玉堂一起奔赴山西太原。在省政府办理旅行手续期间，他们到榆次去考察了那里的雨花宫。两天之后，他们又返回太原，前往五台山。

他们骑驴进山，直奔南台外围。由于山路依靠悬崖修建，崎岖陡峭，他们不得不拉着毛驴爬山。这样走了两天，到了黄昏时分他们才到达佛光寺。

虽然长途跋涉，他们都已经疲惫不堪，但是看到佛光寺大殿建筑的形制特点时，他们便当即认定它是唐代的建筑。这真是“踏破铁鞋无觅处，得来全不费工夫”。这发现的惊喜将旅途的劳累一扫而光。

第二天，他们便开始对佛光寺进行全面的考察。经过七天紧张的工作后，终于确切考证出它建于唐大中十一年（公元 857 年）。这是林徽因和梁思成在中国古建筑方面的重大发现，是他们研究中国建筑史的重要成就。

对于佛光寺年代的鉴定，林徽因起了关键作用。其中的细节，梁思成在《寻找古建筑》中有详细的记录：

寺院是建立在山边一处很高的台地上，面对着前面的天井，周围有三十棵很老的松树。它是一座很雄伟的建筑物。总共只有一层高，它有巨大、坚固和简洁的斗拱，超长的屋檐，一眼就能看出其年代之久远。但它能比我们前此所发现的最老的木建筑还要老吗？

那高大的门登时就给我们打开了。里面宽有七跨，在昏暗中显得更加辉煌无比。在一个很大的平台上，有一尊菩萨的坐像，他的侍者们环他而立，犹如一座仙林。在平台左端，坐着一个真人大小的着便装的女人，在仙人丛中，显得非常渺小猥琐。和尚们告诉我们，她就是篡位的武后。整个塑像群，尽管由于最近的装修而显得色彩鲜艳，无疑是晚唐时期的作品。但如果泥塑像是未经毁坏的原物，那么庇荫它的房屋必定也是原来的唐构。因为重修房子必定会损坏里面的一切。

第二天开始了仔细的调查。斗拱、梁架、藻井以及雕花的柱础都细看过了。无论是单个或总体，它们都明白无误地显示了晚唐的特征。但是我的最大惊喜是当我们爬进藻井上面的黑暗空间时产生的。我在那里看到了一种屋顶架构，其做法据我所知只有在唐代绘画中才有。使用双“主椽”（借用现代屋顶架的术语），而不和“王柱”，这和后世中国建筑的做法全然不同，大大出乎我们的意料。

这个“阁楼”里住着好几千只蝙蝠，它们聚集在脊檩上边，就像厚厚的一层鱼子酱一样，这就使我无法找到在上面可能写着的日期。除此之外，木材中又有千千万万吃蝙蝠血的臭虫。我们站着的顶棚上部覆盖着厚厚的一层尘土，可能是几百年来积存的，不时还有蝙蝠的小尸体横陈其间。我们戴着厚厚的口罩掩盖口鼻，在完全的黑暗和难耐的秽气中好几个小时地测量、画图和用闪光灯照相。当我们终于从屋檐下钻出来呼吸新鲜空气的时候，发现背包里爬满了千百只臭虫。我们自己也被咬得很厉害。可是我们的发现的重要性和意外收获，使得这些日子成为我多年来寻找古建筑中最快乐的时光。

原先大厅的墙上一定都有壁画。但是唯一保存下来的建筑的壁画部分是"中楣"——过梁上边和斗拱之间的膏泥部分。各部分的中楣绘画水平各异，而且显然是不同时期的作品。有一幅带花边的画着一些菩萨，注明的日期相当于公元1122年。旁边还有一幅，画着一个菩萨和他的侍从，在日期上肯定更古老，艺术价值也更高。这一幅和敦煌石窟壁画的相似性是最惊人的。它除了唐朝之外不可能是其他时期的作品。尽管只是一小块墙皮，又在一个不显眼的地方，但这是我所知道的在敦煌石窟以外中国本土唯一现存的唐代壁画。

我们在大厅里工作的第三天，我妻子在一根梁的根部下面注意到有中国墨的很淡的字迹。这个发现对我们大家的影响有如电击一般。没有比实际写在庙的梁上或刻在石头上的日期更让人欢喜的东西了。那富丽堂皇的唐代建筑已在面前——但我怎样报道它的建造日期呢？唐朝从618年一直延续到906年。现在这带有淡淡字迹的木头即将提供给我们盼望已久的答案。当我们大家忙着想办法在佛像群中搭起脚手架以便清洗梁柱和就近审视题字时，我妻子径直去工作了。她把头尽量往后仰，从下边各个不同角度尽力辨识梁上的文字。经过这样的一番艰苦努力，她认出一些隐约的人名，还有长长的唐朝官职。其中最重要的是最右边的那根梁上，当时依然可辨的是："佛殿主女弟子宁公遇。"施主是个女的！这位年轻的建筑学家，本身是个女人，将成为第一个发现中国最稀奇的古庙的人，而该庙的施主竟然也是个女人，显然不是一个偶然的巧合。她生怕会由于生动的幻觉而误识了不易辨识的字。但她记得她在外面台阶前经幢石柱上看到过类似的带官职的人名。她离开大殿，想去核实她在石柱上看到过的刻字。她大喜过望的发现，除了一大串官名以外，石柱上赫然写着同样句子："佛殿主女弟子宁公遇。"石柱上刻的年代是"唐大中（大中为唐宣宗李忱年号——著者按）十一年"，相当于公元857年。

于是我们明白了：那个身着便装、谦恭地坐在平台一端的女人，并不是像和尚们所说的是"武后"，而正是施主宁公遇夫人本人。

假定经幢石柱是在大殿建设后不久就竖起的，整个建筑的日期就可以近似地确定。这比在此之前发现的最古的木结构还要早一百二十七年。这是我们这些年的搜寻中所遇到的唯一唐代木建筑。不仅如此，在这同一座大殿里，我们找到了唐代的绘画、唐朝的书法、唐朝的雕塑和唐朝的建筑。个别地说，它们是稀世之珍，但加在一起它们就是独一无二的。

梁思成在文中称林徽因为"第一个发现中国最稀奇的古庙的人"，实不为过。在考察的过程中，林徽因不畏艰难险阻，疲惫劳苦，以一种极其敬业的精神在人迹罕至的古老建筑中搜寻考察，的确是后人学习的榜样。

林徽因和梁思成等人对佛光寺整个建筑群进行了测量，并作了拍照和详细的记录，然后把他们的发现写成一份报告送给山西省当局。

结束了佛光寺的考察以后，他们又一路北上，看了静灵寺、金阁寺、镇海寺、南山寺，最后到了五台山县最北端的秀丽山镇台怀。但在这里没有发现什么很有价值的古建筑。

下山之前，林徽因给读小学三年级的女儿宝宝发了一封信，详细地描述了他们上山下山的路线，并画了一张地图。离家越久，林徽因越是想念儿女。每次外出，她都要给女儿写信，把旅途生活和考察结果告诉女儿，把一个 8 岁大的孩子当大人看待。

7 月 15 日，到达代县之后，他们拿到一捆报纸。当打开来看时，一行刺目的标题出现在他们的眼前："日军猛烈攻击我平郊据点"。1937 年 7 月 7 日，日本帝国主义发动了震惊中外的卢沟桥事变，全面侵华战争爆发。一路上的兴奋，被迎头泼了一盆冷水，大家的心情立刻沉重起来。早就预料到的民族灾难终于发生了，他们决定立即赶回北平。但是平汉、津浦两条铁路已经不再通车，只能绕道返回。次日早晨，他们几人从代县出发，徒步到同蒲路中途的阳明堡，匆匆分手，各奔南北。林徽因、梁思成出雁门关，过大同、张家口，昼夜兼程，返回北平。

四、开办清华大学建筑系

梁从诫曾说：

母亲爱北平。她最美好的青春年华都是在这里度过的。她早年的诗歌、文学作品和学术文章，无一不同北平血肉相关。九年的颠沛生活，吞噬了她的青春和健康。如今，她回来了，像个残废人似的贪婪地要重访每一处故地，渴望再次串起记忆里那断了线的珍珠。然而，日寇多年的蹂躏，北平也残破、苍老了，虽然古老的城墙下仍是那护城河，蓝天上依旧有白鸽掠过，但母亲知道，生活之水不会倒流，十年前的北平同十年前的自己一样，已经一去不复返了。

把家安在清华园

回到北平以后，梁思成到清华大学任建筑系主任，他们把家也安置在美丽的清华园里。梁家周围的环境宁静宜人，阳光充足，很适合居住。家里有了弹簧床，浴室里也有了冷热水管道，生活比从前方便多了。但由于正值抗战胜利不久，通货膨胀严重，经济萧条，物资匮乏，他们的生活仍然很艰苦。

对于林徽因来说，从南方返回北平，结束了抗战时期的流亡生活，并没有给她的身体带来任何好转的迹象。她大部分时间都躺在家中的床上，心情寂寞而又苦闷。只有朋友间的聚会让她感到些许安慰，她形容：家庭聚会已经从昆明移到了清华。

不只是自己的病情让她提不起精神来，时局也让她感到分外担心。抗战胜利之后不久，林徽因就已经察觉到了抗战之后的中国局势并不安宁，一场新的战争正在酝酿之中。她在给费正清的信中说：

正因为中国是我的祖国，长期以来我看到它遭受这样那样的罹难，心如刀割。我也在同它一道受难。这些年来，我忍受了深重苦难。一个人毕生经历了一场接一场的革命，一点也不轻松。正因为如此，每当我察觉有人把涉及千百万人生死存亡的事等闲视之时，就无论如何也不能饶恕他……我作为一个“战争中受伤的人”，行动不能自如，心情有时很躁。我卧床等了四年，一心盼着这个“胜利日”。接下去是什么样，我可没去想。我不敢多想。如今，胜利果然到来了，却又要打内战，一场旷日持久的消耗战。我可能活不到和平的那一天了（也可以说，我依稀间一直盼着它的到来）。我在疾病的折磨中，就这么焦灼烦躁地死去，真是太惨了。

如今，蒋介石对解放区的大肆进攻已经开始，无数中国人又被卷入惨烈的战争中。林徽因为炮火之下惨死的人们而感到悲痛，也对中国的前景感到有些茫然。躺在病床上的她焦躁不安。

“代办”建筑系

正巧，梁思成出任清华大学建筑系主任不久，又接到了赴美考察“战后的美国建筑教育”的任务，同时又收到了美国耶鲁大学和普林斯顿大学的邀请函。耶鲁大学邀请他作为1946—1947学年客座教授到纽黑文讲授中国建筑艺术，普林斯顿大学则希望他参加1947年4月“远东文化与社会”国际讨论会的领导工作。此外，1947年2月梁思成还被推荐为联合国大厦设计顾问团的中国代表。于是，梁思成便于1946年10月离开北平，前往美国。

由于梁思成的离开，清华大学开办新的建筑系的许多工作就暂时落到了林徽因这个没有任何名义的病人身上。她几乎就是在病床上，为创立建筑系做了大量组织工作，同青年教师们建立了亲密的同事友谊，热心地同他们在学术上进行真诚的交流和探讨。同时，她也结交了复员后的北大、清华的许多文学、外语方面的中青年教师，经常同他们兴致勃勃地在广阔的学术领域进行交流。

由于独自一人操劳家务，林徽因病情加重，感到非常苦闷。只有朋友来看望她时，才能带来许多愉快。1947年夏天，在欧洲战场上做战地记者的萧乾回到祖国，从上海赶到北平来看望当年的“小姐”林徽因。萧乾带来了许多欧洲战场上的故事，和林徽因谈了很久。这次会面让林徽因感到很是愉快，躺在病床上的她已经很长时间没有这么愉快地谈话了。

不久，在上海的大表姐王孟瑜得知林徽因身患重病，一人在家操持，过得非常辛苦的情况，特地从上海来到北平看望她。林徽因小时候曾经和大表姐一起在上海和北京生活、读书，两人关系非常要好。这次见到大表姐，林徽因自是十分高兴，并且颇为感慨。童年时代的好姐妹，跨越长长的时间的河流再一次相聚，而时间之流已经带走了许多她们熟识的人。

看到林徽因病中操劳的情形，大表姐很是心疼，留在北平待了半个多月，帮林徽因操持家务，陪她说话谈天。这段时间，林徽因的心情稍微好了一些。但无时不在的病情却在严重地折磨着她，让她时时感到前途灰暗，人生苦短，有时甚至想到自己不久将辞别人世。

梁从诫说：

这几年里，疾病仍在无情的侵蚀着她的生命，肉体正在一步步地辜负着她的精神。她不得不过一种双重的生活：白天，她会见同事、朋友和学生，谈工作、谈建筑、谈文学……有时兴高采烈，滔滔不绝，以至于自己和别人都忘记了她是个重病人；可是，到了夜里，却又往往整晚不停的咳喘，在床上辗转呻吟，半夜里一次次的吃药、喝水、咳痰……夜深人静，当她这样孤身承受病痛的折磨时，再没有人能帮助她。她是那样的孤单和失望，有着难以诉说的凄苦。往往越是这样，她白天就越是显得兴奋，似乎是想要攫取某种精神上的补偿。

生命的感伤

在这样的情况下，林徽因把种种心绪都倾泻到自己的诗里。如《写给我的大姊》：

当我去了，还有没说完的话，
好像客人去后杯里留下的茶；
说的时候，同喝的机会，都已错过，
主客黯然，可不必再去惋惜它。
如果有点感伤，你把脸掉向窗外，
落日将尽时，西天上，总还留有晚霞。

一切小小的留恋算不得罪过，
将尽未尽的衷曲也是常情。
你原谅我有一堆心绪上的闪躲，
黄昏时承认的，否认等不到天明；
有些话自己也还不曾说透，
他人的了解是来自直觉的会心。

当我去了，还有没说完的话，
像钟敲过后，时间在悬空里暂挂，
你有理由等待更美好的继续；
对忽然的终止，你有理由惧怕。
但原谅吧，我的话语永远不能完全，
亘古到今情感的矛盾做成了嘶哑。

感伤的语气让人读后黯然伤神。还有太多的话没有说，太多的事没有做，生命却要“忽然的中止”，怎不让人伤怀？这真是“笑靥如花，怎奈枝头飘零”！

再比如《恶劣的心情》：

我病中，这样缠住忧虑和烦扰，
好像西北冷风，从沙漠荒原吹起，
逐步吹如黄昏街头巷尾的垃圾堆；
在霉腐的琐屑里寻讨安慰，
自己在万物消耗以后的残骸中惊骇，
又一点一点给别人扬起可怕的尘埃！

吹散记忆正如陈旧的报纸飘在各处的彷徨，
破碎支离的记录只颠倒提示过去的骚乱。
多余的理性还像一只极饿的野狗
那样追着空罐同肉骨，自己寂寞的追着
咬嚼人类的感伤；生活是什么都还说不上来，
摆在眼前的已是这许多渣滓！

我希望；风停了；今晚情绪能像一场小雪，
沉默的白色轻轻降落地上；
雪花每片对自己和他人都带一星耐性的仁慈，
一层一层把恶劣残破和痛苦的一起掩藏；
在美丽明早的晨光下，焦心暂不必再有——
绝望要来时，索性是雪后残酷的寒流！

时代环境的恶劣，无休无止的病痛……诸多的原因让林徽因感到心灰意懒，难以忍受，她甚至想，还不如来个彻底，“索性是雪后残酷的寒流”！

再如《人生》：

人生，
你是一支曲子，
我是歌唱的；

你是河流，
我是条船，一片小白帆
我是个旅行者的时候，
你，田野，山林，峰峦。

无论怎样，
颠倒密切中牵连着
你和我，
我永久从你中间经过；

我生存，
你是我生存的河道，
理由同力量。
你的存在
则是我胸前心跳里
五色的绚彩

但我们彼此交错
并未彼此留难。
……
现在我死了，
你……
我把你再交给他人负担！

还有《六点钟在下午》：

用什么来点缀
六点钟在下午？
六点钟在下午
点缀在你生命中，
仅有仿佛的灯光，
褪败的夕阳，窗外
一张落叶在旋转！

用什么来陪伴
六点钟在下午？
六点钟在下午
陪伴着你在暮色里闲坐，
等光走了，影子变换，
一只烟，为小雨点
继续着，无所盼望！

病情很严重

这时，林徽因的病情的确已经到了非常严重的地步。她的肺病已经到了晚期，而且一个肾已经被感染，生命危在旦夕。医生诊断，必须做手术切除掉被感染的肾，才有可能保住生命。但为了保证手术成功，病人必须在手术前精心休养，使身体达到较好的状态，能够承受手术带来的损耗。

林徽因给梁思成发电报，把情况告诉他。收到电报时，梁思成已经在美国待了七个月，刚结束在耶鲁大学的讲学，并接受了该校的名誉文学博士学位。他还参加了设计联合国大厦建筑师顾问团的工作，考察了美国近二十年来的城市建筑，结识了一批现代建筑的权威人物。此外，他还把在李庄完成的《中国建筑史图录》作了修改，委托费慰梅联系出版社出版。可以说，梁思成的建筑事业在迅速发展着，这对一位学者来说，是真正的黄金时期。但是任何事情都不如大洋彼岸家中妻子的生命要紧。梁思成马上处理各种事情，立即赶回国内。见到林徽因时，她仍在发低烧，无法动手术。因而，梁思成一边忙着处理各种工作上的事情，一边尽可能地抽出时间来陪林徽因，再度扮演护士、知己和安慰者的角色。

过了不久，梁思成在美国为朋友们买的礼物运到了北京。林徽因本来期望能拿到一些精致的服装、五颜六色的布料和漂亮的小摆设来答谢热心的亲友的帮助，却惊讶地发现梁思成买的多半是美国的电子小玩意儿，用来安慰和丰富她的床上生活。林徽因非常幽默地描绘道：

在一个庄严的场合，梁先生向我展示他带回的那些可以彻底拆、拼、装、卸的技术装备。我坐在床上，有可以调整的帆布靠背，前面放着可以调节的读写小桌，外加一台经过插入普通电源的变压器的录音机，一手拿着放大镜，一手拿着话筒，一副无忧无虑的现代女郎的架势，颇像卓别林借助一台精巧的机器在啃老玉米棒子。……

不过，大家一致赞扬梁思成买的那辆小型克劳斯莱牌汽车。对于林徽因来说，那不啻于上天的礼物。现在，她可以乘坐着这辆小汽车去看朋友或用它接朋友来玩了。这在以前，简直是无法想象的。

秋凉的时候，林徽因的身体有所好转。医生决定看看她的身体能不能动手术，因而，给她进行了一次全面的检查。这年的 10 月 4 日，林徽因在病房中给费慰梅写信说：

我应当告诉你我为什么到医院来。别紧张。我只是来做个全面体检。作一点小修小补——用我们建筑术语来说，也许只是补几处漏顶和装几扇纱窗。昨天下午，一整队实习和住院大夫来彻底检查我的病历，就像研究两次大战史一样。我们（就像费正清常做的那样）拟定了一个日程，就我的眼睛、牙齿、肺、肾、饮食、娱乐和哲学建立了不同的分委员会。巨细无遗，就像探讨今日世界形势的那些大型会议一样，得出了一大堆结论。同时许多事情也在着手进行，看看都是些什么地方出了毛病；用上了所有的现代手段和技术知识。如果结核菌现在不合作，它早晚也得合作。这就是其逻辑。

……（这医院）是民国初年建的一座漂亮建设：一座“袁世凯

式”、由外国承包商盖的德国巴罗克式四层楼房！我的两扇朝南的狭长前窗正对着前庭，可以想象1901年时那些汽车、马车和民初的中国权贵们怎样装点着那水泥铺成的巴罗克式的台阶和通道。

直到12月，林徽因才做了手术，这中间的两个多月是在担惊受怕中度过的。有时会有短暂的发烧，要做进一步的检查，有时又有输血带来的并发症，最后还得等医院来暖气。手术前，林徽因为了以防万一，不能再见到朋友，也不能再给他们写信，她给费慰梅写了一封诀别信。她说：“再见，最亲爱的慰梅。要是你能突然闯进我的房间，带来一盆花和一大串废话和笑声该多好。”

手术非常成功。不久，林徽因搬回家中温暖舒适的卧房中休养，她戏称她的卧房“隔音又隔友”。

到了2月中旬，林徽因已经摆脱了手术后的发烧，身体逐渐康复起来。梁思成说：“她的精神活动也和体力一起恢复了，我这个护士可不高兴这一点。她忽然诗兴大发，最近还从旧稿堆里翻出几首以前写的诗，寄到各家杂志和报纸的副刊去。几天之内寄出了16首！一如既往，这些诗都写得非常好。”老金说：“问题是她不甘寂寞。她倒不要别人取悦她，只是闲不住。”这是林徽因的特点。不管条件多么艰苦和恶劣，只要还允许她动脑思考，动笔写字，她就要表达自己，让内心不绝的智慧的泉水汩汩流出。充沛的精力、活跃的思维和敏锐的感受力，加上对生活无比的热爱，让她像一颗明珠一样，无时无刻不放射出惊人的璀璨、夺目的光辉。

1948年3月31日，是梁思成和林徽因在渥太华结婚二十周年纪念日。几位好朋友到他们家祝贺。让人惊讶的是，林徽因即席做了一场关于宋朝都城的演讲。养病期间，她也没有忘记读书、研究。这让在场的老金为“新郎新娘”有些担心，林徽因的伤口曾裂开差不多两三厘米，梁思成很瘦，从星期一到星期五在清华担任繁重的课程，“每天的生活就像电话总机一样——这么多条线都在他身上相交”。

向林洙讲起北京城

这一年，一位年轻的朋友走进了他们的生活。她就是梁思成的续弦林洙。林洙后来回忆说：

> 1948年，我在上海结束了中学生活，考上了私立的上海圣约翰大学和南京金陵女子大学。可是当时私立大学的学费相当昂贵，我的哥哥已经在一个私立大学就读，如果我再上私立大学，对我们这样公职人员的家庭来说，在经济上几乎是难以负担的。恰巧，这时我的男朋友程应铨要北上到清华大学建筑系任教。我父亲决定让我和哥哥都随程北上求学。他听说清华设有先修班，因此写信给清华的同乡林徽因，请她帮助我进入清华的先修班。
>
> ……
>
> 我到清华后的第一件事自然是去拜访林徽因先生。但我听到一个坏消息，她不久前刚刚做了肾切除手术，肺部结核也已到了晚期，医生告诉梁思成说她将不久于人世了。这对一个家庭来说是多么悲哀的事。我反复地考虑着去不去拜见她。我不断听到人们对她超人才智的赞扬，及对他们夫妇渊博的学问的敬佩。我就更害怕了，我这个没有被清华录取的小青年，在她的面前将多么尴尬。我一直拖

延着去拜见她的日期，直到她听到我已到清华的消息，召见我时，我才去见她。

在一个初秋的早上，阳光灿烂，微风和煦，我来到清华的教师住宅区新林院8号梁家的门口，轻轻地叩了几下门。开门的刘妈把我引到一间古色古香的起居室，这是一个长方形的房间，北半部作为餐厅，南半部为起居室。靠窗放一个大沙发，在屋中间放一组小沙发。靠西墙有一个矮书柜，上面摆着几件大小不同的金石佛像，还有一个白色的小陶猪及马头。家具都是旧的，但窗帘和沙发面料却很特别，是用织地毯的本色坯布做的，看起来很厚，质感很强。在窗帘的一角缀有咖啡色的图案，沙发的扶手及靠背上都铺着绣有黑线挑花的白土布，但也是旧的，我一眼就看出这些刺绣出自云南苗族姑娘的手。在昆明、上海我都曾到过某些达官贵人的宅第，见过豪华精美的陈设。但是像这个客厅这样朴素而高雅的布置，我却从来没有见过。

我的注意力被书架上的一张老照片吸引住了，那是林徽因和她父亲的合影。看上去林先生当时只有十五六岁。啊！我终于见到了这位美人。我不想用细长的眉毛，大大的眼睛，双眼皮，长睫毛，高鼻梁，含笑的嘴，瓜子脸……这样的词汇来形容她。不能，在我可怜的词汇中找不出可以形容她的字眼，她给人的是一个完整的美感。是她的神，而不是貌，是她那双凝视着的眼睛里，深深蕴藏着的美。当我正在注视这张照片时，只听见卧室的门“嗒”的一声开了。我回转身来，见到林先生略带咳嗽微笑着走进来，她边和我握手边说：

“对不起，早上总是要咳这么一大阵子，等到喘息稍定才能见人，否则是见不得人的。”她后面一句话说得自然诙谐，使我紧张的心弦顿时松了下来。后来我才知道，她这句话包含着她这一辈子所受病痛的折磨与苦难。我定睛看着她。天哪！我再也没有见过比她更瘦的人了。这是和那张照片完全不同的一个人，她那双深深陷入眼窝中的眼睛，放射着奇异的光彩，一下子就能把对方抓住。她穿一件浅黄色的羊绒衫，白衬衫的领子随意地扣在毛衣内，衬衫的袖口也是很随意地翻卷在毛衣外面。一条米色的裤子，脚上穿一双驼色的绒便鞋。我们都坐下后，她就开始问我报考大学的情况。这是我最怕的事，只得羞怯怯地告诉她，我自认为数学、化学、语文尚好对付，物理、地理不行，最头疼的是英语。我对它简直一筹莫展。她笑了笑说：

“你和我们家的孩子相反，再冰、从诫他们都是怕数学，你为什么怕英语。”

“我怕文法，”我说，“我简直搞不清那些文法。”

“英语并不可怕，再冰中学时在同济附中，学的是德语，英语是在家里学的，我只用了一个暑假来教她。学英语就是要多背，不必去管什么文法。一个假期我只选了一本《木偶奇遇记》做她的课本，儿童读物语法简单，故事也吸引人，她读一段背一段。故事读完了英文也基本学会了，文法也就自然理解了。”

接着她又问起我的食宿情况，已经在工字厅食堂入伙。系里的美术教师李宗津先生把他在工字厅的宿舍暂时借给我住，因为他城里另有住房。但是工字厅是男职工宿舍，所以很不方便。她很快就想到可以让我借住在吴柳生教授家，并说她要亲自去和吴夫人商量。然后她又问我对北平有什么印象。当我正在寻找一个恰当的词汇来回答她时，她已兴致勃勃地向我介绍起北京的历史。

“北京城几乎完全是根据《周礼·考工记》中‘匠人营国，方九里，旁三门，国中九经九纬，经途九轨，左祖右社，面朝后市’的规划思想建设起来的。”她说。同时她看出我不懂这句话的意思，便又接着解释说：

“北京城从地图上看，是一个整齐的凸字形，紫禁城是它的中心。除了城墙的西北角略退进一个小角外，全城布局基本是左右对称的。它自北向南，存在着纵贯全城的中轴线。北起钟鼓楼，过景山，穿神武门直达紫禁城的中心三大殿。然后出午门，天安门，正阳门直至永定门，全长八千米。这种全城布局上的整体感和稳定感，引起了西方建筑家和学者的无限赞叹，称之为世界奇观之一。”

“‘左祖右社’是对皇宫而言，‘左祖’指皇宫的左边是祭祖的太庙。‘右社’指宫室右边的社稷坛（现在是中山公园）。‘旁三门’是指东、西、南、北城墙的四面各有三个城门。不过北京只是南面有三个城门，东、西、北面各两个城门。日坛在城东，月坛在城西，南面是天坛，北面是地坛。‘九经九纬’，是城内南北向与东西向各有九条主要街道，而南北的主要街道同时能并列九辆车马即‘经途九轨’。北京的街道原来是很宽的，清末以来被民房逐渐侵占越来越狭了。所以你可以想象当年马可波罗到了北京，就跟乡巴佬进城一样吓懵了，欧洲人哪里见过这么伟大气魄的城市。”我们都笑了，她接着说：

“‘面朝后市’也是对皇宫而言，皇宫前面是朝廷的行政机构，所以皇帝面对朝廷。‘市’是指商业区，封建社会轻视工商业，因此商业区放在皇宫的后面。现在的王府井大街是民国以后繁荣起来的。过去地安门大街鼓楼大街是北京为贵族服务的最繁华的商业区。前门外的商业区原来是在北京城外，因为辽代与金代的首都在现在北京城的西南。元朝的大都建在今天北京城的位置，当然和金的旧都有联系，那时从旧都来做买卖的商人，必须绕到城北的商业区去，所以干脆就在城外集市。北京前门外有好几条斜街，就是人们在新旧两城之间走出来的道路，开始在路旁搭起棚户。慢慢地发展成为固定的建筑和街道。过去一有战争城外的人就往城里跑，到了明朝嘉靖年间，为了加强京城的防卫才建了外城。”她一口气说下来，一个封建社会的宏伟的北京城地图，在我眼前勾画了出来。接着我们又谈起颐和园，这也是我非常向往的地方。但是那时到颐和园没有公共汽车，我虽然有一辆自行车，却还不会骑，所以一直没有去。我听说颐和园的长廊特别有趣。林先生却摆手说：

“颐和园前山太俗气了，颐和园的精华在后山。沈从文现在正住在谐趣园，你可以去找他，请他作向导。”我们谈着谈着，实际上是她谈着我听着，不知怎么搞的竟过了两三个小时。我完全忘了她是个重病人，慌忙站起身告辞。她笑笑说：“我也累了，每天下午四点我们喝茶，朋友们常来坐坐，欢迎你也来。”我从没有和父辈的人这么交往过，但不知怎么的，一段意想不到的交往就这样开始了。

我从梁家出来感到又兴奋，又新鲜。我承认一个人瘦到她那样很难说是美人，但是即使到现在我仍旧认为，她是我一生中所见到的最美、最有风度的女子。她的一举一动，一言一语都充满了美感，充满了生命，充满了热情，她是语言艺术的大师，我不能想象她那瘦小的身躯怎么能迸发出这么强的光和热。她的眼睛里又怎么能同时蕴藏着智慧，诙谐，调皮，关心，机智，热情的光泽。真的，怎能包含这么多的内容。当你和她接触时，实体的林徽因便消失了，而感受到的则是她带给你的美和强大的生命力，她是这么吸引我，我几乎像恋人似的对她着迷。那天我没有见到梁思成先生，听说他到南京接受中央研究院院士学衔去了。

从此，林洙经常到梁家，由林徽因教她学英语。每次上完课后，林徽因都邀她参加梁家的茶会。茶会多年的常客有金岳霖、张奚若夫妇、周培源夫妇和陈岱孙，以及清华大学的其他教授和建筑系的老师等。林洙说：

梁家每天4点半开始喝茶，林徽因自然是茶会的中心，梁思成说话不多，他总是注意地听着，偶尔插一句话，言语简洁，生动诙谐。林徽因则不管谈论什么都能引人入胜，语言生动活泼。她还经常模仿一些朋友们说话，学得惟妙惟肖。她曾学朱畅中先生向学生自我介绍说："我（eo）知唱中（朱畅中）"，引起哄堂大笑。有一次她向陈岱孙先生介绍我说："这个姑娘老家福州，来自上海，我一直弄不明白她是福州姑娘，还是上海小姐。"接着她学着昆明话说"严来特使银南人罗（原来她是云南人罗）"。逗得我们都笑了。

她是那么渊博，不论谈论什么都有丰富的内容和自己独特的见解。一天林徽因谈起苗族的服装艺术，从苗族的挑花图案，又谈到建筑的装饰花纹，她介绍我国古代盛行的卷草花纹的产生、流传，指出中国的卷草花纹来源于印度，而印度来源于亚历山大东征。她又指着沙发上的那几块挑花土布说，这是她用高价向一位苗族姑娘买来的。那原来是要做在嫁衣上的一对袖头和裤脚。她忽然眼睛一亮，指着靠在沙发上的梁思成说：

“你看思成，他正躺在苗族姑娘的裤脚上。”我不禁扑哧一笑。这时梁思成也和我们谈起他在川滇调查时的趣闻。他说在云南楚雄时，曾被作为上宾请去吃喜酒。看到新房门上贴着一副绝妙的对联。上联是“握手互行平等礼”，下联是“齐心同唱自由歌”。然后他又拖长了声音笑着说：“横批是‘爱——的——精——诚’。”客人们全都哈哈大笑起来。他自己也笑着说：

“真叫人哭笑不得。”

我和建筑系的老师们往往在梁家听了满肚子的趣闻和各种精辟的见解与议论之后，在回家的归途上，对梁、林两位先生的博学与乐观精神感慨万分。我从没有听到过他们为病痛或生活上的烦恼而诉苦。

然而，林徽因的病情一天天地在加重。林洙的英语课也只好断断续续地进行，以至于最后完全停止。但只要林徽因身体稍微好一点，她就会谈笑风生。林洙说：

一天，我们又谈到北京的古建筑，她问我是否都游览过了。我说城里的古建筑算是走马观花地看了一些，城外的还都没有去。她又问我最喜欢哪一处。我说，很难说，因为每一处都给我留下不同的感受。于是她热情地为我讲解分析每一处建筑的艺术特点，似乎完全不理会我是个一无所知的“建筑盲”。当她听我说到天坛、故宫给我的感受，及太庙那大片的古柏给我的印象时，她突然想起了什么，笑着问我：

“听过我和思成逛太庙的故事吗?”

我摇摇头。她说：“那时我才十七八岁，第一次和思成出去玩，我摆出一副少女的矜持。想不到刚进太庙一会儿，他就不见了。忽然听到有人叫我，抬头一看原来他爬到树上去了，把我一个人丢在下面，真把我气坏了。”我回头看看梁先生，他正挑起眉毛，调皮地一笑说：

“可是你还是嫁给了那个傻小子。”他们都笑了，我也早已笑得前仰后合了。梁先生深情地望着她，握着她的一只手轻轻地抚弄着。他们是多么恩爱的一对！林先生那苍白得几乎透明的脸，在兴奋中泛起一点红晕。我呆呆地看着他们，想起医生对林先生病情的诊断，心中不免引起一阵酸楚。

解放前清华的教工宿舍还没有暖气，新林院的房子又高又大，冬天需要生三四个约有半人多高的大炉子才暖和。这些炉子很难伺候，煤质不好时更是易灭，对付这几个大炉子的添煤倒炉渣等，简直需要一个强劳力才行。那时梁再冰和梁从诫都在市内就学，这个沉重的担子就落到了梁先生的肩上。室内温度的高低冷暖，直接关系到林徽因的健康，所以梁先生也不敢轻易把这个工作交给别人。他则常带着笑说：“这是粗活。”是的，他还有更重要的“细活”，每天定时为林先生注射各种药液，他学会了肌肉注射和静脉注射的技术。为病人配餐，为使林先生能坐得更舒服些，给她安放各种大大小小的靠垫和垫圈。为林先生朗读各种读物，他是一个第一流的护士。除了这些事外他更重要的任务是领导建筑系的工作和他自己的教学与学术研究。

评点费正清的《中国和美国》

1948年年底，中国战场上的形势已经趋于明朗，国民党节节败退，共产党乘胜追击，一个新的时代即将来临。这时，林徽因收到了费正清寄来的他的第一本著作《中国和美国》，她仔细地读了全书，并写了一封很长的类似书评的信，对费正清的著作既有赞扬，也有批评，"就像一篇好的书评该有的那样"。林徽因说：

现在我觉得我们大概只有一两个月能自由地给在美国的你们写信了，也许是因为通邮或别的什么障碍，我觉得憋得喘不上气、说不出话。即使是这封信，我希望它能在圣诞节前或过节时寄到。

谢谢你们寄来的书，特别是其中最后一本，费正清自己的杰作，多好的书啊！我们当然欣赏、钦佩、惊奇和进行了许多讨论，大家都对这书有非常非常深刻的印象。有时我们互相以热情赞美的话说，费正清显然是把握了华夏臣民的复杂心态，或知道我们对事物的不同感觉，所以这不是那种洋鬼子的玩意儿。此刻对于一个现代中国人来说，它一点也不是。张奚若热情地说，他喜欢费正清的书，"没有一处是外人的误解……他懂的真不少"等。老金说这是我们的一个"合理而科学的"总结，费正清对"有些事有着基本的理解，他和别的外国人真是不一样"。而我和思成非常惊讶，它真的全然没有外国人那种善意的误解、一厢情愿的期望或失望。我尤其欣赏费正清能够在谈到西方事务时使用西方词汇，谈中国事务用中国词汇，而同一个西方语言却既能让美国读者以自己的语汇来读关于中国的事，又能让中国读者用另一种语汇来读关于自己国家的事。我们对这一点都特别欣赏。

此外，我们还常常以最大的钦佩而且毫不羞耻地互相指出，有许多关于中国的事实我们竟然是从他这里才生平第一次知道（!）例如，有趣的是，我从不知道玉米和白薯是这么晚才来到中国的；还有特别是那些关于中西方关系的事件。

换句话说，我们都极为赞赏费正清的这本得意之作。自从费慰梅重建武梁祠以来，梁氏夫妇还没有这么高兴过呢。

我唯一的遗憾，如果说有的话，是在这本总结性的著作中没有涉及中国艺术，尽管我也看不大出艺术与国际关系何干。即使如此，艺术是我们生活中那样重要的一部分，如果要一般地谈论我们的话，艺术也是不可少的，那是我们潜意识中的一个组成部分……当我提到艺术的时候，当然也指诗，但可能也指由我们的语言、我们特有的书法、构词、文学和文化传统所引发的情感和审美情趣。我们特殊的语言实际上由三部分组成：修辞、诗，只有一部分才是直截了当的语言……我想说的也许是，正是这种内涵丰富的“语言——诗——艺术的综合”造就了我们，使我们会这样来思索、感觉和梦想……

简言之，我认为艺术对我们精神的塑造和饮食对我们身体的塑造一样重要。我们吃米饭和豆腐不可避免地会使我们同那些大块吃牛排、大杯喝牛奶，外加奶油蛋糕或馅饼的人有所不同。同样，坐在那里研墨，耐心地画一幅山水画的人，肯定和熟悉其巴尔扎克风格或后印象主义画派和晚期马蒂思和毕加索，住在巴黎拉丁区的叛逆青年（或专程到墨西哥去旅行以一睹墨西哥壁画的年轻人）全然不是一个类型……

以上全是我自己私下的一点书评——不过是为了想争论一下，而费正清对善意的争论总是很来劲的。寄这封信得花我一大笔钱了！

说到政治观点，我完全同意费正清。这意味着自从上次我们在重庆争论以来，我已经接近了他的观点——或者说，因为两年来每天追踪问题的进展，我已经有所改变，而且觉得费正清是对的。我很高兴能够如此。顺便说一句，因我对许多事情无知，我非常感谢费正清对中国生活、制度和历史中的许多方面的高瞻远瞩、富有教益的看法。因其对自己的事很熟悉，我常不愿去做全面的观察或试图把它理清楚。所以读费正清的书对我们极有吸引力，我们也要让年轻一代来读它。

在信的结尾，林徽因谈道：

也许我们将很久不能见面——我们这里事情将发生很大变化，虽然我们还不知道是什么样的变化，是明年还是下个月。但只要年轻一代有有意义的事可做，过得好、有工作，其他也就无所谓了。

林徽因把这封信寄出之后，没过几天，人民解放军的先头部队便解放了清华园。一个月之后，共产党解放北京。一个新的时代降临了。林徽因的这封信成为她写给费正清夫妇的最后一封信。

可以说，由于天各一方，林徽因和费正清夫妇的友谊大部分是通过书信来传递的。在这些精美的书信中，林徽因倾诉了自己对生活各个方面的所思所感，娓娓道来，让人颇为感动，深受启发。这是林徽因生命中非常重要的一部分。林徽因的生命力和才情在其中得到了很好的展现，而且，与费慰梅的互相应和，激发了林徽因的生命活力，让她从一位有着不同的文化背景的挚友身上，感受到了在国内友人那儿不能得到的文化上的撞击和吸引，让她文化生命的另一半获得了“圆满”。这种跨越时空的友情在多艰的岁月中给她的生命带来了无比的温暖，成为支撑她生活下去的重要动力。

对于今天的人们来说，时间流逝，时代变迁，一代才女林徽因当年的丰神我们不能得以耳闻目睹，但通过阅读这些如同美丽的文学作品一样的信件，仍旧可以感受到她的风致才华、她的真诚宽容、她的无与伦比的精神品质。

五、捍卫祖国传统建筑

1948 年年底，解放军进军北平。国民党军队负隅顽抗，企图以北平圆明园、清华园等名胜古迹作为掩护，来遏制解放军的进攻。

12 月 13 日，解放军在圆明园附近遭到国民党军队的猛烈攻击。住在清华园内的林徽因听到近在咫尺的炮声，彻夜难眠。

这时，毛泽东获悉国民党的企图以后，急电林彪、罗荣桓等解放军将领："请你们通知部队注意保护清华、燕京等学校及名胜古迹。"

15 日，解放军攻下海淀，解放清华。

17 日，毛泽东又致电林彪等人："沙河、清河、西山系主要文化古迹区，对一切原来管理人员原封不动，我军只派兵保护，派人联系。尤其注意与清华、燕京等大学教职员联系，和他们共同商量如何在作战时减少损失。"

视古建筑为第二生命

之后没过几天的一个晚上，解放军十三兵团政治部联络处两位负责人在张奚若的陪同下来到梁家，他们向梁思成、林徽因说明来意：现在部队正为进攻北平作准备，如果与傅作义和平谈判不成，那就只好攻城，但要尽可能保护名胜古迹，因而恳请梁思成、林徽因两位先生在地图上标出重要古建筑，画出禁止炮击的地区，以便进攻时减少损失。

梁思成和林徽因听了之后，非常激动。他们最近正为北平古建筑会不会在战火中被毁而忧心忡忡，焦虑不安。而现在共产党领导人主动来听取他们的意见，保护古建筑，让他们感到十分欣慰。他们说，这正是我们日夜担心的事情，你们来得太好了，太感谢你们了。接着，他们把两位负责人带来的军用地图摆在桌子上，用铅笔将有价值的古建筑一一画出。

今生第一次与共产党的军人直接接触，这对视古建筑为第二生命的夫妻激动得热泪盈眶。让他们辗转反侧、寝食难安的事情终于得到了解决，梁思成和林徽因心里的一块大石头终于落了地。通过这件事，他们对共产党人有了全新的认识。

18 日，解放军第十三兵团政治部在清华大学西门张贴告示：

为布告事，查清华大学为中国北方高级学府之一，凡我军政民机关一切人员，均应按我党我军既定爱护与重视文化教育之方针，严加保护，不准滋扰，尚望学校当局及全体学生，照常进行教育，安心求学，维持学校秩序。特此布告，俾众周知！

此布

政治部主任　刘道生

中华民国三十七年十二月十八日

林徽因得知有此告示，不顾病痛在身，在女儿的搀扶下亲自到西门观看。

1948 年 1 月，北平和平解放。林徽因、梁思成最担心的事情没有发生，北平的古建筑得以暂时保存。

接着，解放军开始了解放全国的战斗。为了保护我国有价值的古建筑和各种文化遗产，共产党又派人来清华请教林徽因和梁思成，请他们把需要保护的古建筑写出来，以作参考。他们毫不犹豫地答应下来，在清华建筑系的师生的帮助下，仅用了一个月的时间，便编写出一本《全国重要文物建筑简目》。在说明中，他们指出："本简目主要目的，在供人民解放军作战及接管时保护文物之用。"这本简目，1949 年 6 月由华北高等教育委员会图书文物处印制，发给各路大军，对于保护和接管全国各地的文物起了很大的作用。

这年春天，林徽因和梁思成让他们的女儿梁再冰和张奚若的女儿张文英一起参加南下工作团。对于身患重病的林徽因来说，让女儿离开自己，参加革命工作，很可能意味着就此永别。能够如此坚决地支持女儿参加共产党领导的工作，显示了林徽因对即将诞生的新政权的支持和信任。

1949 年 10 月 1 日，毛泽东在天安门宣布中华人民共和国成立。一个新的时代开始了。对于这个新时代，经历了战争流亡生活的林徽因充满了期待和热爱。她说：

中国"大病"了一百一十年，现在我们的病基本上已被我们最伟大的"医师"治好了。新生的中国正在向康复的大道上走。

她还说：

祖国的解放为我们全国的建筑师带来了空前的大转变。我们不但忽然得到了设计成千上万的住宅、工厂、学校、医院、办公楼的机会，我们不但在一两年中所设计的房屋面积就可能超过过去半生所设计的房屋面积的总和乃至若干倍，最主要的是我们知道我们的服务对象不是别人，而是劳动人民。我们是为祖国的和平的社会主义事业而建设，也是为世界的和平建设的一部分而努力。我们集体工作的成果将是这新时代的和平民主精神的表现。

她在介绍苏联作者写的一本书中说：

作者首先告诉我们，俄罗斯人民不唯能保卫他们的祖国，而且在家乡遭受破坏之后，能迅速地重建起来；在古代如此，在苏维埃时代更如此。这一点与中国人民保卫祖国，重建家乡的能力是完全相同的。在毛泽东时代，这能力就能更全面地发挥出来。

我们看到，林徽因作为一名同情劳动人民、热爱祖国、把自己的一生献给学术和社会发展的知识分子，她对一个新的和平民主的时代的诉求，在中国共产党人领导的新政权那里得到了实现。当她对这个新政权的领导人和参与其中的建设者们，以及他们的社会理想有所了解之后，她是怀着一颗热诚的心来拥抱这个新时代的。

正是有了这种对新时代的热爱，林徽因不顾自己的病情，担任清华大学建筑系的一级教授，主讲市镇设计课。在新中国成立后的几年里，林徽因还为建筑系的研究生开过住宅设计和建筑史方面的专题讲座，每当学生来访时，林徽因就在床褥之间，“以振奋的心情为学生讲解，古往今来，对比中外，谑语雄谈，敏思遐想，使初学者思想顿感开阔。学生走后，常力气不支，卧床喘息而不能言”。

尽管对新时代持热烈的欢迎的态度，但与清华园里许多活跃、进步、单纯的年轻人相比，林徽因作为从“旧社会”过来的人，对一些新事物、新观点虽然也很感兴趣，却显得更为冷静和理智，她总是根据自己的经验和知识来作出恰当的判断。

当时，林洙经常观看一些文工团的演出，而且常常把这些演出的内容告诉林徽因。林洙说：

她极注意地听着，还提出一连串的问题。甚至在演出大型秧歌剧《血泪仇》时，她还准备去看，并嘱我为她留一个空位子。所有的人，特别是梁公和金先生都急忙劝阻她千万不可冒险，因为正是严冬季节，林先生的身体肯定受不了；但她执意要去，我只好为她留一个位子。她没有来。第二天梁公悄悄地告诉我说：“她从家里出来只走了几步路，就咳嗽喘息不止，只好乖乖地回家躺下。”当时我真不理解林先生。演出的是这么一个无名文工团的秧歌剧，有什么必要去冒这么大的危险，真太不值得了。后来我才了解这就是林徽因：只要想知道的，她就要亲自去看看；只要想做的，她就会不惜代价地努力去做。为祖国的建筑、文学、艺术，一句话为祖国的文化，她从不吝惜自己。

一天，我又和林先生谈到文工团的演出。我说：“把它和管夫人（喻宜萱）的演唱相比，它简直不像音乐。但我听了《秋收》和

《翻身道情》的演唱后，的确感受到一股强大的新生的力量。”林先生说：“一个文艺作品最重要的是真实，要忠实地反映生活。内容是占首位的，艺术形式是表现内容的手段，是第二位的。当然对于一个文化作品来说，两者都是重要的，缺一不可。比如某人是著名的诗人、学者。人们很尊敬他，但他写的诗却是：‘太阳啊！快快升起来吧！’”说到这里她咯咯地笑了，说：“这近乎叫喊，缺乏诗歌的美，是不是？”

我说我不喜欢这诗，它太像口号了，简直不是诗。我说我最爱沈从文和曹禺的作品。她又说：

“革命文学并非天生就排斥艺术。不能因为它的革命性就用大喊大叫的政治口号来代替，历史上各个革命时期都有优秀杰出的文学作品。你喜欢沈从文的作品，解放区有名的作家赵树理的作品就受沈从文的影响很深。你可以读读他的作品。”

建筑是有民族特性的

在建筑艺术方面，林徽因更是提出了自己的观点，认为应该批判地继承民族文化，而且还要借鉴国外的先进思想。她说：

我们的中国是一个具有五千年灿烂的文化历史的国家。差不多任何一个中国的市镇都有数百年乃至数千年的文物，我们有伟大优良的都市计划传统和建筑传统；除去几个大都市外，全国所有的市镇，那就是全国百分之九十以上的劳苦人民现在所正在居住的，并且所正在继续不断地建造的市镇和房屋正是遵循这伟大优良的传统建造的。但是今天中国的建筑师们，无一例外地（译者们在内）都是直接或间接由外国学来的。年长一点的由学习古希腊罗马，文艺复兴开始；年轻一辈的学习资本主义艺术理论的体形结晶，即所谓“功能主义”（机械唯物主义）的“现代化”或“国际式”（世界主义式）流派。我们在这前后两种毒素中酣醉了数十年。我们做了帝国主义资本主义文化侵略者的帮凶，对于祖国建筑传统反不如对于欧美建筑的熟谙，故也谈不到热爱，且常常带着自卑心理的蔑视。现在我们该醒过来了。我们应该从思想根源上做一番自我检讨，……在建筑工作中坚决地贯彻毛主席在《新民主主义论》中所指示给我们的新文化路线：“是我们这个民族的，带有我们民族的特性。”

她特别强调保持建筑的民族特性：

建筑本来是有民族特性的，它是民族文化中最重要的表现之一；新中国的建筑必须建筑在民族优良传统的基础上，这已是今天中国大多数建筑师们所承认的原则。凡是参加城市建筑设计的建筑师们都负有三重艰巨任务；他们必须肃清许多城市中过去半殖民地的可耻的丑恶面貌，必须恢复我们建筑上的民族特性，发扬光大祖国高度艺术性的建筑体系，同时又必须吸收外国的，尤其是苏联的先进经验，以满足新民主主义的经济建设和文化建设中众多而繁复的需求，真正地表现毛泽东时代的新中国的精神。

她说：

历史上封建的建筑物虽已不能适应我们今天生活的新要求，但它们的优良传统，艺术造型上的成就却仍是我们新创造的最可宝贵的源泉。

对于借鉴西方的建筑艺术，林徽因指出：

我们借鉴这些资产阶级的东西，但“仅仅是借鉴而不是用它来替代”。在建筑和都市计划工作中，如同毛主席给我们在文学艺术中的指示一样：“对于死人和外国人的毫无批判的硬搬，模仿与替代，乃是最没有出息的，最害人的……教条主义。”我们尤其不可顷刻忘记：建筑和都市计划不是单纯的经济建设，它们同时也是文化建设中极重要而最显著的一部分，它们都必须在民族优良的传统上发展起来。

在实际工作中，林徽因实践了自己的观点。1951 年，她与梁思成一起把苏联 N. 沃罗宁的《苏联卫国战争被毁地区之重建》一书翻译成中文出版，以作为百废待兴的国家建设的参考。此外，林徽因把她生命最后的精力投入中华人民共和国的国徽和人民英雄纪念碑的设计上。

国旗、国徽的设计

1949 年 7 月 10 日，政治协商会议筹委会公开在报刊上征求国旗、国徽图案以及国歌词谱。梁思成担任国旗、国徽评选委员会顾问。

显然，这是具有重大历史意义的事情，举国上下，众多人士都贡献了自己的热情和才智。很快，国旗图案和国歌词谱确定下来，即五星红旗和《义勇军进行曲》。但国徽图案虽然收到了九百多份，却没有一种被选中。在这种情况下，筹委会决定由清华大学和中央美院来承担这个光荣而艰巨的任务。

1949 年 9 月 30 日，中国人民政治协商会议又通过了建造人民英雄纪念碑的提案，并通过了碑文。这天傍晚，毛泽东主席和全体代表来到天安门广场，举行了纪念碑破土奠基典礼。接着，北京市都市计划委员会向全国征求纪念碑设计方案。

这两项具有重要意义的工作，林徽因抱着病体，都参加了，而且非常热心，倾注了自己全部的心血，她自己的建筑事业也由此达到了顶峰。

为了圆满完成任务，清华大学专门成立了国徽设计小组，由梁思成、林徽因负责，成员有莫宗江、朱畅中、罗哲文、李宗津、张昌龄、汪国瑜等人。

一天，梁思成从政协筹委会国旗国徽评委会上，带回来了一本国徽图案参考资料，这是从上千件应征的作品中挑选出来的。梁思成把资料一张张摊在桌子上，大家兴奋地讨论起来。这些图案，有的明显地在模仿外国的国徽，有的花花绿绿，很不庄严。其中有一张，右上角画了一个光芒四射的红太阳，下面是蓝色的大海，有两只海鸥在展翅飞翔。林徽因看了一眼说：“天哪！这简直就是阴丹士林布的商标。”朱畅中接着说：“七折大拍卖。”大家都笑了起来。

工作开始忙碌起来。林徽因跟设计组的成员一起讨论比较各国的国徽的优点，以及不同国家的国徽共同遵循的基本原则。林徽因还找出一些古代的铜镜、玉环等工艺美术作品作为参考资料，用来启发灵感。

梁思成转达了国徽审查小组要求在国徽图案中要有天安门的图像的意见，并强调，国徽作为一个国家的标志，必须庄严大方，不能像风景画，更不能像商标，容不得半点庸俗和轻浮。林徽因认为这是一个很好的构想，并立刻派朱畅中去画天安门的透视图。她认为，国徽应该放弃多色彩的图案结构，采用中国人民千百年来所喜爱的金红两色。这两种中国自古以来用来象征吉祥的颜色，用之于国徽的基本色，使国徽显得富丽堂皇、庄严壮丽，很好地体现了我们的民族特色。

清华国徽设计小组一共设计了二三十个正式完成的国徽图案，送交审查小组和国家领导人审阅。

到了6月，经过三个多月的艰苦奋战，反复思考、讨论、修改，终于，一枚定型的国徽图案设计出来。由于过度劳累，确定最终的方案的那一天，林徽因和梁思成都病倒了，便让兼任秘书工作的朱畅中前去送审。

在评审过程中，周恩来总理提出了宝贵的修改意见，他建议把麦穗设计得挺拔一点，以显示昂扬奋进的精神。

第二天，林徽因和梁思成等人立即讨论周总理的改进意见，大家非常振奋，只用了两三天的时间，便把修改后的做好了，重新画了一幅很大的国徽图案，在图纸上首，林徽因用红纸剪了“国徽”两个字，在图的下方写了“国徽图案说明”：

国徽的内容为国旗、天安门、齿轮和麦稻穗。象征中国人民自五四运动、新民主主义革命斗争以来，工人阶级领导的以工农联盟为基础的人民民主专政的新中国的诞生。

1950年6月23日，全国政协一届二次会议召开，林徽因作为国徽的设计者被特邀参加。会上，在毛主席的提议下，全体代表起立，以鼓掌的方式通过了由梁思成、林徽因主持并设计的国徽图案。当全体代表起立鼓掌时，林徽因用手按着座椅的把手才勉强地站了起来，激动得热泪盈眶。

1950年9月20日，中央人民政府主席毛泽东，发出了公布国徽图案的主席令：

中国人民政治协商会议第一届全国委员会第二次全会提出的中华人民共和国国徽图案及对该图案的说明，业经中央人民政府第八次会议通过，特公布之。

此令

主席　毛泽东

1950年9月20日

国徽图案设计成功，耗费了林徽因大量的心血。林洙回忆说："我每次去梁家都看到屋子里铺天盖地地摆满图纸。林徽因半卧在床上，俯在一个特制的能在床上用的小几上画图。累了就往后一躺。"梁从诫回忆说："为了这个设计，母亲做了很大贡献，在设计过程中，许多新的构想都是她首先提出并勾画成草图的，她也曾多次亲自带着图板，扶病乘车到中南海，向政府领导人汇报，讲解，听取他们的意见。”可以说，设计国徽是林徽因晚年最辉煌的创造，她用生命为自己的事业谱写了最华美的乐章。

人民英雄纪念碑的设计

设计人民英雄纪念碑，梁思成是主要的负责人。他在1951年8月关于人民英雄纪念碑设计问题致彭真的信中说：“英雄碑本身之重要和它所占地点之重要都非同小可。我以对国家和人民无限的忠心，对英雄们无限的崇敬，不能不汗流浃背战战兢兢的要它千妥万帖才敢喘气放胆做去。”经过反复的思考、修改，最后，梁思成设计出一份建筑方案，提交后，获得了人民英雄纪念碑兴建委员会的通过。

对于人民英雄纪念碑的图案，林徽因做出了重要的贡献。1953年3月12日她给梁思成的信中写道：“我的工作现实限制在碑建会设计小组的问题，有时是把几个有限的人力拉在一起组织一下分配一下工作，技术方面讨论如云纹，如碑的顶部；有时是讨论如何集体向上级反映一些具体意见作一两种重要建议，今天就是刚开了一次会有阮邱莫吴梁连我六人，前天已开过一次拟了一信稿呈郑副主任和薛秘书长的，今天阮将所拟稿带来又修正了一次今晚抄出大家签名明天可发出（主要要求①立即通知施工组停札钢筋，美工组合组事虽定了尚未开始，②趁此时再要求增加技术人员加强设计实力，③反映我们对去掉大台认为对设计有利），可能将塑型改善，而减掉复杂性质的陈列室和厕所设备等使碑的思想性明确单纯得多。”

同时，林徽因还为碑座和碑身设计了全套饰纹，以及底座上的花圈。整整花了两个月的时间，她详细地比较世界各地的花草图案，画了几百幅不同风格的草图。最后选定了以橄榄为主体的花环设计，并采用了牡丹、荷花和菊花三种花作为高贵、纯洁和坚韧的象征。今天我们看到的纪念碑上的花环，凝聚了林徽因巨大的心血。

此外，林徽因还为抢救民族工艺景泰蓝花费了大量心血。多年之后，当林洙看着书桌上林徽因设计的两个精美的景泰蓝小罐时，回忆往事，思绪万千。她说：

我久久地凝视着它，我的眼前呈现出林徽因因为恢复濒于停产的景泰蓝手艺呕心沥血的日日夜夜。如果编写《中外历史之谜》的作者，知道林徽因晚年的健康情况，一定会写一条“林徽因健康之谜”编入书中。医生们一次又一次地发出病危的“黄牌”警告，都被她闯了过来。她不但活了下来，而且是怎样地活啊！她的肺已布满了空洞，肾也切除了一侧，结核菌已从肺到肾，到肠。她一天吃不了二两饭，睡眠不到四五个小时，但却在梁思成的陪同下，带着她的助手莫宗江、常沙娜等人，多次跑到景泰蓝工厂去调查，了解它的工艺程序及材料特点。她很快就得出结论：工人师傅的手艺是高超的，但是由于传统产品的造型庸俗，色彩单一，图案烦琐，致使这一具有民族特色的手工艺品濒于停业。于是她又以惊人的毅力和她的助手们一起研究设计出适合景泰蓝生产工艺的造型与图案及配色。为了探索和发展民族传统的优良图案，她对我国历代图案进行了研究。她已不能像设计国徽时那样亲自画图了，她的意图常常是由她最亲密的助手莫宗江来完成。我不止一次在林先生处看到莫宗江画的工笔图案，那真是一张张极美的艺术品。

她如愿以偿了。当苏联著名芭蕾舞演员乌兰诺娃接过林徽因设计的景泰蓝礼品时，高兴地说：

"这是代表新中国的礼品，真是美极了！"

景泰蓝现在已被认为是具有中国民族特色的手工艺品，而立于世界手工艺品之林。有朝一日人们也许会专为北京景泰蓝写一本书，但是人们会不会记得有一个被结核病苦苦折磨的弱女子，为它献出了自己最后的心血。

我这样写，请不要以为林徽因是个整天痛苦地哼哼唧唧紧锁眉头工作的人。啊不！她永远快乐，任何美的东西都能使她兴奋和愉快。为了景泰蓝，她常跑到最基层的作坊去，并以此为乐。

有一次她与我们谈瓷器的造型，就谈起在昆明时她曾为了想要一个好看的陶罐，亲自跑到郊外一个陶罐的作坊去。

"你们知道吗？烧窑和制坯过去是传子不传女的。而且妇女是不许进作坊的。"她说，"我好不容易花了大价钱才买通这一关，进作坊以前还要对祖师牌位磕头。制坯师傅的那一双手呀！真了不起！他把坯泥放在一个转盘上，用脚踩来控制转动。两手不停地上下捋着塑型。"她越说越兴奋，双手学着师傅的动作，往下说。

"多少次出现了优美的造型；我在一旁求他'停下来，停下来，就要这个。'但是那师傅半闭着眼，脸上毫无表情，根本不理睬我。他的手仍在不停地动作。"她像演员一般模仿着师傅的表情和动作。

"我不知道他要做什么。那些优美的造型一次又一次地出现，一次又一次地消失，我抱的希望也越来越大。"于是她满脸淘气地说：

"最后只见他的手从下往上快速而熟练地一捋，这才停了下来，露出笑容得意地看着我。啊！原来是一个痰桶！”我们都忍不住大笑了起来。林徽因是快乐的，和她在一起也永远是快乐的。当然最快乐的是梁思成。

在新中国成立初期这几年紧张的实际工作中，林徽因也没有放松过在古建筑方面的学术研究。其中最重要的一项，就是她和梁思成、莫宗江一起，将他们多年来对中国建筑史的基本观点，做了一次全面的检讨，并在此基础上撰写了《中国建筑发展的历史阶段》一篇长文。这是他们第一次尝试着以历史唯物主义作为指导思想，重新回顾从远古时代到现代中国建筑的发展历程，并以此为他们的研究工作探求一个更加科学的理论基础。

林徽因在建筑和美术方面的治学态度十分严谨，对工作的要求也十分细致严格，而绝没有那种大而化之的“顾问”作风。1953 年前后，由北京文物整理委员会编，人民美术出版社出版的《中国建筑彩画图案》，请林徽因审稿并作序，林徽因对其中彩图的效果很不满意，写信提出了批评，其最后几段如下：

青线的变调和各彩色在应用改动的结果，在全梁彩色组合上，把主要的对比搅乱了。例如将那天你社留给我的那张印好的彩画样子和清宫中太和门中梁上彩画（庚子年日军侵入北京时由东京帝国大学建筑专家所测绘的一图），详细核对，比着一起看时，就很明显。原来的构图是以较黯的青线为两端箍头藻头的主调来衬托第一条梁中段以朱为地，以彩色“吉祥草”为纹样的枋心，和第二条梁靠近枋心的左右梁，红地吉祥草的两段藻头。两层梁架上就只点出三块红色的主题，当中再隔开一道长而细的红色垫板，全梁青线和朱的对比就清清楚楚明明白白，一点也不乱。

除此之外，在50年代初，林徽因还试图用英文为汉武帝写一个传，而且已经开了头，但最终没有完成。

由于林徽因为新中国做出的杰出贡献，她被先后任命为北京市都市计划委员会委员、人民英雄纪念碑建设委员会委员，并当选为北京市第一届人民代表大会代表，全国文代会代表。对于在新的时代中如何认识自己，确定自己的人生坐标，林徽因说：

……我连着看了四本书都是小说式传记。都是英雄的真人真事。（一）是《建设伏尔加——顿河运河的人们》，短篇的，几篇都好；（二）是《普通一兵》记马特洛索夫的事迹；（三）是《斯特汉诺夫工人阶级笔记》；（四）是《安格林娜自传》（第一个女拖拉机手）。这些人和事都深深地深深地教育了我，提高了我对共产主义制度的了解和感性认识，不只是一种理论在我脑子里，而是形象化了的事实。这些精神养料太丰富了，现在只是它们如何结合到我生活中来的问题了。这样的熏陶下去，新意识和新意志必会在我血液里产生出来的。我也会蜕变成为新时代里的最可靠的人，稳稳当当，踏踏实实地不断做好工作。通过可靠的劳动得到结实的进步。也许就因为我懂得如何去做好每一件平凡的工作，我会成为有价值的人。一反过去那样想做有价值的事，反而是无价值、无成绩的人。

都市工程师

1950年，林徽因被任命为北京都市计划委员会委员兼工程师。为了保护和研究北京的古建筑，50年代初，林徽因先后在《新观察》发表了《北京——都市计划的无比杰作》，以及《中山堂》《北海公园》《天坛》《颐和园》《雍和宫》《故宫》等一组介绍北京古建筑的文章。她说："从来没有经过专家或学术团体做过有系统的全面调查研究；现在北京的文物还如同荒山丛林一样等待着我们去开发。"对于北京大量的建筑古迹，林徽因通过查阅资料，精心梳理，对它们的历史沿革做了准确论述，对它们的现状做了生动地描绘。对于颐和园，她说：

北京西郊的颐和园，在著名的圆明园被帝国主义侵略军队毁了以后，是中国四千年封建历史里保存到今天的最后的一个大"御苑"。颐和园周围十三华里，园内有山有湖。倚山临湖的建筑单位大小数百，最有名的长廊，东西就长达一千几百尺，共计二百七十三间。

颐和园的湖、山基础，是经过金、元、明三朝所建设的。清朝规模最大的修建开始于乾隆十五年（一七五〇年），当时本名清漪园，山名万寿，湖名昆明。一八六〇年，清漪园和圆明园同遭英法联军毒辣的破坏。前山和西部大半被毁，只有山巅琉璃砖造的建筑和"铜亭"得免。

她这样描写北海：

……北京城中，会有像北海这样一处水阔天空，风景如画的环境，据在城市的心脏地带，实在令人料想不到，使人惊喜。初次走过横亘在北海和中海之间的金鳌玉虫东桥的时候，望见隔水的景物，真像一幅画面，给人的印象尤为深刻。耸立在水心的琼华岛，山巅白塔，林间楼台，受晨光或夕阳的渲染，景象非凡特殊，湖岸石桥上的游人或水面小船，处处也都像在画中。池沼园林是近代城市的肺腑，藉以调节气候，美化环境，休息精神；北海风景区对全市人民的健康所起的作用是无法衡量的。

还有天坛：

天坛在北京外城正中线的东边，占地差不多四千亩，围绕着有两重红色围墙。墙内茂密参天的老柏树，远望是一片苍郁的绿荫。由这树林中高高耸出深蓝色伞形的琉璃瓦顶，它是三重檐子的圆形大殿的上部，尖端上闪耀着涂金宝顶。这是祖国一个特殊的建筑物，世界闻名的天坛祈年殿。

可以说，林徽因对这些建筑古迹倾注了无比的心血，爱惜它们胜过了自己的身体。

对于古建筑的研究、保护是她和梁思成关注的一方面，作为北京市远景规划的参与者，他们又以极大的热情，为理想的现代化首都的规划设计殚精竭虑。然而，这是一场徒劳的努力。梁从诫说：

对于北京的规划，他们的基本观点是：第一，北京是一座有着八百多年历史，而近五百年来其原貌基本保存完好的文化古城，这在全世界也是绝无仅有的。北京的原貌本身就是历代劳动人民留给我们的无价珍宝。而它又是一座“活的”城市，现代人仍然生活于其中，仍在使用和发展着它，但现代人只负有维护古都原貌，使之传诸久远的义务，而没有“除旧布新”，为了眼前的方便而使珍贵古迹易容湮灭的权利。第二，他们认为，原北京城的整个布局，是作为封建帝都，为满足当时那样的需要而安排的，它当然不能满足一个现代国家首都在功能上的要求。而如果只着眼于对旧城的改建，也难以成功。他们根据国外许多历史名城被毁的教训，预见到如果对北京城“就地改造”，把大量现代高层建筑硬塞进这古城的框框，勉强使它适应现代首都的需要，结果一定是两败俱伤：现代需要既不能充分满足，古城也将面目全非，弄得不伦不类，其弊端不胜枚举。然而，这些意见却遭到了来自上面的批驳。于是，他们只好眼睁睁地看着北京城一步步地重蹈国外那些古城的命运。那些“妨碍”着现代建设的古老建筑物，一座座被铲除了，一处处富有民族特色的优美的王府和充满北京风味的四合院被拆平了，而一幢幢现代建筑，又“中心开花”地在古城中冒了出来。继金水桥前三座门、正阳门牌楼、东西四牌楼、北海“金鳌玉虫东”桥等被拆除之后，推土机又兵临“城”下，五百年古城墙，包括那被多少诗人画家看作背景象征的角楼和城门，全被判了极刑。母亲几乎急疯了。她到处大声疾呼、苦苦哀求，甚至到了声泪俱下的程度。她和父亲深知，这城墙一旦被毁，就永远不能恢复，于是再三恳请下命令的人高抬贵手，刀下留城，从长计议。然而，得到的回答却是：城墙是封建帝王镇压人民对抗农民起义的象征，是“套在社会主义首都脖子上”的一条“锁链”，一定要推倒！又有人动员三轮车（如此落后的交通工具！）工人在人民代表大会上“控诉”城门、牌楼等如何阻碍交通、酿成车祸，说什么“城墙欠下了血债”！于是母亲和父亲又提出了修建“城上公园”、多开城门的设想，建议在环城近四十公里的宽阔城墙上面种花植草，放置凉棚长椅，利用城门楼开办展览厅、阅览室、冷饮店，为市区居民开辟一个文化休息的好去处，变“废”为利。然而，据理的争辩也罢，激烈的抗议也罢，苦苦的哀求也罢，统统无济于事。母亲曾在绝望中问道：为什么经历了几百年沧桑，解放前夕还能从炮口下抢救出来的稀世古城，在新中国的和平建设中反而要被毁弃呢？为什么我们在博物馆的玻璃橱里那么精心地保存起几块出土的残砖碎瓦，同时却要亲手去把保存完好的世界唯一的这处雄伟古建筑拆得片瓦不留呢？

说起母亲和父亲对待古建筑的立场，我便不能不提到对于“大屋顶”的批判问题，这个批判运动虽然是在母亲去世之后，针对父亲的建筑思想开展的，但这种建筑思想历来是他们所共有的，而且那批判的端倪也早已见于解放之初。这表面上虽是由经济问题引出来的，但实质上却是新中国的建筑要不要继承民族传统，创造出现代的民族形式的问题。对于这个重大课题，母亲和父亲出于他们自幼就怀有的深厚的爱国主义感情，早在留学期间便开始探索。他们始终认为，现代建筑的材料与结构原理，完全可能与中国古代建筑的传统结构有机地结合起来，从而创造出一种新的，富有中国气派的民族风格。他们经过反复思考，明确否定了几十年来风行于世界各地的“玻璃盒子”式，或所谓“国际式”的建筑，认为它们抹杀了一切民族特征，把所有的城市变得千城一面；他们也反对复古主义，反对造“假古董”。早在三十年代初母亲在为《清式营造则例》所写的“绪论”中就已经告诫建筑家们“虽须要明了过去的传统规矩，却不要盲从则例，束缚自己的创造力”。但是在民生凋敝的旧中国，他们一直缺乏实践机会。这方面的摸索，直到新中国成立后才有可能开始。母亲确曾说过，屋顶是中国建筑最具有特色的部分，但他们并没有把民族形式简单地归结为“大屋顶”。五十年代前期各地出现的建“大屋顶”之风，是对民族形式的一种简单的模式化理解，或者说是一种误解或曲解，决不符合父亲和母亲的真正主张。而且当时那种一哄而起，到处盖房子都要搞个大屋顶的做法，正是四十多年来我们在各个领域都屡见不鲜的一哄而起和攀比作风的早期表现，是不能完全由父亲和母亲这样的学者来负责的。五十年代前期，在追求所谓“民族形式”的浪潮中出现的不少建筑，的确不仅在经济上，而且在建筑艺术上都很难说是成功的，然而当时那些不由分说的批判，确实曾深深地伤害了他们从爱国主义立场出发的，科学上和艺术上的探索精神，把他们终身遵循的学术信念和审美原则一下子说得一钱不值，大谬不然，这不能不使他们（母亲去世后，主要是父亲）感到极大的惶然。继对电影《武训传》的批判之后，对“大屋顶”的批判，在以简单粗暴方式对待学术思想问题方面，也在知识界中开了一个极坏的先例。母亲去世很早，没有来得及看到在批判“大屋顶”的同时北京冒出来的那一批俄罗斯式的“尖屋顶”，更没有看到后来会有这么多他们所最恼火的“国际式”高层玻璃盒子，有些上面还顶着个会转圈的“罐头盒屋顶”，以“锷未残”之势，刺破着碧空下古城原有的和谐的建筑天际线；也没有看到在被拆毁的古城墙遗址边上，又长出了那么一排排玻璃与水泥构筑的灰黯的“新式城墙”，否则，她定会觉得自己作为建筑家而未能尽到对历史的责任，那种痛苦我是完全可以想象的。

古城墙以及其他重要古迹的被毁，对重病中的林徽因来说，无疑是致命的打击。这不只是毁灭了大批的珍贵古建筑，造成了文化上的巨大损失，而且直接挫伤了林徽因对新的建设事业的积极性，以及对自己的事业、对社会发展的热切期望，而所有这一切，都是支撑着林徽因，让她战胜病痛，忘我工作的最重要支柱。当这根支柱被击垮时，林徽因的生命之火也逐渐地减弱了。

对于林徽因在新中国成立之后之所以以如此巨大的热情来参加工作，梁从诫做了很好的解释。他说：

解放了。

母亲的病没有起色，但她的精神状态和生活方式，却发生了重大的变化。新中国成立初期，姐姐参军南下，我进入大学，都不在家。对于母亲那几年的日常生活和工作，我没有细致的了解。只记得她和父亲突然忙了起来，家里常常来一些新的客人，兴奋地同他们讨论着、筹划着……过去，他们的活动大半限于营造学社和清华建筑系，限于学术圈子，而现在，新政权突然给了他们机会，来参与具有重大社会、政治意义的实际建设工作，特别是请他们参加并指导北京市的规划工作。这是新中国成立以前做梦也想不到的事。作为建筑师，他们猛然感到实现宏伟抱负，把才能献给祖国，献给人民的时代奇迹般地到来了。对这一切，母亲同父亲一样，兴奋极了。她以主人翁式的激情，恨不能把过去在建筑、文物、美术、教育等许多领域中积累的知识和多少年的抱负、理想，在一个早晨通通加以实现。只有46岁的母亲，病情再重也压不住她那突然迸发出来的工作热情。

母亲有过强烈的解放感。因为新社会确实解放了她，给了她一个前所未有的、新的、崇高的社会地位。在旧时代，她虽然也在大学教过书，写过诗，发表过学术文章，也颇有一点名气，但她始终只不过是"梁思成太太"，而没有完全独立的社会身份。现在，她被正式聘为清华大学建筑系的一级教授、北京市都市计划委员会委员、人民英雄纪念碑建筑委员会委员，她还当选为北京市第一届人民代表大会代表、全国文代会代表……她真正是以自己的身份来担任社会职务，来为人民服务了。这不能不使她对新的政权、新的社会产生感激之情。"士为知己者用"，她当然要鞠躬尽瘁。

从1954年秋天开始，林徽因停止了一切工作。每天都在床上艰难地咳着、喘着，常常整夜地不能入睡。她的眼睛虽然那样深邃，但眼窝却深深地陷了下去，全身瘦得叫人害怕，脸上见不到一点血色。

1954年年底，林徽因住进了同仁医院。在她住院后不久，即1955年1月，梁思成也因肺病入此医院治疗，而且就住在林徽因病房隔壁房间里。当梁思成精神稍好后，每天总是到林徽因房中陪伴她。

到3月底，林徽因一直发着高烧，精神昏迷。医院组织了最有经验、水平最高的医生，尽了最大的努力进行治疗。可是，她的肺部已经大面积感染，身体极端虚弱，生命之火已经燃烧到尽头。

3月31日深夜，处于弥留状态的林徽因忽然用微弱的声音对一位护士说："我要见见梁思成。"护士却说："夜深了，有话明天再谈吧。"

4月1日晨6时20分，林徽因来不及跟梁思成作最后的诀别，心脏便停止了跳动，悄然地离开了人世，终年51岁。

一生追求民族形式

4月2日，《北京日报》刊登了讣告，由张奚若、周培源、钱端升、钱伟长、金岳霖等13人组成治丧委员会，在金鱼胡同贤良寺举行了追悼会。亲友们送来了许多花圈和挽联。其中最为醒目的一副挽联是她的两位几十年的挚友——哲学家金岳霖和邓以蛰联名写的：

一生诗意千寻瀑
万古人间四月天

北京市人民政府把林徽因安葬在八宝山革命烈士公墓。人民英雄纪念碑建筑委员会决定，把她亲手设计的一方汉白玉花圈刻样移作她的墓碑，墓体则由梁思成亲自设计，以最朴实、简洁的造型，体现了他们一生追求的民族形式。

十年浩劫中，"建筑师林徽因之墓"这几个字被红卫兵砸掉，至今没有恢复。然而，这座无字碑将永远昭示着一位杰出的建筑师、诗人智慧、高尚、美丽的灵魂。

第四章

文学世界里，她翩若惊鸿

这首题为《深笑》的诗，可以看出林徽因本时期内总体上的诗歌美学追求，清新、细腻、纯净，仿佛每一个句子都有很高的透明度，同时又很讲究韵律美、建筑美和音乐美。

一、读诗会与学文社

1933 年 7 月，朱光潜从国外留学回来后在北京大学任教，每月在慈慧殿三号的家中举办一次“读诗会”。

读诗会上的风采

当时北平大部分作家文人都前来参加，比如梁宗岱、冯至、孙大雨、周作人、叶公超、沈从文、萧乾、卞之琳、何其芳、林庚、朱自清、俞平伯、李健吾、废名等，林徽因也经常参加，而且时常在会上发出异彩，引人注目。沈从文描述“读诗会”时曾说：

这些人或曾在读诗会上作过有关于诗的谈话，或者曾把新诗旧诗外国诗当众诵过，读过，说过，哼过。大家兴致所集中的一件事，就是新诗在诵读上，究竟有无成功可能？新诗在诵读上已经得到多少成功？新诗究竟能否诵读？差不多集所有北方新诗作者和关心者于一处，这个集会可以说是极难得的，且为此后不易如此集中的。

当时长于填唱曲的俞平伯先生，最明中国语体文字性能的朱自清先生，善法文诗的梁宗岱、李健吾先生，习德文诗的冯至先生，对英文诗富有研究的叶公超、孙大雨、罗念生、周煦良、朱光潜、林徽因诸先生，都轮流读过些诗。朱周二先生且用安徽腔吟诵过几回新诗旧诗，俞先生还用浙江土腔，林徽因女士还用福建土腔同样读过一些诗。总结来看，就知道自由诗不能在诵读上有什么意想不到的效力。不自由诗若读不得其法，也只是哼哼唧唧，并无多大意味。多数作者来读他自己的诗，轻轻地读，环境又优美合宜，因作者诵读的声容情感，很可以增加一点诗的好处。……

这个集会，在我这个旁观者的印象上，得来一个结论，就是：新诗若要极端“自由”，就完全得放弃某种形式上由听觉得来的成功打算。但是趋势所向，这种“新”很容易成为“晦”，为不可解。……若不然，想要从听觉上成功，那就得牺牲一点“自由”，无妨稍稍向后走，承认现实，走回头路，在词藻与形式上多注点意，得到诵读诗传达的便利，林徽因、冯至、林庚几人的诗，可以作例。

这个“读诗会”可以说是1926年徐志摩、闻一多等人在闻一多家中组织的“读诗会”的延续。它有力地团结了北平的一批作家文人，为推动新诗的健康发展起了很大的作用。

萧乾回忆当时林徽因在“读诗会”上的风采时说：

那以后，我们还常在朱光潜先生家举行的“读诗会”上见面。我也跟着大家称她作“小姐”了，但她可不是那种只会抿嘴嫣然一笑的娇小姐，而是位学识渊博、思想敏捷，并且语言锋利的评论家。她十分关心创作。当时南北方也颇有些文艺刊物，她看得很多，而又仔细，并且对文章常有犀利和独到的见解。对于好恶，她从不模棱两可。同时，在批了一顿什么之后，往往又会指出某一点可取之处。一次，我记得她当面对梁宗岱的一首诗数落了一通，梁诗人并不是那么容易服气的。于是，在“读诗会”的一角，他们抬起杠来。

这年秋天，沈从文担任天津《大公报·文艺副刊》主编。沈从文几年前就与林徽因相识，而且是很好的朋友。他非常欣赏林徽因的才华，经常向她约稿。

京派作家

1934年春，“学文社”成立。林徽因是其重要成员之一。另外还有叶公超、闻一多、余上沅、饶梦侃、梁实秋、沈从文、朱光潜等，该社于5月1日出版《学文》月刊创刊号。林徽因不仅设计了封面，还发表了诗歌《你是人间的四月天》、小说《九十九度中》。“学文”来源于“行有余力，则致以学文”一语。“学文社”的成立，标志着“京派”作为一个文学社团已经形成。作为30年代北方文坛最主要的力量，“京派”作家开始逐渐展示自己在文艺理论和创作上的实力。

这一年，林徽因尽管要外出考察古建筑，参加各种文艺活动，到学校或其他场合演讲，处理各种家务，但她仍然笔耕不辍，创作了一系列重要作品。如诗歌《秋天，这秋天》《年关》《你是人间的四月天》《忆》，中篇小说《九十九度中》等。

四首诗

四首诗写得各有特色。如《秋天，这秋天》：

……

秋天的骄傲是果实，
不是萌芽，——生命不容你
不献出你积累的馨芳；
交出受过光热的每一层颜色；
点点沥尽你最难堪的酸怆。
这时候，
切不用哭泣；或是呼唤；
更用不着闭上眼祈祷；
（向着将来的将来空等盼）
只要低低的，在静里，低下去
已困倦的头来承受，——承受
这叶落了的秋天
听风扯紧了弦索自歌挽：
这秋，这夜，这惨的变换！

诗写得沉郁悲壮。没有经历过人生的洗练，很难写得出“只要低低的，在静里，低下去/已困倦的头来承受，——承受/这叶落了的秋天/听风扯紧了弦索自歌挽：/这秋，这夜，这惨的变换！”林徽因的一生何尝不是如此，以难以想象的毅力，承受着人生的艰辛，最终取得辉煌的成就。

又如《你是人间的四月天——一句爱的赞颂》：

我说你是人间的四月天；
笑响点亮了四面风；轻灵
在春的光艳中交舞着变。

你是四月早天里的云烟，
黄昏吹着风的软，星子在
无意中闪，细雨点洒在花前。

那轻，那娉婷，你是，鲜妍
百花的冠冕你戴着，你是
天真，庄严，你是夜夜的月圆。
雪花后那片鹅黄，你像；新鲜
初放芽的绿，你是；柔嫩喜悦
水光浮动着你梦期待中白莲。

你是一树一树的花开，是燕
在梁间呢喃，——你是爱，是暖，
是希望，你是人间的四月天！

这首诗是林徽因写给儿子梁从诫的，借以表达自己对儿子无比的喜爱之情，以及从儿子身上看到的生的希望和活力。

再比如《年关》，则是通过年关的景象，表达诗人对下层人民的同情。诗中写道：

……

这是年关，年关，有人
由街头走着，估计着，
孤零的影子斜映着，
一年，又是一年辛苦，
一盘子算珠的艰和难。

日中你敛住气，夜里，
你喘，一条街，一条街，
跟着太阳灯光往返，——
人和人，好比水在流，
人是水，两旁楼是山！
一年，一年，
连年里，这穿过城市
胸脯的辛苦，成千万，
成千万人流的血汗，
才会造成了像今夜
这神奇可怕的灿烂！
看，街心里横一道影
灯盏上开着血印的花
夜的凉雾和尘沙中
进展，展进，许多口里
在喘着年关，年关……

还有《忆》，充满温暖的调子：

新年等在窗外，一缕香，
枝上刚放出一半朵红。
心在转，你曾说过的
几句话，白鸽似的盘旋。

我不曾忘，也不能忘
那天的天澄清的透蓝，
太阳带点暖，斜照在
每棵树梢头，像凤凰。

是你在笑，仰脸望
多少勇敢话那天，你我
全说了，——像张风筝
向蓝穹，凭一线力量。

小说代表作《九十九度中》

除了《年关》外，林徽因对下层劳动人民的同情在小说《九十九度中》中有着更为集中的体现。《九十九度中》是林徽因的小说代表作，作者通过对京都生活的全景式的描绘，多角度呈现了市民阶层生活的横断面。小说通篇都洋溢着一个“热”字。一面是有钱的人热热闹闹地祝寿，热热闹闹地结婚娶媳妇；一面是生活在社会底层的挑夫、洋车夫在炎热的日子里为生活而奔波。一面是所谓的上流社会中人的空虚、无聊、庸俗；一面是下层劳动人民的艰辛、勤劳、愚昧。作品结构独特，描写细腻，是一幅真实的市井风俗画。

在《学文》创刊号发表之后，《九十九度中》在文学界赢得广泛好评。李健吾曾撰文称赞这篇小说：

我绕了这许多弯子，只为证明《九十九度中》在我们过去短篇小说的制作中，尽有气质更伟大的，材料更事实的，然而却只有这样一篇，最富有现代性；唯其这里包含着一种独特的看法，把人生看作一根合抱不来的木料，《九十九度中》正是一个人生的横切面。在这样溽暑的一个北平，作者把一天的形形色色披露在我们的眼前，没有组织，却有组织；没有条理，却有条理；没有故事，却有故事；而且那样多的故事，没有技巧，却处处透露匠心。这是个人云亦云的通常的人生，一个原来的面目，在它全幅的活动之中，呈出一个复杂的有机体。用她狡猾而犀利的笔锋，作者引着我们，跟随饭庄的挑担，走进一个平凡而熙熙攘攘的世界：有失恋的，有作爱的，有庆寿的，有成亲的，有享福的，有热死的，有索债的，有无聊的……全都那样亲切，却又那样平静——我简直要说透明；在这纷繁的头绪里，作者隐隐埋伏下一个比照，而这比照，不替作者宣传，却表示出她对人类的同情。一个女性的细密而蕴藉的情感，一切在这里轻轻地弹起共鸣，却又和粼粼的水纹一样轻轻地滑开。

李健吾还指出，《九十九度中》受英国小说的影响，达到了“一个甚高的造诣”。

京派文人的生活态度

在现代中国，每一个面对现实，对现实有所关怀的文人都在象牙塔和十字街头之间徘徊，并为此感到苦恼。朱光潜曾说，“我回头听到未来大难中神号鬼哭，猛然深深地觉得我们的文学和我们的时代环境间的离奇的隔阂”。林徽因也不例外。她在《窗子以外》中集中表达了自己的困惑。

窗子以外

话从哪里说起？等到你要说话，什么话都是那样渺茫地找不到个源头。

此刻，就在我眼帘底下坐着是四个乡下人的背影：一个头上包着黯黑的白布，两个褪色的蓝布，又一个光头。他们支起膝盖，半蹲半坐的，在溪沿的短墙上休息。每人手里一件简单的东西：一个是白木棒，一个篮子，那两个在树荫底下我看不清楚。无疑地他们已经走了许多路，再过一刻，抽完一筒旱烟以后，是还要走许多路的。兰花烟的香味频频随着微风，袭到我官觉上来，模糊中还有几段山西梆子的声调，虽然他们坐的地方是在我廊子的铁纱窗以外。

铁纱窗以外，话可不就在这里了。永远是窗子以外，不是铁纱窗就是玻璃窗，总而言之，窗子以外！

所有的活动的颜色、声音、生的滋味，全在那里的，你并不是不能看到，只不过是永远地在你窗子以外罢了。多少百里的平原土地，多少区域的起伏的山峦，昨天由窗子外映进你的眼帘，那是多少生命日夜在活动着的所在；每一根青的什么麦黍，都有人流过汗；

每一粒黄的什么米粟，都有人吃去；其间还有的是周折，是热闹，是紧张！可是你则并不一定能看见，因为那所有的周折，热闹，紧张，全都在你窗子以外展演着。

在家里罢，你坐在书房里，窗子以外的景物本就有限。那里两树马缨，几棵丁香；榆叶梅横出疯杈的一大枝；海棠因为缺乏阳光，每年只开个两三朵——叶子上满是虫蚁吃的创痕，还卷着一点焦黄的边；廊子幽秀地开着扇子式，六边形的格子窗，透过外院的日光，外院的杂音。什么送煤的来了，偶然你看到一个两个被煤炭染成黔黑的脸；什么米送到了，一个人掮着一大口袋在背上，慢慢踱过屏门；还有自来水、电灯、电话公司来收账的，胸口斜挂着皮口袋，手里推着一辆自行车；更有时厨子来个朋友了，满脸的笑容，“好呀，好呀！”地走进门房；什么赵妈的丈夫来拿钱了，那是每月一号一点都不差的，早来了你就听到两个人唧唧哝哝争吵的声浪。那里不是没有颜色，声音，生的一切活动，只是他们和你总隔个窗子，——扇子式的，六边形的，纱的，玻璃的！

你气闷了把笔一搁说，这叫作什么生活！你站起来，穿上不能算太贵的鞋袜，但这双鞋和袜的价钱也就比——想它做什么，反正有人每月的工资，一定只有这价钱的一半乃至于更少。你出去雇洋车了，拉车的嘴里所讨的价钱当然是要比例价高得多，难道你就傻子似的答应下来？不，不，三十二子，拉就拉，不拉，拉倒！心里也明白，如果真要充内行，你就该说，二十六子，拉就拉——但是你好意思争！

车开始碾动了，世界仍然在你窗子以外。长长的一条胡同，一个个大门紧紧地关着。就是有开的，那也只露出一角，隐约可以看到里面有南瓜棚子，底下一个女的，坐在小凳上缝缝做做的；另一个，抓住还不能走路的小孩子，伸出头来喊那过路卖白菜的。至于白菜是多少钱一斤，那你是听不见了，车子早已拉得老远，并且你也无须乎知道的。在你每月费用之中，伙食是一定占去若干的。在那一笔伙食费里，白菜又是多么小的一个数。难道你知道了门口卖的白菜多少钱一斤，你真把你哭丧着脸的厨子叫来申斥一顿，告诉他每一斤白菜他多开了你一个“大子儿”?

车越走越远了，前面正碰着粪车，立刻你拿出手绢来，皱着眉，把鼻子蒙得紧紧的，心里不知怨谁好。怨天做的事太古怪；好好的美丽的稻麦却需要粪来浇！怨乡下人太不怕臭，不怕脏，发明那么两个篮子，放在鼻前手车上，推着慢慢走！你怨市里行政人员不认真办事，如此脏臭不卫生的旧习不能改良，十余年来对这粪车难道真无办法？为着强烈的臭气隔着你窗子还不够远，因此你想到社会卫生事业如何还办不好。

路渐渐好起来，前面墙高高的是个大衙门。这里你简直不只隔个窗子，这一带高高的墙是不通风的。你不懂里面有多少办事员，办的都是什么事；多少浓眉大眼的，对着乡下人做买卖的吆喝诈取；多少个又是脸黄黄的可怜虫，混半碗饭分给一家子吃。自欺欺人，里面天天演的到底是什么把戏？但是如果里面真有两三个人拼了命在那里奋斗，为许多人挣一点便利和公道，你也无从知道！

到了热闹的大街了，你仍然像在特别包厢里看戏一样，本身不会，也不必参加那出戏；倚在栏杆上，你在审美的领略，你有的是一片闲暇。但是如果这里洋车夫问你在哪里下来，你会吃一惊，仓卒不知所答。生活所最必需的你并不缺乏什么，你这出来也就是不必需的活动。

偶一抬头，看到街心和对街铺子前面那些人，他们都是急急忙忙地，在时间金钱的限制下采办他们生活所必需的。两个女人手忙脚乱地在监督着店里的伙计称秤。二斤四两，二斤四两的什么东西，且不必去管，反正由那两个女人的认真的神气上面看去，必是非同小可，性命交关的货物。并且如果称得少一点时，那两个女人为那点吃亏的分量必定感到重大的痛苦；如果称得多时，那伙计又知道这年头那损失在东家方面真不能算小。于是那两边的争持是热烈的，必需的，大家声音都高一点；女人脸上呈块红色，头发披下了一缕，又用手抓上去；伙计则维持着客气，口里嚷着：错不了，错不了！

热烈的，必需的，在车马纷纭的街心里，忽然由你车边冲出来两个人：男的，女的，各各提起两脚快跑。这又是干什么的，你心想，电车正在拐大弯。那两人原就追着电车，由轨道旁边擦过去，一边追着，一边向电车上卖票的说话。电车是不容易赶的，你在洋车上真不禁替那街心里奔走赶车的担心。但是你也知道如果这趟没赶上，他们就可以在街旁站个半点来钟，那些宁可望穿秋水不雇洋车的人，也就是因为他们的生活而必需计较和节省到洋车同电车价钱上相差的数目。

此刻洋车跑得很快，你心里继续着疑问你出来的目的，到底采办一些什么必需的货物。眼看着男男女女挤在市场里面，门首出来一个进去一个，手里都是持着包包裹裹，里边虽然不会全是他们当日所必需的，但是如果当中夹着一盒稍微奢侈的物品，则亦必是他们生活中间闪着亮光的一个愉快！你不是听见那人说么？里面草帽，一块八毛五，贵倒贵点，可是“真不赖”！他提一提帽盒向着打招呼的朋友，他摸一摸他那剃得光整的脑袋，微笑充满了他全个脸。那时那一点迸射着光闪的愉快，当然的归属于他的享受，没有一点疑问，因为天知道，这一年中他多少次地克己俭省，使他赚来这一次美满的，大胆的奢侈！

那点子奢侈在那人身上所发生的喜悦，在你身上却完全失掉作用，没有闪一星星亮光的希望！你想，整年整月你所花费的，和你那窗子以外的周围生活程度一比较，严格算来，可不都是非常靡费的用途？每奢侈一次，你心上只有多难过一次，所以车子经过的那些玻璃窗口，只有使你更惶恐，更空洞，更怀疑，前后彷徨不着边际。并且看了店里那些形形色色的货物，除非你真是傻子，难道不晓得它们多半是由哪一国工厂里制造出来的！奢侈是不能给你愉快的，它只有要加增你的戒惧烦恼。每一尺好看点的纱料，每一件新鲜点的工艺品！

你诅咒着城市生活，不自然的城市生活！检点行装说，走了，走了，这沉闷没有生气的生活，实在受不了，我要换个样子过活去。健康的旅行既可以看看山水古刹的名胜，又可以知道点内地纯朴的人情风俗。走了，走了，天气还不算太坏，就是走他一个月六礼拜也是值得的。

没想到不管你走到哪里，你永远免不了坐在窗子以内的。不错，许多时髦的学者常常骄傲地带上“考察”的神气，架上科学的眼镜，偶然走到哪里一个陌生的地方瞭望，但那无形中的窗子是仍然存在的。不信，你检查他们的行李，有谁不带着罐头食品，帆布床，以及别的证明你还在你窗子以内的种种零星用品，你再摸一摸他们的皮包，那里短不了有些钞票；一到一个地方，你有的是一个提梁的小小世界。不管你的窗子朝向哪里望，所看到的多半则仍是在你窗子以外，隔层玻璃，或是铁纱！隐隐约约你看到一些颜色，听到一些声音，如果你私下满足了，那也没有什么，只是千万别高兴起说什么接触了，认识了若干事物人情，天知道那是罪过！洋鬼子们的一些浅薄，千万学不得。

你仍然坐在窗子以内的，不是火车的窗子，汽车的窗子，就是客栈逆旅的窗子，再不然就是你自己无形中习惯的窗子，把你搁在里面。接触和认识实在谈不到，得天独厚的闲暇生活先不容你。一样是旅行，如果你背上掮的不是照相机而是一点做买卖的小血本，你就需要全副的精神来走路：你得留神投宿的地方；你得计算一路上每吃一次烧饼和几颗沙果的钱；遇到同行的战战兢兢地打招呼，互相捧出诚意，遇着困难时好互相关照帮忙，到了一个地方你是真带着整个血肉的身体到处碰运气，紧张的境遇不容你不奋斗，不与其他奋斗的血和肉的接触，直到经验使得你认识。

前日公共汽车里一列辛苦的脸，那些谈话，里面就有很多生活的分量。陕西过来做生意的老头和那旁坐的一股客气，是不得已的；由交城下车的客人执着红粉包纸烟递到汽车行管事手里也是有多少理由的，穿棉背心的老太婆默默地挟住一个蓝布包袱，一个钱包，是在用尽她的全副本领的，果然到了冀村，她错过站头，还多亏别个客人替她要求车夫，将汽车推行两里路，她还不大相信地望着那村站，口里噜苏着这地方和上次如何两样了。开车的一面发牢骚一面爬到车顶替老太婆拿行李，经验使得他有一种涵养，行旅中少不了有认不得路的老太太，这个道理全世界是一样的，伦敦警察之所以特别和蔼，也是从迷路的老太太孩子们身上得来的。

话说了这许多，你仍然在廊子底下坐着，窗外送来溪流的喧响，兰花烟气味早已消失，四个乡下人这时候当已到了上流“庆和义”磨坊前面。昨天那里磨坊的伙计很好笑的满脸挂着面粉，让你看着磨坊的构造；坊下的木轮，屋里旋转着的石碾，又在高低的院落里，来回看你所不经见的农具在日影下列着。院中一棵老槐、一丛鲜艳的杂花、一条曲曲折折引水的沟渠，伙计和气地说闲话。他用着山西口音，告诉你，那里一年可出五千多包的面粉，每包的价钱约略两块多钱。又说这十几年来，这一带因为山水忽然少了，磨坊关闭了多少家，外国人都把那些磨坊租去做他们避暑的别墅。惭愧的你说，你就是住在一个磨坊里面，他脸上堆起微笑，让面粉一星星在日光下映着，说认得认得，原来你所租的磨坊的主人，一个外国牧师，待这村子极和气，乡下人和他还都有好感情。

这真是难得了，并且好感的由来还有实证。那就是那一天早上你无意中出去探古寻胜，这一省山明水秀，古刹寺院，动不动就是宋辽的原物，走到山上一个小村的关帝庙里，看到一个铁铎，刻着万历年号，原来是万历赐这村里庆成王的后人的，不知怎样流落到卖古董的手里。七年前让这牧师买去，晚上打着玩，嘹亮的钟声被村人听到，急忙赶来打听，要凑原价买回，情辞恳切。说起这是他们吕姓的祖传宝物，决不能让它流落出境，这牧师于是真个把铁铎还了他们，从此便在关帝庙神前供着。

这样一来你的窗子前面便展开了一张浪漫的图画，打动了你的好奇，管它是隔一层或两层窗子，你也忍不住要打听点底细，怎么明庆成王的后人会姓吕！这下子文章便长了。

如果你的祖宗是皇帝的嫡亲弟弟，你是不会，也不愿，忘掉的。据说庆成王是永乐的弟弟，这赵庄村里的人都是他的后代。不过就是因为他们记得太清楚了，另一朝的皇帝都有些老大不放心，雍正间诏命他们改姓，由姓朱改为姓吕，但是他们还有用二十字排行的方法，使得他们不会弄错他们是这一脉子孙。

这样一来你就有点心跳了，昨天你雇来打水洗衣服的不也是赵庄村来的，并且还姓吕！果然那土头土脑圆脸大眼的少年是个皇裔贵族，真是有失尊敬了。那么这村子一定穷不了，但事实上则不见得。

田亩一片，年年收成也不坏。家家户户门口有特种围墙，像个个小小堡垒——当时防匪用的。屋子里面有大漆衣柜衣箱，柜门上白铜擦得亮亮；炕上棉被红红绿绿也颇鲜艳。可是据说关帝庙里已有四年没有唱戏了，虽然戏台还高巍巍地对着正殿。村子这几年穷了，有一位王孙告诉你，唱戏太花钱，尤其是上边使钱。这里到底是隔个窗子，你不懂了，一样年年好收成，为什么这几年村子穷了，只模模糊糊听到什么军队驻了三年多等，更不懂是，村子向上一年辛苦后的娱乐，关帝庙里唱唱戏，得上面使钱？既然隔个窗子听不明白，你就通气点别尽管问了。

隔着一个窗子你还想明白多少事？昨天雇来吕姓倒水，今天又学洋鬼子东逛西逛，跑到下面养有鸡羊，上面挂有武魁匾额的人家，让他们用你不懂得的乡音招呼你吃菜，炕上坐，坐了半天出到门口，和那送客的女人周旋客气了一回，才恍然大悟，她就是替你倒脏水洗衣裳的吕姓王孙的妈，前晚上还送饼到你家来过！

这里你迷糊了。算了算了！你简直老老实实地坐在你窗子里得了，窗子以外的事，你看了多少也是枉然，大半你是不明白，也不会明白的。

文章深刻地表现了知识分子想了解社会现实而又不能的苦闷心态。但是，作为京派作家中的一员，在现实生活中，林徽因还是认可了京派文人对待社会的基本态度：对社会黑暗现实不满，也接触过下层劳动人民，同情他们的遭遇，但同时认识到自己对这一切都无力改变，只能用自己手中的笔，通过自己所长，来创造有益于社会发展的精神财富。这也是京派作家对自己的社会角色的定位。而林徽因的一生，则是尽自己最大的努力，呕心沥血，在文学创作和建筑研究及设计上，为社会贡献自己的才华和精力。

1935 年年初，林徽因肺病复发，协和医院的医生要求她立即停止工作，卧床休息三年。这种好意的安排，对于事业心极强的林徽因来说是难以接受的。不过，她最后还是答应医生休息六个月。梁思成去山东参加修缮曲阜孔庙的时候，她请了一位护士在家里，以方便自己治疗。梁思成回来后，她再次上香山疗养。此外，盛夏时她还去过北戴河一趟。

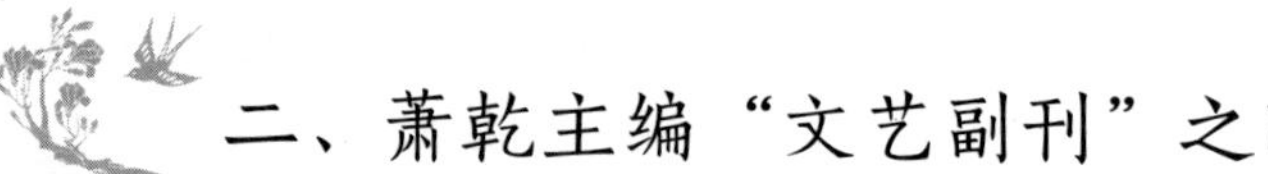

二、萧乾主编“文艺副刊”之时

这年7月，萧乾接手主编《大公报·文艺副刊》，每月在北平中央公园“今来雨轩”举行组稿茶话会。每次邀来一二十位朋友，一边聊天，一边品茶，谈文学，谈人生，萧乾的许多稿子就是在这样的茶会上征得的。林徽因每次必到，并在会上积极发表自己的看法。她的言论经常语惊四座，深受大家欢迎，她也成为茶会上引人注目的人物。而且，这一时期，林徽因创作了几篇重要的作品：诗歌《吊玮德》、小说《吉公》和《纪念志摩去世四周年》。

《吊玮德》

《吊玮德》一诗，是为纪念新月派后期的年轻诗人方玮德而做的。方玮德（1908—1935），安徽桐城人。他的父亲方孝岳、表兄宗白华、九姑方令儒，都是著名的学者诗人，因而他从小就受到了良好的文学熏陶。后来考入南京中央大学外国文学系读书，从1929年起在《新月》《文艺》和《诗刊》等期刊上发表诗歌，颇受闻一多、徐志摩和林徽因的赞赏，被视为新月派的后起之秀。他的诗写得既轻灵飘逸，又凝重细腻。《海上的声音》和《幽子》深受读者喜爱。1931 年，方玮德大学毕业后到厦门集美学校任教，并从事文学创作和翻译。1933 年身患肺病。1935 年 5 月 9 日病逝于北平医院，年仅 27 岁。有《玮德诗集》《秋夜荡歌》《丁香花诗集》传世。

方玮德的病逝，对一直非常欣赏他、对他期望甚高，而且自己也在病中的林徽因来说是个很大的打击。在方玮德病逝后的那几天，她一直神情黯然，不时流泪。出于真情所动，她特地送殡法源寺，不知不觉间又泪流满面。在极度伤心的情况下，她写下了《吊玮德》一诗来寄托自己的哀思：

玮德，是不是那样
你觉得乏了，有点儿
不耐烦，
并不为别的缘故
你就走了，
向着哪一条路？
玮德你真是聪明；
早早的让花开过了
那顶鲜妍的几朵，
就选个这样春天的清晨，
挥一挥袖
对着晓天的烟霞
走去，轻轻的，轻轻的
背向着我们。
春风似的不再停住！

春风似的吹过，
你却留下
永远的那么一颗
少年人的信心；
少年的微笑
和悦的
洒落在别人的新枝上。
我们骄傲
你这骄傲
但你，玮德，独不惆怅
我们这一片
懦弱的悲伤？

黯淡是这人间
美丽不常走来
你知道。
歌声如果有，也只在
几个唇边旋转！
一层一层尘埃，
凄怆是各样的安排，
即使狂飙不起，狂飙不起，
这远近苍茫，
雾里狼烟，
谁还看见花开！

你走了，

你也走了，

尽走了，再带着去

那些儿馨芳，

那些个嘹亮，

明天再明天，此后

寂寞的平凡中

都让谁来支持？

一星星理想，难道

从此都空挂到天上？

玮德你真是个诗人

你是这般年轻，好像

天方放晓，钟刚敲响……

你却说倦了，有点儿

不耐烦忍心，

一条虹桥由中间拆断；

情愿听杜鹃啼唱，

相信有明月长照，

寒光水底能依稀映成

那一半连环

憧憬中

你诗人的希望！

玮德是不是那样

你觉得乏了，人间的怅惘
你不管；
莲叶上笑着展开
浮烟似的诗人的脚步。
你只相信天外那一条路？

林徽因为方玮德这位早熟的天才过早地陨落感到伤悲，由此，她联想到这黑暗的现实、黯淡的人生，因为有了这位杰出的诗人而添了几分亮色，如今，诗人已逝，现实中的人却还要继续生活下去，点着自己心中的那盏灯，为了自己的理想在这黑暗的现实中继续前行。

《吉公》

《吉公》是林徽因的系列短篇小说“模影零篇”之二。小说的主人公吉公靠自己摸索、奋斗而成为一位机械师，他“到轮船上做事，到码头公司里任职，更进而独立地创办他的小规模丝织厂”，以至于“景况非常富裕；子女四人，在各个学校里读书，对于科学都非常嗜好，尤其是内中一个，特别聪明，屡得学校奖学金等”。不过，林徽因认为，他“不经过训练，自己琢磨出来的机器师，他的成就必定是有限的”，“认真地说，他仍是个失败者”。唯一的希望，是“希望他这个儿子所生的时代与环境合适于他的聪明，能给他以发展的机会不再重复他老子的悲剧。并且在生命的道上，我祝他早遇到同情的鼓励，敏捷地达到他可能的成功。这得失且并不是吉公个人的，而可以计算作我们老朽的国家的”。那么，这希望有没有可能呢？作品的结尾写道：“但是我则仍然十分怀疑。”作品表现了林徽因的一种重要思想，即在积贫积弱的中国，非常有必要学习先进科学知识，但是处于中国这样的悲剧现实，不仅老一辈不能得到很好的教育，就是新一辈，能否学到真本事，成为有用的人才，也令人感到不那么自信。

1934 年 10 月，林徽因应浙江省建设厅的邀请，前往浙江商讨杭州六合塔重修事宜，之后他们又去了浙江其他几个地方考察古建筑。11 月 19 日在返回上海的途中，没想到会经过这样一个小站——硖石。林徽因说：

去年今日我意外地由浙南路过你的家乡，在昏沉的夜色里我独立火车门外，凝望着那幽暗的站台，默默地回忆许多不相连续的过往残片，直到生和死间居然幻成一片模糊，人生和火车似的蜿蜒一串疑问在苍茫间奔驰。我想起你的：

火车禽住轨，在黑夜里奔

过山，过水，过……

如果那时候我的眼泪曾不自主地溢出睫外，我知道你定会原谅我的。你应当相信我不会向悲哀投降，什么时候我都相信倔强的忠于生的，即使人生如你底下所说：

就凭那精窄的两道，算是轨，

驮着这份重，梦一般的累坠！

就在那时候我记得火车慢慢地由站台拖出，一程一程地前进，我也随着酸怆的诗意，那“车的呻吟”，“过荒野，过池塘……过噤口的村庄”。到了第二站——我的一半家乡。

今年又轮到今天这一个日子！世界仍旧一团糟，多少地方是黑云布满着粗筋络往理想的反面猛进，我并不在瞎说，当我写：

信仰只一细炷香，

那点子亮再经不起西风

沙沙地隔着梧桐树吹

朋友，你自己说，如果是你现在坐在我这位子上，迎着这一窗太阳：眼看着菊花影在墙上描画作态；手臂下倚着两叠今早的报纸；耳朵里不时隐隐地听着朝阳门外“打靶”的枪弹声；意识的，潜意识的，要明白这生和死的谜，你又该写成怎样一首诗来，纪念一个死别的朋友？

此时，我却是完全地一个糊涂！习惯上我说，每桩事都像是造物的意旨，归根都是运命，但我也知道每一个日子是多少机缘巧合凑拢来拼成的图案，但我也疑问其间的摆布谁是主宰。据我看来：死是悲剧的一章，生则更是一场悲剧的主干！我们这一群剧中的角色自身性格与性格矛盾；理智与情感两不相容；理想与现实当面冲突；侧面或反面激成悲哀。日子一天一天向前转，昨日和昨日堆垒起来混成一片不可避脱的背景，做成我们周遭的墙壁或气氲，那么结实又那么缥缈，使我们每一个人站在每一天的每一个时候里都是那么主要，又是那么渺小无能为！

此刻我几乎找不出一句话来说，因为，真的，我只是个完全的糊涂；感到生和死一样的不可解，不可懂。

巧遇亡友的故乡，一份突如其来的悲伤袭击过来，让林徽因感到有些窒息。往事似疾行的火车，一幕幕一闪而过，那张热情的笑脸，那些爽朗的笑声，那一首首饱含深情的诗作，那刻骨铭心的爱恋……又是亡友去世的日子，然而，三年过去了，世界仍旧是一团糟，而自己还在理智与情感、理想与现实的矛盾中奔突、挣扎，努力做出一点成就，努力地照亮自己，也照亮别人。但又是“那么渺小无能为”！

《纪念志摩去世四周年》

徐志摩去世几年来，对于他的曲解和误解一直存在。在众说纷纭、对诗人还没有做公允评说的时候，林徽因为了剖析谬误，还诗人一个真面目，还志摩的诗一个公正的评价，一吐心中的块垒，在1935年11月19日徐志摩去世四周年的时候，写了《纪念志摩去世四周年》：

今天是你走脱这世界的四周年！朋友，我们这次拿什么纪念你？前两次的用香花感伤地围上你的照片，抑住嗓子底下叹息和悲哽，朋友和朋友无聊地对望着，完成一种纪念的形式，俨然是愚蠢的失败。因为那时那种近于感伤，而又不够宗教庄严的举动，除却点明了你和我们中间的距离，生和死的间隔外，实在没有别的成效；几乎完全不能达到任何真实纪念的意义。

……

但是我却要告诉你，虽然四年了你脱离去我们这共同活动的世界，本身停掉参加牵引事体变迁的主力，可是谁也不能否认，你仍立在我们烟涛渺茫的背景里，间接地是一种力量，尤其是在文艺创造的努力和信仰方面。间接地你任凭自然的音韵，颜色，不时的风轻月白，人的无定律的一切情感，悠断悠续地仍然在我们中间继续着生，仍然与我们共同交织着这生的纠纷，继续这生的理想。你并不离我们太远。你的身影永远挂在这里那里，同你生前一样的飘忽，爱在人家不经意时莅止，带来勇气的笑声也总是那么嘹亮，还有，还有经过你热情或焦心苦吟的那些诗，一首一首仍串着许多人的心旋转。

说到你的诗，朋友，我正要正经的同你再说一些话。你不要不耐烦。这话迟早我们总要说清的。人说盖棺论定，前者早已成了事实，这后者在这四年中，说来叫人难受，我还未曾读到一篇中肯或诚实的评论，虽然对你的赞美和攻讦由你去世后一周间，就纷纷开始了。但是他们每人手里拿的都不像纯文艺的天平；有的喜欢你的为人，有的疑问你私人的道德；有的单单尊崇你诗中所表现的思想哲学，有的仅喜爱那些软弱的细致的句子；有的每发议论必须牵涉到你的个人生活之合乎规矩方圆，或断言你是轻薄，或引证你是浮奢豪侈！朋友，我知道你从不介意过这些，许多人的浅陋老实或刻薄处你早就领略过一堆，你不止未曾生过气，并且常常表现怜悯同原谅；你的心情永远是那么洁净；头老抬得那么高；胸中老是那么完整的诚挚；臂上老有那么许多不折不挠的勇气。但是现在的情形与以前却稍稍不同，你自己既已不在这里，做你朋友的，眼看着你被误解，曲解，乃至于谩骂，有时真忍不住替你不平。

但你可别误会我心眼儿窄，把不相干的看成重要，我也知道误解曲解谩骂，都是不相干的，但是朋友，我们谁都需要有人了解我们的时候，真了解我们，即使是痛下针砭，骂着了我们的弱处错处，那整个的我们却因而更增添了意义，一个作家文艺的总成绩更需要一种就文论文，就艺术论艺术的和平判断。

你在《猛虎集》“序”中说“世界上再没有比写诗更惨的事”，你却并未说明为什么写诗是一桩惨事，现在让我来个注脚好不好？我看一个人一生为着一个愚诚的倾向，把所感受到的复杂的情绪尝味到的生活，放到自己的理想和信仰的锅炉里烧炼成几句悠扬铿锵的语言（哪怕是几声小唱），来满足他自己本能的艺术的冲动，这本来是个极寻常的事。哪一个地方哪一个时代，都不断有这种人。轮着做这种人的多半是为着他情感来得比寻常人浓富敏锐，而为着这情感而发生的冲动更是非实际的——或不全是实际的——追求，而需要那种艺术的满足而已。说起来写诗的人的动机多么单简可怜，正是如你“序”里所说“我们都是受支配的善良的生灵”！虽然有些诗人因为他们的成绩特别高厚广阔包括了多数人，或整个时代的艺术和思想的冲动，从此便在人间披上神秘的光圈，使“诗人”两字无形中挂着崇高的色彩。这样使一般努力于用韵文表现或描画人在自然万物相交错时的情绪思想的，便被人的成见看作夸大狂的旗帜，需要同时代人的极冷酷的讥讪和不信任来扑灭它，以挽救人类的尊严和健康。

我承认写诗是惨淡经营，孤立在人中挣扎的勾当，但是因为我知道太清楚了，你在这上面单纯的信仰和诚恳的尝试，为同业者奋斗，卫护他们的情感的愚诚，称扬他们的艺术创造，自己从未曾求过虚荣，我觉得你始终是很逍遥舒畅的。如你自己所说：“满头血水”，你“仍不曾低头”，你自己相信“一点性灵还在那里挣扎”，“还想在实际生活的重重压迫下透出一些声响来”。

简单地说，朋友，你这写诗的动机是坦白不由自主的，你写诗的态度是诚实，勇敢而倔强的。这在讨论你诗的时候，谁都先得明了的。

至于你诗的技巧问题，艺术上的造诣，在这新诗仍然彷徨歧路的尝试期间，谁也不能坚决地论断，不过有一桩事我很想提醒现在讨论新诗的人，新诗之由于无条件无形制宽泛到几乎没有一定的定义时代，转入这讨论外形内容，以至于音节韵脚章句意象组织等艺术技巧问题的时期，即是根据着对这方面努力尝试过的那一些诗，你的头两个诗集子就是供给这些讨论见解最多材料的根据。外国的土话说“马总得放在马车的前面”，不是？没有一些尝试的成绩放在那里，理论家是不能老在那里发一堆空头支票的，不是？

你自己一向不止在那里倔强地尝试用功，你还会用尽你所有活泼的热心鼓励别人尝试，鼓励“时代”起来尝试，——这种工作最犯风头嫌疑的，也只有你胆子大头皮硬顶得下来！我还记得你要印诗集子时我替你捏一把汗，老实说还替你在有文采的老前辈中间难为情过，我也记得我初听到人家找你办《晨报副刊》时我的焦急，但你居然板起个脸抓起两把鼓槌子为文艺吹打开路乃至于扫地，铺鲜花，不顾旧势力的非难，新势力的怀疑，你干你的事“事在人为，做了再说”那股子劲，以后别处也还很少见。

现在你走了，这些事渐渐在人的记忆中模糊下来，你的诗和文章也散漫在个小本集子里，压在有极新鲜的封皮的新书后面，谁说起你来，不是马马糊糊地承认你是过去中一个势力，就是拿能够挑剔看轻你的诗为本事（散文人家很少提到，或许“散文家”没有诗人那么光荣，不值得注意），朋友，这是没法子的事，我却一点不为此灰心，因为我有我的信仰。

我认为我们这写诗的动机既如前面所说那么简单愚诚；因在某一时，或某一刻敏锐地接触到生活上的锋芒，或偶然地触遇到理想巅峰上云彩星霞，不由得不在我们所习惯的语言中，编缀出一两串近于音乐的句子来，慰藉自己，解放自己，去追求超实际的真美，读诗者的反应一定有大半也和我们这写诗的一样诚实天真，仅想在我们句子中间由音乐性的愉悦，接触到一些生活的底蕴渗合着美丽的憧憬；把我们的情绪给他们的情绪搭起一座浮桥；把我们的灵感，给他们生活添些新鲜；把我们的痛苦伤心再揉成他们自己忧郁的安慰！

我们的作品会不会再长存下去，就看它们会不会活在那一些我们从来不认识的人，我们作品的读者，散在各时、各处互相不认识的孤单的人的心里的，这种事它自己有自己的定律，并不需要我们的关心的。你的诗据我所知道的，它们仍旧在这里浮沉流落，你的影子也就浓淡参差地系在那些诗句中，另一端印在许多不相识人的心里。朋友，你不要过于看轻这种间接的生存，许多热情的人他们会为着你的存在，而加增了生的意识的。伤心的仅是那些你最亲热的朋友们和同兴趣的努力者，你不在他们中间的事实，将要永远是个不能填补的空虚。

你走后大家就提议要为你设立一个“志摩奖金”来继续你鼓励人家努力诗文的素志，勉强象征你那种对于文艺创造拥护的热心，使不及认得你的青年人永远对你保存着亲热。如果这事你不觉到太寒碜不够热气，我希望你原谅你这些朋友们的苦心，在冥冥之中笑着给我们勇气来做这一些蠢诚的事吧。

林徽因指出，评判一个诗人的总成绩要根据就文论文，就艺术论艺术的和平判断的评价原则。徐志摩写诗的态度是“愚诚，是诚实，勇敢而倔强的”，他在诗歌创作中的大胆尝试，对新诗发展所做的贡献应该得到充分肯定。他的诗歌将会长久地“印在许多不相识人的心里”，“加增了生的意识”。徐志摩作为中国现代新诗史上一位著名的诗人，他的成就和贡献对新诗的发展产生了深远的影响。然而，对于最亲密的朋友来说，“你不在他们中间的事实，将要永远是个不能填补的空虚”！

三、编辑《大公报文艺丛刊小说选》

1936年春，主编《大公报·文艺副刊》的萧乾把一项重要的任务交给了他一直非常敬佩的林徽因，这就是选编《大公报文艺丛刊小说选》。这是京派文学力量的一次集中展示。林徽因非常重视这项工作，一直认真地从报纸上的无数篇章中披沙拣金，收集优秀作品。

京派文学力量的集中展示

这年9月，在上海筹办《大公报》沪版的萧乾回到北平，为了纪念《大公报·文艺副刊》接办十周年，举办了全国性文艺作品征文，请一些在文坛享有盛名的作家和评论家担任评委，其中有叶圣陶、巴金、杨振声、朱自清、朱光潜、靳以、李健吾、林徽因、沈从文、凌叔华等。这些评委主要是京派作家群中的骨干力量。在这次评委聚会上，萧乾和林徽因等商定了《大公报文艺丛刊小说选》这本书的选目和序言。在所选的30篇作品中，有蹇先艾的《美丽的梦》，萧乾的《蚕》《道旁》《小蒋》，宋翰迟的《一点回忆》，祖文的《避难》，李同愈的《报复》，沈从文的《箱子岩》《一九三四年一月八日》《一个戴水獭皮帽子的朋友》《过岭者》，卢焚的《阴影》，沙汀的《乡约》，老舍的《听来的故事》，李健吾的《书呆子》，等等。

这里面有已经成名的大作家，如沈从文、杨振声、李健吾、凌叔华、老舍、张天翼等，也有文坛上的陌生面孔，如寒谷、威深、李辉英等。这说明林徽因在编选的时候，不以作者的名气的大小，而纯粹从作品的好坏来评判是否入选。林徽因专门为此书写了《文艺丛刊小说选题记》一文，阐述了自己的文学观和对入选作品的看法。该书 1936 年 8 月由上海良友图书公司出版，印有精装、平装两种，深受读者欢迎，很快就售完。

“题记”中的文学观

林徽因在《文艺丛刊小说选题记》中写道：

《大公报·文艺副刊》出了一年多，现在要将这第一年中属于创造的短篇小说提出来，选出若干篇，印成单行本供给读者更方便的阅览。这个工作的确该使认真的作者和读者两方面全都高兴。

这里篇数并不多，人数也不多，但是聚在一个小小的选集里也还结实饱满，拿到手里可以使人充满喜悦的希望。

我们不怕读者读过了以后，这燃起的希望或者又会黯下变成失望。因为这失望竟许是不可免的，如果读者对创造界诚恳地抱着很大的理想，心里早就叠着不平常的企望。但只要是读者诚实的反应，我们都不害怕。因为这里是一堆作者老实的成绩，合起来代表一年中创造界一部分的试验，无论拿什么标准来衡量它，断定它的成功或失败，谁也没有一句话说的。

现在姑且以编选人对这多篇作品所得的感想来说，供读者浏览评阅这本选集时一种参考，简单的就是底下的一点意见。

如果我们取鸟瞰的形势来观察这个小小的局面，至少有一个最显著的现象展在我们眼下。在这些作品中，在题材的选择上似乎有个很偏的倾向：那就是趋向农村或少受教育分子或劳力者的生活描写。这倾向并不偶然，说好一点，是我们这个时代对于他们——农人与劳力者——有浓重的同情和关心；说坏一点，是一种盲从趋时的现象。但最公平的说，还是上面的两个原因都有一点关系。描写劳工社会，乡村色彩已成一种风气，且在文艺界也已有一点成绩。初起的作家，或个性不强烈的作家，就容易不自觉地，因袭种种已有眉目的格调下笔。尤其是在我们这时代，青年作家都很难过自己在物质上享用，优越于一般少受教育的民众，便很自然地要认识乡村的穷苦，对偏僻的内地发生兴趣，反倒撇开自己所熟识的生活不写。拿单篇来讲，许多都写得好，还有些特别写得精彩的。但以创造界全盘试验来看，这种偏向表示贫弱，缺乏创造力量。并且为良心的动机而写作，那作品的艺术成分便会发生疑问。我们希望选集在这一点上可以显露出这种创造力的缺乏，或艺术性的不纯真，刺激作家们自己更有个性，更热诚地来刻画这多面错综复杂的人生，不拘泥于任何一个角度。

除却上面对题材的偏向以外，创造文艺的认真却是毫无疑问的。前一时代在流畅文字的烟幕下，刻薄地以讽刺个人博取流行幽默的小说，现已无形地摈出努力创造者的门外，衰灭下去几至绝迹。这个情形实在也值得我们作者和读者额手相庆的好现象。

在描写上，我们感到大多数所取的方式是写一段故事，或以一两人物为中心，或以某地方一桩事发生的始末为主干，单纯地发展与结束。这也是比较薄弱的手法。这个我们疑惑或是许多作者误会了短篇的限制，把它的可能性看得过窄的缘故。生活大胆的断面，这里少有人尝试，剖示贴己生活的矛盾也无多少人认真地来做。这也是我们中间一种遗憾。

至于关于这里短篇技巧的水准；平均的程度，编选人却要不避嫌疑地提请读者注意。无疑的，在结构上，在描写上，在叙事与对话的分配上，多数作者已有很成熟自然地运用。生涩幼稚和冗长散漫的作品，在新文艺早期中毫无愧色地散见于各种印刷物中，现在已完全敛迹。通篇的连贯，文字的经济，着重点的安排，颜色图画的鲜明，已成为极寻常的标准。在各篇中我们相信读者一定还不会不觉察到那些好处的；为着那些地方就给了编选人以不少愉快和希望。

最后如果不算离题太远，我们还要具体地讲一点我们对于作者与作品的见解。作品最主要处是诚实。诚实的重要还在题材的新鲜，结构的完整，文字的流丽之上。即是作品需诚实于作者客观所明了，主观所体验的生活。小说的情景即使整个是虚构的，内容的情感却全得藉力于迫真的，体验过的情感，毫不能用空洞虚假来支持着伤感的“情节”！所谓诚实并不是作者必需实际的经过在作品中所提到的生活，而是凡在作品中所提到的生活，的确都是作者在理智上所极明了，在感情上极能体验得出的情景或人性。许多人因是自疚生活方式不新鲜，而故意地选择了一些特殊浪漫，而自己并不熟识的生活来做题材，然后敲诈自己有限的幻想力去铺张出自己所没有的情感，来骗取读者的同情。这种创造既浪费文字来夸张虚伪的情景和伤感，那些认真的读者要从文艺里充实生活认识人生的，自然要感到十分的不耐烦和失望的。

生活的丰富不在生存方式的种类多与少，如做过学徒，又拉过洋车，去过甘肃又走过云南，却在客观的观察力与主观的感觉力同时的锐利敏捷，能多面地明了及尝味所见、所听、所遇，种种不同的情景；还得理会到人在生活上互相的关系与牵连；固定的与偶然的中间所起戏剧式的变化；最后更得有自己特殊的看法及思想，信仰或哲学。

一个生活丰富者不在客观地见过若干事物，而在能主观地激发很复杂，很不同的情感，和能够同情于人性的许多方面的人。

所以一个作者，在运用文字的技术学问外，必须是能立在任何生活上面，能在主观与客观之间，感觉和了解之间，理智上进退有余，情感上横溢奔放，记忆与幻想交错相辅，到了真即是假，假即是真的程度，他的笔下才现着活力真诚。他的作品才会充实伟大，不受题材或文字的影响，而能持久普遍的动人。

这些道理，读者比作者当然还要明白点，所以作品的估价永远操在认真的读者手里，这也是这个选集不得不印书，献与它的公正的评判者的一个原因。

林徽因明确指出，作品最主要处是诚实，尤其是里面支撑全篇的感情是真诚的，否则，为文造情也只能产生苍白无力的作品。这是林徽因文学观最根本的一点。

看重文艺上的“真诚”

林徽因在谈到自己的创作时也说：

对，我了解你对工作的态度，我也正是那样工作，虽然有时和你不尽相同。每当一个作品纯粹是我对生活的热爱的产物时，我就会写得最好。它必须是从我的心坎里爆发出来的，不论是喜还是悲。必得是由于我迫切需要表现它才写的，是我所发觉或熟知的，要么是我经过思考才了解到的，而我又十分认真、诚恳的想把它传达给别人的。对我来说，“读者”并不是“公众”，而是比戚友更能了解我，和我更具有同感的；他们很渴望听我的诉说，并且在听了之后，会喜，会悲。

文如其人，人如其文。林徽因之所以如此看重文艺上的“真诚”，是因为她本人就是一个非常真诚的人，一个绝不讲虚情假意，赤诚地面对世界，面对他人的人。

参加这些重要的文学活动，必然要占据很多时间，和家里的一些事情发生冲突。林徽因也常常为此而苦恼。她在给费慰梅的信中说：

每当我做那些家务活儿时，我总觉得太可惜了，觉得我是在冷落了一些素昧平生但更有意思、更为重要的人们。于是，我赶紧干完手边的活儿，以便去同他们“谈心”。倘若家务活儿老干不完，并且一桩桩地添新的，我就会烦躁起来。所以我一向搞不好家务，因为我的心总一半在旁边，并且在一路上诅咒我干着的活儿——然而我又很喜欢干这种家务，有时还干得格外出色。反之，每当我在认真写着点什么或从事一类工作，同时意识到我在怠慢了家务，我就一点也不感到不安，老实说，我倒挺快活，觉得我很明智，觉得我是在做一件更有意义的事。只有当孩子生了病或减轻了体重时，我才难过起来。有时午夜扪心自问，又觉得对他们很不公道。

从1937年起，京派作家为了进一步促进京派文学的发展，加强京派文学的力量，由胡适和杨振声牵头，准备筹办一份《文学杂志》，由朱光潜来担任主编，编委则主要是朱光潜家“读诗会”的成员：林徽因、杨振声、沈从文、周作人、俞平伯、朱自清、废名、叶公超八人。后来又加上了上海的李健吾和武汉的陈西滢。胡适同王云五接洽，把新诞生的杂志交给商务印书馆出版。

热心《文学杂志》

《文学杂志》主张文艺自由独立，提出中国新文艺要走更宽广的路子，广泛吸收各种新思想，不以某一派别为最高原则，防止文艺狭窄化到只走一条小路。朱光潜在发刊词中把对文艺活动的基本态度，总结为八个字：自由生发，自由讨论。反对空谈“联合战线”，主张自由的思想。在这种宽容的氛围中，京派同仁时常进行自由的辩论，而其中三位最爱争辩的，据说是林徽因、沈从文、叶公超。

林徽因对此刊的创办非常热心，亲自设计创刊号封面，并发表四幕剧《梅真同他们》。《文学杂志》在众多京派同仁的努力下，办得有声有色。但是，很快抗日战争爆发，杂志不得不停刊。京派文学也不得不在走向高潮的时候匆匆谢幕，文学史上的京派也不以人的意志为转移地结束了。对于林徽因来说，这也标志着她文学创作的黄金岁月的结束。

这年5月，林徽因参与组织的《大公报》文艺评奖活动几经周折之后，终于公布评奖结果：卢焚的《谷》获小说奖，曹禺的《日出》获戏剧奖，何其芳的《画梦录》获散文奖。据说，评委于1月份在杨振声家里聚会时，林徽因力主何其芳的《画梦录》、卢焚的《谷》获奖，认为《画梦录》在散文上的成功，可以与《日出》在戏剧上的成功媲美，并说《日出》可谓题材与穿插兼长之范作。最后评议的结果与林徽因的判断一致，说明林徽因的确具有过人的艺术眼光。

除了这些主要的文艺活动之外，林徽因还不时在美术设计上小试身手。曹禺在天津主演改编自《悭吝人》的话剧《财狂》，全部的布景配置和舞台设计，都由林徽因担任。她在宾夕法尼亚大学所学的舞台设计算是派上了用场。

她还与梁思成合作，为《大公报·文艺副刊》设计了若干插图。其中一幅叫"犄角"的插图，是在北戴河冒着酷暑赶制出来的。林徽因在附信中说："现在的图案是好了，十之八九是思成的手笔。在选材及布局上，我们轮流草稿讨论。说来惭愧，小小的一张东西，我们竟做了三天才算成功。好在趣味还好，并且是汉刻，纯粹中国创造艺术的最高造诣，用来对于创作前途有点吉利。"萧乾接到插图后非常高兴，使用时还特意加了评语，说这幅"美丽的图案"，"壮丽典雅"，是这副刊"精彩的犄角"！

此外，作为一个有责任感的知识分子，林徽因还参加文化界的一些政治活动，以表达自己的声音和对国家的责任。这一时期，日本侵略者对北平虎视眈眈，北平上空战争的阴云密布，而国民党却一再退缩让步。在这民族危亡的时刻，林徽因作为文艺界发起人之一，签署并发表北平、天津各大学及文化界人士参加的《平津文化界对时局宣言》，向国民政府提出抗日救亡的八项主张。

正如梁从诫所说："30 年代是母亲最好的年华，也是她一生中物质生活最优裕的时期，这使得她有条件充分地表现出自己多方面的爱好和才艺。"

四、诗歌美学的追求

在频繁的文学活动中，林徽因的创作也达到了高峰。这一时期，除了上述的作品之外，林徽因还创作了二十多首诗歌：《深笑》《风筝》《记忆》《静院》《无题》《黄昏过泰山》《昼梦》《八月的忧愁》《过杨柳》《冥想》《你来了》《藤花前——独过静心斋》《旅途中》《静坐》《十月独行》《时间》《前后》等；文艺论文《究竟怎么一回事》；散文《蛛丝和梅花》；小说《文珍》（系列小说“模影零篇”之三）和《绣绣》（系列小说“模影零篇”之四）等。

《深笑》

深　笑

是谁笑得那样甜，那样深，
那样圆转？一串一串明珠，
大小闪着光亮，迸出天真！
清泉底浮动，泛流到水面上，
灿烂，

分散！

是谁笑得好花儿开了一朵？
那样轻盈，不惊起谁。
细香无意中，随着风过，
拂在短墙，丝丝在斜阳前
挂着
留恋。

是谁笑成这百层塔高耸，
不知名鸟雀来盘旋？是谁
笑成这万千个风铃底转动，
从每一层琉璃底檐边
摇上
云天？

这首题为《深笑》的诗，可以看出林徽因本时期内总体上的诗歌美学追求，清新、细腻、纯净，仿佛每一个句子都有很高的透明度，同时又很讲究韵律美、建筑美和音乐美。

《藤花前——独过静心斋》

还有她的《藤花前——独过静心斋》：

紫藤花开了

轻轻地放着香，
没有人知道……

紫藤花开了
轻轻地放着香，
没有人知道。
楼不管，曲廊不作声，
蓝天里白云行去，
池子一脉静；
水面散着浮萍，
水底下挂着倒影。

紫藤花开了，
没有人知道！
蓝天里白云行去，
小院，
无意中我走到花前。
轻香，风吹过
花心，
风吹过我，——
望着无语，紫色点。

诗歌用独特的意象，全新的审美角度，像工匠砌造宝塔一样，用语言营造着一个全美的艺术世界。

古典主义的理性与典雅，浪漫主义的热情与明朗，象征主义的含蓄与隐秘，这三者在她的诗中形成了和谐的统一，共同构成了林徽因诗歌艺术的特点。

《究竟怎么一回事》

此外，林徽因在《究竟怎么一回事》中较为详细地阐述了自己创作的体会和诗歌主张。

写诗究竟是怎么一回事?

写诗，或可说是要抓紧一种一时闪动的力量，一面跟着潜意识浮沉，摸索自己内心所萦回，所着重的情感——喜悦，哀思，忧怨，恋情，或深，或浅，或缠绵，或热烈，又一方面顺着直觉，认识，辨味，在眼前或记忆里感官所触遇的意象——颜色，形体，声音，动静，或细致，或亲切，或雄伟，或诡异；再一方面又追着理智探讨，剖析，理会这些不同的性质，不同分量，流转不定的情感意象所互相融会，交错策动而发生的感念；然后以语言文字（运用其声音意义）经营，描画，表达这内心意象，情绪，理解在同时间或不同时间里，适应或矛盾的所共起的波澜。

写诗，或又可说是自己情感的，主观的，所体验了解到的；和理智的客观的所体察辨别到的，同时达到一个程度，腾沸横溢，不分宾主地相互起了一种作用，由于本能的冲动，凭着一种天赋的兴趣和灵巧，驾驭一串有声音，有图画，有情感的语言，来表现这内心与外物息息相关的联系，及其所发生的悟理或境界。

写诗，或又可说是若不知其所以然的，灵巧的，诚挚的，在传译给理想的同情者，自己内心所流动的情感穿过繁复的意象时，被理智所窥探而由直觉与意识分着记取的符录！一方面似是惨淡经营，——至少是专诚致意，一方面似是藉力于平时不经意的准备，"下笔有神"的妙手偶然拈来；忠于情感，又忠于意象，更忠于那一串刹那间内心整体闪动的感悟。

写诗，或又可说是经过若干潜意识的酝酿，突如其来的，在生活中意识到那么凑巧的一顷刻小小时间；凑巧的，灵异的，不能自已的，流动着一片浓挚或深沉的情感，敛聚着重重繁复演变的情绪，更或凝定入一种单纯超卓的意境，而又本能地迫着你要刻画一种适合的表情。这表情积极的，像要流泪叹息或歌唱欢呼，舞蹈演述；消极的，又像要幽独静处，沉思自语。换句话说，这两者合一，便是一面要天真奔放，热情地自白去邀同情和了解，同时又要寂寞沉默，孤僻地自守来保持悠然自得的完美和严肃！

在这一个凑巧的一顷刻小小时间中（着重于那凑巧的），你的所有直觉，理智，官感，情感，记性和幻想，独立的及交互的都迸出它们不平常的锐敏，紧张，雄厚，壮阔及深沉。在它们潜意识的流动，——独立的或交互的融会之间——如出偶然而又不可避免地涌上一闪感悟，和情趣——或即所谓灵感——或是亲切的对自我得失悲欢；或辽阔的对宇宙自然；或智慧的对历史人性。这一闪感悟或是混沌朦胧，或是透彻明晰。像光同时能照耀洞察，又能揣摩包含你的所有已经尝味，还在尝味，及幻想尝味的"生"的种种形色质量，且又活跃着其间错综重叠于人于我的意义。

这感悟情趣的闪动——灵感的脚步——来得轻时，好比潺潺清水婉转流畅，自然的洗涤，浸润一切事物情感，倒影映月，梦残歌罢，美感的旋起一种超实际的权衡轻重，可抒成慷慨缠绵千行的长歌，可留下如幽咽微叹般的三两句诗词。愉悦的心声，轻灵的心画，常如啼鸟落花，清风满月，夹杂着情绪的缤纷；泪痕巧笑，奔放轻盈，若有意若无意地遗留在各种言语文字上。

但这感悟情趣的闪动，若激越澎湃来得强时，可以如一片惊涛飞沙，由大处见到纤微，由细弱的物体看它变动，宇宙人生，幻若苦迷。一切又如经过烈火燃烧锤炼，分散，减化成为净纯的茫焰气质，升处所有情感意象于空幻，神秘，变移无定，或不减不变绝对，永恒的玄哲境域里去，卓越隐奥，与人性情理遥远的好像隔成距离。身受者或激昂通达，或禅寂淡远，将不免挣扎于超情感，超意象，乃至于超言语，以心传心的创造。隐晦迷离，如禅偈玄诗，便不可制止地托生在与那幻理境界几不适宜的文字上，估定其生存权。

写诗……

总而言之，天知道写诗是怎么一回事。在写诗的时候，或者是“我知道，天知道”；到写了之后，最好学 Browning 不避嫌疑的自讥的，只承认“天知道”，天下关于写诗的笔墨官司便都省了。

我们仅听到写诗人自己说一阵奇异的风吹过，或是一片澄清的月色，一个惊讶，一次心灵的振荡，便开始他写诗的尝试，迷于意境文字音乐的搏斗，但是究竟这灵异的风和月，心灵的振荡和惊讶是什么？是不是仍为那可以追踪到内心直觉的活动；到潜意识后而那错综交流的情感与意象；那意识上理智的感念思想；以及要求表现的本能冲动？灵异的风和月所指的当是外界的一种偶然现象，同时却也是指它们是内心活动的一种引火线。诗人说话没有不打比喻的。

我们根本早得承认诗是不能脱离象征比喻而存在的。在诗里情感必依附在意象上，求较具体的表现；意象则必须明晰地或沉着地，恰适地烘托情感，表征含义。如果这还需要解释，常识的，我们可以问：在一个意识的或直觉的，官感，情感，理智，同时并重的一个时候，要一两句简约的话来代表一堆重叠交错的外象和内心情绪思想所发生的微妙的联系，而同时又不失却原来情感的质素分量，是不是容易或可能的事？一个比喻或一种象征在字面或事物上可以极简单，而同时可以带着字面事物以外的声音颜色形状，引起它们与其他事关系的联想。这个办法可以多方面地来辅助每句话确实的含义，而又加增官感情感理智每方面的刺激和满足，道理甚为明显。

无论什么诗都从不会脱离过比喻象征，或比喻象征式的言语。诗中意象多不是寻常纯客观的意象。诗中的云霞星宿，山川草木，常有人性的感情，同时内心人性的感触反又变成外界的体象，虽简明浅现隐奥繁复各有不同的。但是诗虽不能缺乏比喻象征，象征比喻却并不是诗。

诗的泉源，上面已说过，是意识与潜意识的融会交流错综的情感意象和概念所促成；无疑地，诗的表现必是一种形象情感思想合一的语言。但是这种语言，不能仅是语言，它又须是一种类似动作的表情，这种表情又不能只是表情，而须是一种理解概念的传达。它同时须不断传译情感，描写现象诠释感悟。它不是形体而须创造形体颜色；它是音声，却最多仅要留着长短节奏。最要紧的是按着疾徐高下，和有限的铿锵音调，依附着一串单独或相联的字义上边；它须给直觉意识，情感理智，以整体的快惬。

因为相信诗是这样繁难的一列多方面条件的满足，我们不能不怀疑到纯净意识的，理智的，或可以说是“技术的”创造——或所谓“工”之绝无能为。诗之所以发生，就不叫它作灵感的来临，主要的亦在那一闪力量突如其来，或灵异的一刹那的“凑巧”，将所有繁复的“诗的因素”都齐集荟萃于一俄顷偶然的时间里。所以诗的创造或完成，主要亦当在那灵异的，凑巧的，偶然的活动一部分属意识，一部分属直觉，更多一部分属潜意识的，所谓“不以文而妙”的“妙”。理智情感，明晰隐晦都不失之过偏。意象瑰丽迷离，转又朴实平淡，像是纷纷纭纭不知所从来，但飘忽中若有必然的缘素可寻，理解玄奥繁难，也像是纷纷纭纭莫名所以。但错杂里又是斑驳分明，情感穿插联系其中，若有若无，给草木气候，给热情颜色。一首好诗在一个会心的读者前边有时真会是一个奇迹！但是伤感流丽，铺张的意象，涂饰的情感，用人工连缀起来，疏忽地看去，也未尝不像是诗。故作玄奥渊博，颠倒意象，堆砌起重重理喻的诗，也可以赫然惊人一下。

写诗究竟是怎么一回事，真是唯有天知道得最清楚！读者与作者，读者与读者，作者与作者关于诗的意见，历史告诉我传统的是要永远地差别分歧，争争吵吵到无尽时。因为老实地说，谁也仍然不知道写诗是怎么一回事的，除却这篇文字所表示的，勉强以抽象的许多名词，具体的一些比喻来捉摸描写那一种特殊的直觉活动，献出一个极不能令人满意的答案。

初涉戏剧创作

至于戏剧《梅真同他们》，则是林徽因第一次涉足戏剧艺术创作。虽然没有写完，但我们可以看到大致的剧情发展脉络，这个剧本描写一个富贵人家的丫头梅真，性情活泼可爱，天资颇为聪慧，深得二太太李琼的喜欢。因此，她得以跟小姐们一道上学读书。这使心胸狭窄的长房太太极为不满，也叫前妻所生的大小姐文娟又妒又恨，而四小姐文琪却与之亲如姐妹，相处得非常融洽。当梅真长大后，跟二公子文靖（大学毕业后在南方一间工厂供职）产生了爱情，彼此默默地相爱着。尽管装饰灯具的电料行小掌柜宋雄追求她，但她一直不曾答应。后来留学生唐元澜也爱上梅真，可是她婉言谢绝。然而梅真和文靖相爱最终未能成功。其原因是，正如文靖对其妹文琪所说的那样："我的意思是，我不知道你是不是也感到如果我同梅真好，这事情很要使妈妈苦痛，我就怕人家拿我的事去奚落她，说她儿子没有出息，爱上了丫头。我觉得那个说法太难堪；社会上一般诽谤人家的话，太使我浑身起毛栗。就说如果我真的同梅真结婚，那更糟了……并且妈妈拿我这个儿子看得那么重，我不能给人机会说她儿子没有骨气，我不甘心让大伯嬷那类人得意得有所借口，你知道么？老四！"也就是说，文靖虽然真心爱着梅真，却因为彼此身份地位不同，一个是少爷，一个是丫头，害怕家族非议并给母亲带来不便，因而非常矛盾，屈从于不合理的世俗社会。而且后来文靖误以为唐元澜与梅真相好，便在一次家庭舞会中故意对她冷淡，疏远，并决意结束对她的感情，致使她一直专一地爱他的爱情彻底幻灭了。在一气之下，梅真对文琪说："我明天就可以答应小宋去做他那电料行的掌柜娘！那样子谁都可以省心了。"而文琪却说："梅真！你不能……"那么，梅真此后究竟怎样呢？后来林徽因说，梅真参加抗战去了。由于种种原因，林徽因没有把这个剧本补完。

第五章

民族大义前，她独立坚忍

但面对民族的灾难，林徽因坚定而又沉着地说：如果我们民族的灾难来得特别迅猛而凶暴，我们也只能以这样或那样迅速而积极的方式去回应。当然会有困难和痛苦，但我们不会坐在这里握着空拳，却随时让人威胁着羞辱我们的『脸面』。

一、沦为亡国奴

1931 年，九一八事变的爆发就已经表明日本妄图侵吞中国的野心。到了 1935 年，日本已经在积极筹划入侵华北，北平随时都可能陷落。在这样的危亡时刻，清华大学、北京大学等著名高校开始做准备南迁的工作。

北平陷落

在这样的局势下，林徽因和梁思成明白，一旦北平陷落，他们将会陷入亡国奴的境地，那将是任何一位具有民族精神的中国人所不能忍受的。于是他们开始做有关的准备工作，一旦形势紧急，也好逃难。对于他们来说，最重要的资料便是营造学社的建筑材料，包括图画、照相底片、模型、研究笔记、档案和图书等。为了不使它们落入日本人的手中，林徽因和梁思成挑选、整理，烧掉一些，把最珍贵的资料打好包，送到一个安全的地方保存起来。同时他们也开始整理自己个人的东西。林徽因在给费慰梅的信中说：

思成和我已经为整理旧文件和东西花费了好几个钟头了。沿着生活的轨迹，居然积攒了这么多的杂七杂八！看着这堆往事的遗存，它们建立在这么多的人和这么多的爱之中，而当前这些都正在受到威胁，真使我们的哀愁难以言表。特别是因为我们正凄惨地处在一片悲观的气氛之中，前途渺茫……

但面对民族的灾难，林徽因坚定而又沉着地说：

如果我们民族的灾难来得特别迅猛而凶暴，我们也只能以这样或那样迅速而积极的方式去回应。当然会有困难和痛苦，但我们不会坐在这里握着空拳，却随时让人威胁着羞辱我们的“脸面”。

事实上，林徽因也正是这么做的。1935 年 11 月间，天津《大公报》被日本人下令无限期停刊，并办了一份所谓的《亚洲民报》来取代它。21 日，林徽因接到该报的两份报纸，并约她给该报的文艺副刊写稿。面对这种民族耻辱，林徽因感到非常愤怒，立即把报纸扔进火炉，烧成灰烬，而且写信给沈从文说：

怎么了？大公报到底被收拾，真叫人生气！有办法否？

昨晚我们这里忽收到两份怪报，名叫“亚洲民报”，篇幅大极，似乎内中还有文艺副刊，是大规模的组织，且有计划地，看情形似乎要大公报永远关门。气糊涂了我！我只希望是我神经过敏。社论看了叫人毛发能倒竖。

从这些可以看出，林徽因深明民族大义，在民族气节上毫不含糊。

1937年7月回到北平之后，北平的战事还僵持着，中国方面正企图与日本进行谈判，“和平解决”，因而北平暂时还没有被占领。看到国民党军队在挖战壕，准备打仗，林徽因在给女儿的信中说：“如果日本人要来占北平，我们都愿意打仗……我觉得我们现在做中国人应该要顶勇敢，什么都不怕，什么都顶有决心才好。不怕打仗，更不怕日本。”可见，面对日本侵略者，林徽因毫不畏惧，大义凛然。

同时，他们预感到北平不久有可能失守，既然不打算做异族的顺民，他们便积极做好逃难的准备。林徽因和梁思成把他们最珍贵的建筑资料打包存到天津英租界的英资银行保险库中存放，以免落入日本人的手中，同时，家里的东西一些烧掉，一些卖掉或者送人。

很快，国民党的不抵抗政策、“和平解决”的论调就破产了。虽然遇到了顽强的抵抗，但日本侵略者在7月29日就占领了北平。到了9月，梁思成收到了署名“东亚共荣协会”的请柬，邀请他参加改协会的会议。显然，作为北平文化界的知名人士，梁思成已经被日本人注意到了。他们妄图利用他在文化界的地位、名声，笼络一批毫无民族气节的人，来维持日本在北平的统治，为他们的侵略行径服务。林徽因、梁思成意识到了问题的严重性，若继续留在北平，不是以身殉国，便是做亡国奴。因而，他们决定立即离开北平。尽管这时医生警告林徽因，说她的病情承受不了颠簸流离之苦，但林徽因认为“我的寿命是由天的了”。

逃难的第一站

1937年9月5日，林徽因、梁思成及其家人离开北平去往天津，走上了逃难的第一站。他们一行除了两个孩子和林徽因的母亲外，还有老金和清华大学的两位教授。到达天津后，他们接着乘船到青岛，再经过济南、郑州、汉口，到达长沙。临从天津走之前，梁思成留给费慰梅一封信说："发生了这么多事，我们都不知道从何说起。总之我们都平安，一个星期前我们抵达天津，打算坐船到青岛，从那里途经济南，去到换车船不超过五次的地方——最好是长沙，而这期间尽可能不要遇上空袭。等到战争打赢了，我们就可以结束逃难生涯。"

老金后来描述这次逃难旅行："一路上没出什么大岔子，不过有麻烦已经够难应付了。我们绕来转去到了汉口，最后总算到达长沙已是十月一日了。联合大学十一月一日开学。"

林徽因本来身体就不好，加上一路颠沛流离，疲惫不堪。刚刚抵达长沙，她就患腹泻，非常痛苦。休息几天后，他们租到了火车站旁的一家楼上的三间房作为栖身之地。

住下之后，林徽因家里还是保留了在北平时朋友在一起聚会的习惯。她说："一到晚上，你会遇到一些从前在北平每星期六聚会的朋友们在这儿那儿闲逛，到妇孺来此地共赴'国难'的家宅里寻找一些家庭的温暖。在轰炸之前，我们仍旧在一起聚餐，不是到饭馆去，而是享用我在那三间房子里的小炉子上的烹饪，这三间房子里，我们实际上做着以前在整个北总布胡同三号做的一切事情。"但是，逃难的生活也给她带来很多烦恼。她说："我是女人，当然立刻变成纯净的'糟糠'的典型……烹调、课子、洗衣、铺床，每日如在走马灯中过去。"

长沙经历空袭

而且当时长沙的局势也很紧张。在这个因为有大批难民涌来的城市，空袭警报时常让人心惊肉跳地响起。尽管到11月24日为止，一个炸弹也没有掉下来过，但是急匆匆地逃到地下室或防空洞中，已经成为家常便饭。然而，有一天由于疏忽，没有拉警报，飞机却已经飞到头上来了。林徽因在信中向费慰梅描述那次惊心动魄的空袭：

长沙第一次遭到空袭时，我们的住宅差不多是直接被一颗炸弹命中。炸弹落在离住宅大门十五码的地方，我们在这所住宅里有三间房子，作为我们临时的家。当时我们都在家——外婆、两个孩子、思成和我。两个孩子都有病躺在床上。谁也不知道我们是怎样逃脱被炸成碎片的噩运的。当我们听见先扔下来离我们较远的两颗炸弹的可怕炸裂和轰鸣声以后冲下楼梯时，我们的房子已经垮了。出于奇特的本能，我们两人一人抓起一个孩子就奔向楼梯。但我们还没有到达地面，近处那颗炸弹就响了。我抱着小弟（儿子）被炸飞了又摔到地上，却没有受伤。同时房子就开始裂开，那大部分是玻璃的门窗啦、房顶啦、天花板啦，全都倒下来雨点般地落到我们身上。我们从旁门冲出去，到了黑烟呛人的街上。

当我们向联大的防空洞跑去的时候，另一架轰炸机正在下降。我们停止奔跑，心想这次跑不掉了，倒不如大家要死死在一起，省得孤零零地活着受罪。这最后的一颗炸弹没有爆炸，而是落在我们在跑着的那条街的尽头。我们的东西（现在已经很少了）都从玻璃垃圾堆里掘出来了，现在我们就在这儿那儿的朋友家暂住。

经历了这次空袭，林徽因说："我们的国家还没有组织到可使我们对战争有所效力的程度，以致至今我们还只是'战争累赘'而已。既然如此，何不腾出地方，到更远的角落里去呢。有朝一日连那地方（指昆明）也会被轰炸的，但眼下也没有更好的地方可去了。"

但林徽因并没有因此感到气馁和绝望，她给沈从文的信中说："说到打仗你别过于悲观，我们还许要吃苦，可是我们不能不争到一种翻身的地步。我们这种人太无用了，也许会死会消灭，可是总有别的法子。我们中国国家进步了弄得好一点，争出一种新的局面，不再是低着头地被压迫着，我们根据事实时有时很难乐观，但是往大处看，抓紧信心，我相信我们大家根本还是乐观的，你说对不对？"

长沙是不能再待下去了。"我们又收拾行李了，要搭汽车走十天艰难的旅程到云南去。"林徽因写道，"除了那些已经在这儿的人以外，每一个我们认识的人和他们的家人，各自星散，不知流落何方。"

林徽因他们亲爱的家人之一"老金"这时和他们走散了。老金和清华大学的师生们住在长沙郊区南岳的临时大学。他一个星期以后才得知长沙被炸的消息，而当梁家启程前往昆明的五个星期之后，他还留在湖南。他说："我离开了梁家就跟掉了魂似的。"

前往昆明

12 月 8 日，林徽因、梁思成带着母亲和孩子乘坐一辆超载的大巴前往昆明。到达湘西时，林徽因看到了沈从文笔下的秀丽风景，山势奇伟，河水碧透，处处青气逼人。她说："如果不是在这战期中时时心里负着一种悲伤哀愁的话，这旅行真是不知几世修来的。"尤其是到了沅陵以后，景色越是美不胜收，林徽因禁不住想，沈从文的小说真不是凭空想出来的，这里说不定真的住着一位像《边城》里的翠翠一样可爱的姑娘。

可是到达贵州晃县时，他们本来就充满惊险的旅途遇上了更大的麻烦。有关当局为了迁走空军学校的学员和机器，把过往的所有大汽车都拦截下来征用了。林徽因一家所乘的那辆也不例外。没有别的办法，他们只好滞留晃县。

在这个关键时刻，林徽因病倒了。她得了严重的支气管炎，而且很快转为肺炎。高烧四十多度。城里肮脏的小旅馆里住满了逃难的人。他们真是连避风遮雨的地方都找不到。一家人忧心忡忡地在黑暗而泥泞的路上走着。这时，忽然一家旅馆里传出悠扬的琴声。"这拉琴的人一定是来自北平或上海。"梁思成想，接着，他敲了敲门。门开了，他看见一屋子空军航校的学员，他们正等车到昆明去。他把处境告诉了他们，太太病得很严重，却找不到一个歇脚的地方。这群年轻的空军学员们马上摊开手，欢迎他们一家。他们挤了又挤，硬是腾出一块地方来给梁家住。

奇迹还不止如此。大约百来个困在这里等车的外地人当中，有一位女医生，她曾在日本的一所美国教会医院受过训练，又曾研究过中草药。她给林徽因吃了一些根据西医处方而在当地能买到的中药。就这样，林徽因在"那间用一块薄板与那些可爱的年轻广东飞行员，可憎的当地妓女，骂骂咧咧的赌棍，口操山东方言的军官和来自各地、气质各异的司机们隔开的小屋子里”躺了两个星期，而“那些司机八成是和那旅馆里的妓女赌博和喝酒，以便第二天在危险的路途上开车有足够的精力”。这段时间里，梁思成教孩子们怎样看地图，带他们到河边散步，用石头打“水漂儿”给他们看，以消磨这难耐的时光。

在这艰难的旅途中，林徽因梁思成夫妇和八位空军学员结下了亲密的友谊。后来，学员们到昆明进行最后训练，晋升为飞行员执勤时，他们依旧保持联系。学员们的父母都在沦陷区，所以把梁家当成自己的家，而林徽因夫妇也把他们当成自己的小弟弟一样看待。

两周之后，林徽因好不容易退烧。一家又搭上一辆16个座的小公共汽车，往昆明进发。林徽因写道：“我们在令人绝望的情况下又重新上路。每天凌晨一点，摸黑抢着把我们少得可怜的行李和我们自己塞进长途汽车，到早上这辆汽车终于出发时，已经挤上27名旅客。这是个没有窗子、没有点火器、样样都没有的玩意儿，喘着粗气、摇摇晃晃、连一段平路都爬不动，更不用说又陡又险的山路了。”天黑下来时，林徽因的母亲又发冷又怕热，浑身难受。但没有退路，只能坐着这辆破车前进。深夜，他们的车在以土匪出没著称的“七十二盘”顶上突然抛锚——没有汽油了。拉着孩子们冻僵了的小手，全家人摸黑走了一段山路，林徽因说：“又一次，奇迹般的，我们来到峭壁边上的一片房子，让我们进去过夜……”

目的地还很遥远，林徽因给费慰梅的信中写道：

此后，又有关于这些破车、意外的抛锚、臭烘烘的小客栈等的一个又一个插曲。间或面对壮丽的风景，使人比任何时候都更加心疼。玉带般的山涧、秋山的红叶和发白的茅草，飘动着的白云、古老的铁索桥、渡船，以及地道的中国小城，这些我真想仔细地一桩桩告诉你，可能的话，还要注上我自己情绪上的特殊反应。

经过千难万险，1938 年 1 月中旬，林徽因、梁思成一家终于抵达昆明。他们在长沙坐上汽车准备进行的“十天艰难的旅途”，实际上花了差不多六个星期。

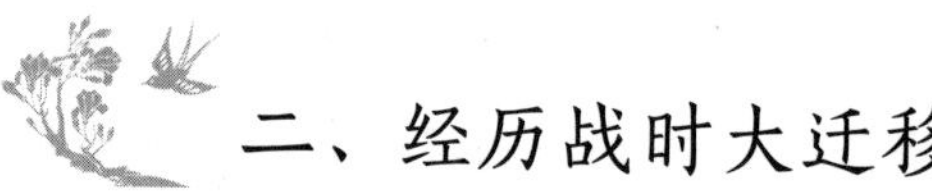

二、经历战时大迁移

林徽因和梁思成到达昆明以后，住在翠湖巡律街前市长的宅院里。

作为抗战的大后方，一向安静的昆明由于突然而来的人群显得非常热闹。大街上风尘仆仆的来客随处可见，他们终于可以在这个风景如画、气候温暖的地方休息一下了。

家住翠湖边

林徽因家住的地方离昆明著名的风景地翠湖很近。翠湖位于昆明市五华山西麓，是一个风景优美的公园。面积虽然不算大，但满湖都是荷花、游鱼、杨柳、楼台，清风徐来，水光潋滟，柳枝飘荡，空气清新，是很好的游览休息的地方。

林徽因、梁思成来到昆明以后，经常带儿女来翠湖游玩，看波光树影，蓝天白云。在战争的大后方，经过了无数艰险，他们终于可以松一口气了。孩子们的成长也让她感到欣慰。林徽因描述孩子的情形时说："宝宝常带着一副女孩子的娴静笑容，出落得越来越标致。而小弟结实又调皮，一对睁得大大的眼睛，他正是我所期望的男孩子。天生像个艺术家，能画出一些飞机、高射炮、战车和其他许许多多的军事武器。”

但是，这种难得的好日子并不长，他们很快就面临沉重的生活压力。由于物价上涨，林徽因和梁思成为了维持起码的生活，只好靠他们的建筑师的技能，开始“打工”，为那些“卑鄙的富人和奸商”设计房子。他们的雇主是一批可憎的家伙，而且报酬很不稳定，但为了生存，他们只好忍受。但是，就连这种生活也没有维持长久，由于劳累过度，梁思成病倒了，患了严重的脊椎关节炎和肌肉痉挛，被迫卧床养病。开始医生诊断他的扁桃体发炎，把扁桃体切除了，可是接着，梁思成又牙周炎发作，于是又把满口牙齿拔掉。因为这一系列的折腾，这一年，梁思成一直躺在一张帆布椅上，服药治病。为了少服那些止痛药，以免中毒，医生劝他干点手工工作以转移注意力，减轻疼痛。于是，梁思成经常找些旧毛衣之类的东西来拆织。由此以来，林徽因不但要忙家务，挑起整个家庭的重担，还要照顾卧病在床的梁思成，生活辛苦至极。

而且，由于粮价暴涨，林徽因不得不找工作干兼职。她在云南大学找了份工作，每周教六个钟头的英文补习，但月薪只有四十多块法币。而为了这些钱，她每周要爬四次山坡，走很远的土路。

此外，他们还被一些无聊的应酬所烦扰。由于梁思成、林徽因都是一代名人的后代，而且在文化界颇有名气，因此，昆明的上流社会很是看中他们的身份和声望，经常宴请他们以给自己装点门面。这对于林徽因、梁思成来说是一种非常痛苦的折磨，林徽因说，“常常有些阔绰的应酬需要我们笑脸应付”，自己好像是做了“社会性的骗子”，“情感良心均不得平衡”。尤其是当她想到“天天早上那些热血的人在我们上空练习速度驱逐和格斗，底下芸芸众生仍然有些讲究”时，便觉得“十三分对不起那些在天上冒险的青年”。

尽管生活艰难，但林徽因的精神状态还算不错。有一种坚定的信念支持着她，那就是中国人民肯定能打败日本侵略者，因而，无论生活让人感到多么沮丧，她都积极地去面对。在给沈从文的信中，她说：“陇海全线的激战使我十分兴奋，那一带地方我比较熟悉，整个心都像在那上面滚，有许多人似乎看那些新闻印象里只有一堆内地县名根本不发生感应，我就奇怪！我真想在山西随军。”

老朋友陆续到来

到了1938年左右，让林徽因感到高兴的是，张奚若、金岳霖、杨振声、沈从文、萧乾等老朋友都陆续来到了昆明。而且，张奚若夫妇就住在林徽因家旁边，沈从文、金岳霖、杨振声他们组成的大家庭住得离林徽因、梁思成也不远。因而，这些北平文化界的名人，这些同声相应的朋友们，又很快像在北平时那样，常常在一起聚会，谈论战事、文学、政治、社会等。这样的聚会，给林徽因带来了很多精神上的愉悦，减轻了她的精神负担，是一种极好的安慰。她在给费慰梅的信中说：“我喜欢听老金和奚若笑，这多少帮助了我忍受这场战争。从这里可以看出，我们毕竟还是同一类人。”

不久，老金也在信中谈到了他们在一起的情况，他说：“如果你们也在这里，在这陌生环境里，你们会看到不少熟面孔。有些人身上穿的是唯一的一套西装或一件长袍，箱子里什么也没有。另外一些人能够找到合住的房子。张奚若一家比我先来。中研院的人也快来了。梁思永和李济这几天内就能到达，赵元任已经来了好几天。

我想这里像在长沙一样，将会有某种微型的北京生活，只是在物质上是极匮乏的。只有天气例外。太阳非常明媚，正如徽因昨天对我说的，有些地方很像意大利。”说到林徽因，在久别之后他形容她：“依然那么迷人、活泼、表情生动和光彩照人——我简直想不出更多的词汇来形容她。唯一的区别是，她不再有很多机会滔滔不绝地讲话和说笑，因为在国家目前的状况下，实在没有多少可以讲的，也没有什么值得笑的。”

最后金岳霖说：“实际上，我们多少有点心灰意懒。我们的心中藏着一些没有表现出来的思念、希望和焦虑，这些东西用不着表现出来，因为人人都知道它的存在，有一股暗潮汹涌，表面上我们只关心像房子、食物一类生活琐事。对联大的人来说，目前的问题在于大学的校址，直到现在还定不下来。有许多的人为障碍和物质困难。想要维持中国的高等教育并非易事，不过我想我们总会成功的。”

在昆明，还有一件让林徽因一家感到高兴的事。在贵州晃县邂逅的那八位空军航校飞行员，每到休息日，总爱到他们家里来玩，把林徽因当作大姐，诉说自己心中的苦闷。他们在学成毕业时，邀请林徽因和梁思成作为他们的“名誉家长”参加毕业典礼。在战争的特殊年代，林徽因和他们结下了深厚的友谊。林徽因说：

这八个孩子士气很高、心地单纯，对我们的国家和这场战争抱着直接和简单的信心，他们的身体都健康得叫人羡慕。他们所受的训练就是让他们在需要时能够不假思索使用自己的技能并献出自己的生命。

不知怎么，他们以一种天真的孩子气依恋着我们。我们之间产生了很深的亲情。他们来看我们或给我们写信，好像是他们的家里人。其中很多人去了前线，有的则在昆明保卫着我们的生命。有一位我告诉过你的，小提琴拉得很好，人特别可爱。最近决定要结婚了。不要问我如果他结了婚又出了事，他的女朋友会怎样。我们就是无法回答这类问题。

可是在抗战中，这批飞行员一个个在与日寇的空战中牺牲了，没有一个人幸免。他们阵亡后，遗物寄到林徽因家里来。每次看到这些遗物，林徽因都要痛哭一场。

《茶铺》与《小楼》

虽然有时会有空袭警报，但这时昆明的形势还算安宁。在短暂的空闲时间，林徽因又拿起笔，从事她的诗歌创作。多年之后，逃难昆明的人也许会记得许多昆明的事物，比如翠湖，比如昆明温暖的气候，当然，还有昆明的茶馆。在抗战时期的昆明，茶馆给许多逃难的人带来些许温暖。那是一个可以让人暂时忘却战争，享受片刻宁静的地方。林徽因在诗歌《茶铺》中描绘茶馆里的景象：

这是立体的构画，
描在这里许多样脸
在顺城脚的茶铺里
隐隐起喧腾声一片。

各种的姿势，生活
刻画着不同方面：
茶座上全坐满了，笑的，
皱眉的，有的抽着旱烟。

老的，慈祥的面纹，
年轻的，灵活的眼睛，
都暂要时间在茶杯上
停住，不再去扰乱心情！

一天一整串辛苦，
此刻才赚回小把安静，
夜晚回家，还有远路，
白天，谁有工夫闲看云影？

不都为着真的口渴，
四面窗开着，喝茶，
跷起膝盖的是疲乏，
赤着臂膀好同乡邻闲话。
也为了放下扁担同肩背，
向运命喘息，倚着墙，
每晚靠这一碗茶的生趣，
幽默估量生的短长……

这是立体的构画，
设色在小生活旁边，
阴凉南瓜棚下茶铺
热闹照样地又过了一天！

经历了战时的大迁移，对中国大地上的风土人情有了进一步的了解，对中国的现实有了进一步的认识以后，林徽因的诗风变得凝重、朴实，但又不乏灵动的诗意。除了《茶铺》外，《小楼》也具有同样的风格：

张大爹临街的矮楼，
半藏着，半挺着，立在街头，
瓦覆着它，窗开一条缝，
夕阳染红它，如写下古远的梦。

矮檐上长点草，也结过小瓜，
破石子路在楼前，无人种花，
是老坛子，瓦罐，大小的相伴；
尘垢列出许多风趣的凌乱。

但张大爹走过，不吟咏它好；
大爹自己（上年纪了）不相信古老。
他拐着杖常到隔壁沽酒，
宁愿过桥，土堤去看新柳！

1939 年年初，昆明不断受到日本侵略者飞机的空袭，不再是安宁之地。林徽因、梁思成把家搬到郊区龙泉镇的麦地村。随同他们一道而来的有营造学社的同人。营造学社的莫宗江、陈明达、刘致平于 1938 年年初便来到昆明，不久后刘敦桢也来了。于是营造学社又重新组建起来，得到了中美庚款基金会的补助，而且依附于中央研究院语言历史研究所。他们租了一个旧尼姑庵作工作室。林徽因一家住在大殿旁的小屋里。学社的其他成员和眷属也住在这座尼姑庵里。

这年秋天，梁思成的病基本上治好了，恢复了健康。他便和刘敦桢、莫宗江、陈明达一起，对云南、四川、陕西、西康等省的 36 个县做了为期半年的古建筑考察。林徽因则留下，负责整理资料工作。

创作《彼此》

就是在昆明乡下这种相对安宁的环境中，林徽因回顾抗战以来的经历，写了《彼此》一文。

彼　此

朋友又见面了，点点头笑笑，彼此晓得这一年不比往年，彼此是同增了许多经验。个别地说，这时间中每一个人的经历虽都有特殊的形相，含着特殊的滋味，需要个别的情绪来分析来描述。

综合地说，这许多经验却是一整片仿佛同式同色，同大小，同分量的迷惘。你触着那一角，我碰上这一头，归根还是那一片迷惘笼罩着彼此。七月！——这两字就如同史歌的开头那么有劲——八月，九月带来了那狂风，后来，后来过了年，——那无法忘记的除夕！又是那一月，二月，三月，到了七月，再接再厉地又到了年夜。

现在又是一月二月再开始……谁记得最清楚，这串日子是怎样地延续下来，生活如何地变？想来彼此都不会记得过分清晰，一切都似乎在迷离中旋转，但谁又会忘掉那么切肤的重重忧患的网膜？

经过炮火或流浪的洗礼，变换又变换的日月，难道彼此脸上没有一点记载这经验的痕迹？但是当整一片国土纵横着创痕，大家都是“离散而相失……去故乡而就远”，自然“心婵媛而伤怀兮，眇不知其所蹠”，脸上所刻那几道并不使彼此惊讶，所以还只是笑蹠。口角边常添几道酸甜的纹路，可以帮助彼此咀嚼生活。何不默认这一点：在迷惘中人最应该有笑，这种的笑，虽然是敛住神经，敛住肌肉，仅是毅力的后背，它却是必需的，如同保护色对于许多生物，是必需的一样。

那一晚在××江心，某一来船的甲板上，热臭的人丛中，他记起他那时的困顿饥渴和狼狈，旋绕他头上的却是那真是倒如同幻象，幻象又成了真实的狂敌杀人的工具，敏捷而近代型的飞机：美丽得像鱼像鸟……这里黯然的一搁笑是必需的，因为同样的另外一个人懂得那原始的骤然唤起纯筋肉反射作用的恐怖。他也正在想那时他在××车站台上露宿，天上有月，左右有人，零落如同被风雨摧落后的落叶，瑟索地蜷伏着，他们心里都在回味那一天他们所初次尝到的敌机的轰炸！谈话就可以这样无限制的延长，因为现在都这样的记忆，——比这样更辛辣苦楚的——在各人心里真是太多了！随便提起一个地名大家所熟悉的都会或商埠，随着全会涌起怎样的一个最后印象！

再说初入一个陌生城市的一天，——这经验现在又多普遍——尤其是在夜间，这里就把个别的情形和感触除外，在大家心底曾留下的还不是一剂彼此都熟识的清凉散？苦里带涩，那滋味侵入脾胃时，小小的冷噤会轻轻的背脊上爬过，用不着丝毫锐性的感伤！也许他可以说他在那夜进入某某城内时，看到一列小店门前凄惶的灯，黄黄的发出奇异的晕光，使他嗓子里如鲠着刺，感到一种发紧的触觉。你所记得的却是某一号车站后面黯白的煤气灯射到陌生的街心里，使你心里好像失落了什么。

那陌生的城市，在地图上指出时，你所经过的同他所经过的也可以有极大的距离，你同他当时的情形也可以完全的不相同。但是在这里，个别的异同似乎非常之不相干；相干的仅是你我会彼此点头，彼此会意，于是也会彼此地笑笑。

七月在卢沟桥与敌人开火以后，纵横中国土地上的脚印密密地衔接起来，更增加了中国地域广漠的证据。每个人参加过这广漠地面上流转的大韵律的，对于尘土和血，两件在寻常不多为人所理会的，极寻常的天然质素，现在每人在他个别的角上，对它们都发生了莫大亲切的认识。每一寸土，每一滴血，这种话，已是可接触，可把持的十分真实的事物，不仅是一句话一个“概念”而已。

在前线的前线，兴奋和疲劳已掺拌着尘土和血另成一种生活的形体魂魄。睡与醒中间，饥与食中间，生和死中间，距离短得几乎不存在！生活只是一股力，死亡一片沉默的恨，事情简单得无可再简单。尚在生存着的，继续着是力，死去的也继续着堆积成更大的恨。恨又生力，力又变恨，惘惘地却勇敢地循环着，其他一切则全是悬在这两者中间悲壮热烈地穿插。

在后方，事情却没有如此简单，生活仍然缓弛地伸缩着；食宿生死间距离恰像黄昏长影，长长的，尽向前引伸，像要扑入夜色，同夜溶成一片模糊。在日夜宽泛的循回里于是穿插反更多了，真是天地无穷，人生长勤。生之穿插零乱而琐屑，完全无特殊的色泽或轮廓，更不必说英雄气息壮烈成分。斑斑点点仅像小血锈凝在生活上，在你最不经意中烙印生活。如果你有志不让生活在小小处窳败，逐渐减损，由锐而钝，由张而弛，你就得更感谢那许多极平常而琐碎的摩擦，无日无夜地透过你的神经，肌肉或意识。这种时候，叹息是悬起了，因一切虽然细小，却绝非从前所熟识的感伤。每件经验都有它粗壮的真实，没有叹息的余地。口边那酸甜的纹路是实际哀乐所刻画而成，是一种坚忍性的笑。因为生活既不是简单的火焰时，它本身是很沉重，需要韧性的支持，需要产生这韧性支持的力量。现在后方的问题，是这种力量的源泉在哪里？决不凭着平日均衡的理智，——那是不够的，天知道！尤其是在这时候，情感就在皮肤底下“踊跃其若汤”，似乎它所需要的是超理智的冲动！现在后方被缓的生活，紧的情感，两面摩擦得愁郁无快，居戚戚而不可解，每个人都可以苦恼而又热情地唱“终长夜之曼曼兮，掩此哀而不去”，或“宁溘死而流亡兮，不忍为此之常愁”！支持这日子的主力在哪里呢？你我生死，就不检讨它的意义以自大。也还需要一点结实的凭借才好。

我认得有个人，很寻常地过着国难日子的寻常人，写信给他朋友说，他的嗓子虽然总是那么干哑，他却要哑着嗓子私下告诉他的朋友：他感到无论如何在这时候，他为这可爱的老国家带着血活着，或流着血或不流着血死去，他都觉到荣耀，异于寻常的，他现在对于生和死都必然感到满足。这话或许可以在许多心弦上叩起回响，我常思索这简单朴实的情感是从哪里来的。信念？像一道泉流透过意识，我开始明了理智同热血的冲动以外，还有个纯真的力量的出处。信心产生力量，又可储蓄力量。

信仰坐在我们中间多少时候了，你我可曾觉察到？信仰所给予我们的力量不也正是那坚忍韧性的倔强？我们都相信，我们只要都为它忠贞地活着或死去，我们的大国家自会永远地向前迈进，由一个时代到又一个时代。我们在这生是如此艰难，死是这样容易的时候，彼此仍会微笑点头的缘故也就在这里吧？现在生活既这样的彼此患难同味，这信心自是，我们此时最主要的联系，不信你问他为什么仍这样硬朗地活着，他的回答自然也是你的回答，如果他也问你。

信仰坐在我们中间多少时候了？那理智热情都不能代替的信心！

思索时许多事，在思流的过程中，总是那么晦涩，明了时自己都好笑所想到的是那么简单明显的事实！此时我拭下额汗，差不多可以意识到自己口边的纹路，我尊重着那酸甜的笑，因为我明白起来，它是力量。

话不用再说了，现在一切都是这么彼此，这么共同，个别的情绪这么不相干。当前的艰苦不是个别的，而是普遍的，充满整一个民族，整一个时代！我们今天所叫作生活的，过后它便是历史。客观的无疑我们彼此所熟识的艰苦正在展开一个大时代。所以别忽略了我们现在彼此地点点头。且最好让我们共同酸甜的笑纹，有力地，坚韧地，横过历史。

林徽因回顾了抗战以来大家所经历的艰难波折，但通篇没有丝毫消极低沉的情绪，而是以十分坚毅的姿态和无可替代的信心，去面对个人和国家的苦难，相信可以“有力地，坚韧地，横过历史”。我们从中可以看到一个民族在灾难来临时所焕发的力量。

龙头村里三间房

1940 年春天，为了躲避轰炸，梁思成、林徽因不得不又一次搬家。他们在距昆明 12 公里远的小村庄龙头村，共同设计了自己的三间住宅，样式跟当地农民的房子一样。后来，金岳霖又在旁边添了一间“耳房”，作为自己的住所。为了这几间房子，林徽因操尽了心，也花光了家里的钱。她在给费慰梅的信中说：

出乎意料地，这座房子花了比原先告诉我们的高三倍的钱。所以把我们原来就不多的积蓄都耗尽了，使思成处在一个可笑的窘境之中（我想这种表达方式大概不对头）。在建房的最后阶段事情变得有些滑稽……我们的房子是最晚建成的，以致最后不得不为争取每一块木板、每一块砖，乃至每根钉子而奋斗。为了能够迁入这个甚至不足以“蔽风雨”——这是中国的经典定义，你们想必听过思成的讲演的——屋顶之下，我们得亲自帮忙运料，做木工和泥瓦匠。……

现在我们已经完全破产，比任何时候都惨。米价已经涨到一百块钱一袋，我们来的时候才三块四。其他东西的涨幅也差不多。今年我们做的事没有一件轻松。我把我们在做什么和我们的景况告诉你们，很不好意思。思成到四川已经去了五个月。我一直病得很厉害，到现在还没好。

尽管费慰梅、费正清经常从美国寄来支票，但是常常派不上用场，因为很多东西他们在当地都买不到。但盖房子的时候，1940 年 9 月费慰梅寄来的支票却帮了大忙，正好支付了建筑费用。

林徽因一家的生活是艰难的。在这儿，他们买回的第一件重要家具是一个大水缸，近一米高，用来储存挑回来的水。烧饭在一个三条腿的火盆上进行，燃料是用煤灰和泥做成的煤球。至于食物，则必须走很远的路顶着灰尘到村子里去买，而且要天天去。没有电话，也没有交通工具。天黑了点菜籽油灯，但那也很贵。最节省的办法就是天一黑就睡觉。孩子的衣服穿破了或穿不下，就不知怎么办才好，因为布几乎买不到。战争、通货膨胀，已经使林徽因一家过着农民一样艰苦的生活。

为了这凄惨的生活，为了坚持下去，也为了日后的工作，林徽因拼尽全力支撑着。老金曾用两句话，来概括他对林徽因这段时期的生活的看法："她仍旧很忙，只是在这种闹哄哄的日子里更忙了。实际上她真是没有什么时间可以浪费，以致她有浪费掉生命的危险。"

梁思成在离家六个月后回来，林徽因在信上描述他们的家：

我们正在一座新建的三房农舍中安顿下来。它位于昆明市东北十二公里处一个小村边上，风景优美而没有军事目标。邻接一条长堤，堤上长满如古画中的那种高大笔直的松树。我们的房子有三个大一点的房间，一间原则上归我用的厨房和一间空着的佣人房，因为不能保证这几个月都能用上佣人。这个春天，老金在我们房子的一边添盖了一间"耳房"。这样，整个北总布胡同集团就原封不动地搬到了这里，可天知道能维持多久。

“这房子，有些方面，”林徽因说，“也颇有些美观和舒适的地方。我们甚至有时候还挺喜欢它呢。”

这是两位建筑师唯一为自己设计的房子。

离林徽因家不远，在一条水渠那边，有一个烧制陶器的小村——瓦窑村。林徽因经常到那半原始的作坊里去看老师傅做陶坯，常常一看就是几个小时。然后沿着长着高高的松树的长堤，在黄昏中慢慢走回家。她对工艺美术历来十分倾心，她后来常对家人说，那老工人手下曾变化出过多少奇妙的造型，可惜变来变去，最后不是成为瓦盆，就是变作痰盂。

昆明的景色十分迷人，然而在战争的阴云笼罩下，所有的这一切都显得那么短暂和难得。林徽因说：

天气开始转冷，天空布满愈来愈多的秋天的泛光，景色迷人。空气中飘满野花香——久已忘却的无数最美好的感觉之一。每天早晨和黄昏，太阳从那奇诡的方位带来静穆而优美的快感，偷偷射进这个充满混乱和灾难的无望的世界里，人们仍然意识到安静和美的那种痛苦的感觉之中，战争，特别是我们自己的这场战争，正在前所未有地阴森森地逼近我们，逼近我们的皮肉、心灵和神经。

到11月，林徽因在给费慰梅的信中说，轰炸已经越来越厉害：

日本鬼子的轰炸或歼击机的扫射都像是一阵暴雨。你只能咬紧牙关挺过去，在头顶还是在远处都一样，有一种让人呕吐的感觉，尤其是当一个人还没有吃过东西，而且今天很久都不会再吃任何东西，就是那种感觉。

可怜的老金，每天早晨在城里有课，常常要在早上五点半从这个村子出发，而还没有来得及上课空袭就开始了，然后就得跟着一群人奔向另一个方向的另一座城门、另一座小山，直到下午五点半，再绕许多路回这个村子，一天没吃、没喝、没工作、没休息，什么都没有！这就是生活。

再迁至李庄

11 月的轰炸加剧，迫使林徽因一家离开他们温暖的小屋，离开亲爱的朋友，再来一次大迁移。梁思成从四川回来就被任命为中央研究院研究员，而营造学社董事长周诒春博士，提名梁思成为学社社长，把学社附属于政府支持的中研院下面的历史语言研究所。中央研究院是由教育部领导的。教育部下令中研院各所从昆明迁往四川重庆西边大约 350 公里、长江南岸的一个小镇——李庄。

梁思成在一封信里说：

这次的迁移使我们非常沮丧，这意味着我们将要和认识十年的一群老友分离。我们将到一个除了中央研究院的研究所以外，远离任何其他机关、远离任何大城市的一个全然陌生的地方。而联合大学将留在昆明，老金、端升、奚若和别人也将如此。不管我们逃到哪里，我们都将每月用好多天、每天用好多小时，打断日常的生活，打断工作、进餐和睡眠来跑警报。

三、李庄的生活

1940年11月底，林徽因带着两个孩子还有母亲乘坐一辆卡车离开昆明，前往李庄。车上有31个人，从刚出生的婴儿到七十多岁的老人都有，大家挤满了敞篷卡车。林徽因形容："装载着老的少的，在仲冬天气里过大山。"大约走了两个星期，他们才到达李庄。而梁思成由于临行前突然发烧，只好一个人留在昆明，三个星期后才到达。

营造学社李庄总部

李庄与外界的唯一联系是河船。没有电话、没有电，也没有车子或驴子，非常闭塞、落后。林徽因一家住在营造学社李庄的总部。这是一幢普通的农舍。林徽因家前面的院子里种着许多竹子，后面的院子里种着高大的樟树，有这样的前后两个院子，林徽因的家显得非常幽静。但是这里非常潮湿，而且老鼠、蚊子、臭虫，一样都不少。这对在昆明时期就一直身体欠佳的林徽因来说，无疑是雪上加霜。果然，在李庄不到一个月，林徽因的肺病复发，连续几个星期高烧40度。李庄是一个普通的小镇，医疗卫生条件很差。梁思成只好买些药来，自己给林徽因打针。但当时没有治疗肺结核的特效药，林徽因的病一直得不到很好的治疗，她的病情越来越严重，经常卧床不起，吃得也很少，日益消瘦下来。在李庄的这几年，林徽因大部分时间都是躺在帆布床上度过的。

为了减轻林徽因的负担，他们雇了一个保姆。林徽因用半是幽默半是无奈的口气说：

……我们很幸运，现在有了一个农村女佣，她人好，可靠，非常年轻而且好脾气，唯一缺点是精力过盛。要是你全家五口只有七个枕套和相应的不同大小和质地的床单，而白布在市场上又和金箔一样的难得，你就会在看到半数的床单和两个枕套在一次认真的洗涤之后成了布条，还有衬衫一半的扣子脱了线，旧衬衫也被揉搓得走了形而大惊失色。这些衬衫的市价一件在四十美元以上。在这个女佣手里，各种家用器皿和食物的遭遇都是一样的。当然我们尽可能用不易打碎的东西，看来没有什么是不会碎的，而且贵得要命或无法替换……

他们的生活越来越贫困，梁思成在给费慰梅的信中说：

我们目前的生活状况，是你们难以想象的：在菜籽油灯的微光下，缝着孩子的布鞋，买便宜的粗食回家煮，过着我们的父执辈少年时期过的粗简生活，但又做着现代的工作。有时阅读外国杂志，看到现代化设施的彩色广告，宛如面对奇迹。昆明的气候和景色十分怡人，我们很喜欢。四川就很糟糕。我们住在长江上游一条不太吸引人的支流旁。南迁以来，办公室人员增加了一倍，而我能筹到的资金，比过去两年中所得到的还要多。我的工资只够家人吃，但能过这样的好日子，我们已经很满意。我那迷人的病妻，因为我们仍能不动摇做我们的工作而感到宽慰。

梁再冰也曾经说：

更使父亲伤脑筋的是，此时营造学社没有固定经费来源。他无奈只得年年到重庆向“教育部”请求资助，但“乞讨”所得无几，很快地就会被通货膨胀所抵消。抗战后期物价上涨如脱缰之马，父亲每月薪金到手后如不立即去买油买米，则会迅速化为废纸一堆。食品愈来愈贵，我们的饭食也就愈来愈差，母亲吃得很少，身体日渐消瘦，后来几乎不成人形。为了略微变换伙食花样，父亲在工作之余不得不学习蒸馒头、煮饭、做菜、腌菜和用橘皮做果酱等。家中实在无钱可用时，父亲只得到宜宾委托商行去当卖衣物，把派克钢笔、手表等“贵重物品”都“吃”掉了。父亲还常开玩笑地说：“把这只表‘红烧’了吧！这件衣服可以‘清炖’吗?”

梁从诫回忆说：

李庄的生活确实是艰难的。家里唯一能给母亲养病用的“软床”是一张摇摇晃晃的帆布行军床；晚上，为了父亲写书和我们姐弟俩做功课，全家点两盏菜籽油灯，当时，连煤油灯都是过于“现代化”的奢侈品。记得我在这里读小学时，除了冬天外婆亲手做的一双布鞋外，平时都只能穿草鞋。偶尔有朋友从重庆或昆明带来一小罐奶粉，就算是母亲的难得营养品了。父亲爱吃甜食，但这里除了土制红糖之外没有别的。父亲就把土糖蒸熟消毒，当成果酱抹在馒头上，戏称之为“甘蔗酱”。整个李庄没有一所医院，没有一位正式医生，没有任何药品。家里唯一的一支体温计被我失手打破，大半年母亲竟无法量体温。就是在这样的条件下，她的病情一天天沉重，却得不到像样的治疗。眼看着她消瘦下去，眼窝深陷，面色苍白，几个月的工夫，母亲就失掉了她那一向焕发美丽的面容，成了一个憔悴、苍老、不停地咳喘的病人。

此外，他们的这种极其贫困的生活还可以从费慰梅那儿了解到。据费慰梅说，他们收到的林徽因和梁思成寄来的信，信纸多半是薄薄的、泛黄发脆的，可能是从街上带回来，包过菜和肉的。而且每次信纸都写得密密麻麻。他们连买信纸的钱都没有。

同母亲不和

不止是家庭的贫穷让林徽因苦恼，同母亲的不和也让她感到了生活的苦闷。林徽因在信中说：

我自己的母亲碰巧是个极其无能又爱管闲事的女人，而且她还是天下最没耐性的人。刚才这又是为了女佣人。真正的问题在于我妈妈在不该和女佣生气的时候生气，在不该惯着她的时候惯着她，还有就是过于没有耐性，让女佣人像钟表一样地做好日常工作但又必须告诫她改变我的指令，如此等等——直到任何人都不能做任何事情。我经常和妈妈争吵，但这完全是傻帽和自找苦吃。

对此，金岳霖在给费正清的一封信中运用他那逻辑学家和哲学家的头脑做了透彻的分析，他说："我认为，相对于调整人际关系的困难来说，住房问题就是小事一桩。最难适应的是妈妈。她属于完全不同的一代人，却又生活在一个比较现代的家庭中，她在这个家庭中主意很多，也有些能量，可是完全没有正经事可做，她做的只是偶尔落到她手中的事。她本人因为非常非常寂寞，迫切需要与人交流，她唯一能够与之交流的人就是徽因，但徽因由于全然不了解她的一般观念和感受，几乎不能和她交流。其结果是她自己和自己的女儿之间除了争吵以外别无接触。她们彼此相爱，但又相互不喜欢。我曾经多次建议她们分开，但从未被接受，现在要分开已不大可能。"

对于家里的人，林徽因说道：

思成是个慢性子，愿意一次只做一件事，最不善处理杂七杂八的家务。但杂七杂八的事却像纽约中央车站任何时候都会到达的各线火车一样冲他驶来。我也许仍是站长，但他却是车站！我也许会被碾死，他却永远不会。老金（正在这里休假）是那样一种过客，他或是来送客，或是来接人，对交通略有干扰，却总能使正常车站更有趣，使站长更高兴些。

珍贵资料遭水淹

根据中央研究院本来的意思，他们希望李庄能成为学者们不受干扰、安心工作的避风港，但是，"在中国的任何角落也没有人能够远离战争”。林徽因说：

尽管我百分之百地肯定日本鬼子绝对不会往李庄这个边远小镇扔炸弹，但是，一个小时之前这二十七架从我们头顶轰然飞过的飞机仍然使我毛骨悚然——有一种随时都会被炸中的异样恐惧。它们飞向上游去炸什么地方，可能是宜宾，现在又回来，仍然那么狂妄地、带着可怕的轰鸣和险恶的意图飞过我们的头顶。我刚要说这使我难受极了，可我忽然想到，我已经病得够难受了，这只是一时让我更加难受，温度升高、心跳不舒服地加快……眼下，在中国的任何角落也没有人能远离战争。不管我们是不是在进行实际的战斗，也和它分不开了。

而这时，他们得知寄存在天津银行的那些珍贵的建筑资料被大水淹没，这种沉重的打击让林徽因失声痛哭。那些资料太珍贵了，是林徽因和梁思成用心血换来的，而今却因为战争毁于一旦！

世事艰难。然而，无论条件多么艰苦，生活多么贫困，不论有多少事惹人烦恼，林徽因都以顽强的毅力支撑着自己，支撑着这个家庭。精神稍微好一些，身体的病痛稍微减轻一些，她就从躺着的帆布床上起身，帮着做一些家务，辅导一下孩子的学习。为了能让梁再冰学好英语，她以《木偶奇遇记》为课本，教她阅读、朗诵，由于课程十分有趣，梁再冰学习的兴趣很浓，英语有了很大进步。

此外，一有时间，林徽因自己也在读书。梁思成带回家一些书，林徽因就躺在床上看。在这段时间里，她不但读了《战争与和平》《通往印度之路》《北京清代宫殿》《元朝宫殿》《莎士比亚全集》等著作，而且，进行学术研究的兴致也很高。对于费慰梅正在从事的汉墓和其拓片的研究，林徽因很感兴趣。据梁思成说：

或许你到现在还不知道，她自己也在探索过汉代历史。她私下曾很认真地弄熟了汉代的著名人物，帝王和王后，将军和大臣，他们的宠幸和敌人，她一提起汉代人，简直像在谈论隔壁家要好的朋友！这还不打紧，她把他们的习惯、服装、建筑，甚至性情都牵连成一线。若按现在的速度做下去，她迟早会成为汉朝研究的专家。即使现在病成这个样子，她还能有声有色地讲那些西汉的人物典故。

那些壁画描绘的是生活实景，她打算从汉代历史中，把和壁画有关的引用句，抄一份给你参考。汉代人似乎特别喜欢往墙上或屏风上画画，她对此做了许多记录。她甚至认为汉朝人画画的本领，比我们在那个时期的石刻上或浮雕上看到的还要高明。把图画刻在石头上，有时必须采用建筑上的表现手法，把人画胖点，形态不那么细致，特别是浅浮雕。从你那些拓片复制品上，我们可以看到描绘动态的马、狗的漂亮素描，想象一下，如果这些素描用画笔画在汉朝的皇宫墙壁上，那会是什么景象？

老金也说：“她全身都浸泡在汉朝里了，不管提及任何事物，她都会立刻扯到那个遥远的朝代去，而靠她自己是永远回不来的。”也许正是这种精神上的追求帮助了他们在物质极端匮乏的情况下渡过难关。

英国客人李约瑟

1943 年春，林徽因、梁思成一家迎来了一位英国客人——英国生物化学家、英国驻重庆大使馆战事科学参赞李约瑟教授。为了不让远道而来的客人失望，尽管林徽因需要卧床静养，但还是和梁思成一起非常热情地招待了他，跟他亲切交谈，让他感到非常满意、非常愉快。可以说，这对战时连温饱问题都不容易解决的夫妻，尽了自己的最大的努力，来招待一位外国友人。林徽因对费慰梅说：

李约瑟教授刚来过这里，吃够了炸鸭子，已经走了。开始时人们打赌说李教授在李庄时根本不会笑。我承认李庄不是一个会让客人过度兴奋的地方，但我们还是有理由期待一个在战争时期不辞辛苦地为了他所热爱的中国早期科学而来到中国的人会笑一笑。终于，在这位著名教授和梁先生及夫人（当时卧病在床）见面时露出了笑容。他说他非常高兴，因为梁夫人的英语竟有爱尔兰口音。而我从不知道英国人对爱尔兰还有如此好感。据说最后一天下午，在中央博物院的院子里受到茶点招待时他更为活跃。可见英国人爱茶之甚。

得知朋友在陷入战争灾难的中国生活艰难，远在美国的费慰梅夫妇几次写信劝林徽因和梁思成去美国，那儿有良好的医疗条件，优良的工作环境，优厚的工作报酬。可是他们婉言谢绝了。梁思成在回信中说："我的祖国正在灾难中，我不能离开她；假如我必须死在刺刀或炸弹下，我要死在祖国的土地上。"对于后来有人指责梁思成困守李庄，加重了林徽因的病情，梁思成说："我当然知道这个决定所付出的代价，我不能不感谢徽因，她以伟大的自我牺牲来支持我。不！她并不是支持我，我认为这也是她的选择。如果说我从李白、杜甫、岳飞、文天祥这些伟大的民族英雄那里继承了爱国主义思想，而徽因则除此之外，比我更多地从拜伦、卢梭等伟大的诗人、哲学家那里学习了反侵略、反压迫的精神。她对祖国的爱，是怀着诗人般的浪漫主义色彩的。后来有朋友责备我，说我的选择使得徽因过早去世了。我无言以答。但我们都没有后悔，那个时候我们急急忙忙地向前走，很少回顾。今天我仍然没有后悔。”这是梁思成和林徽因共同的心声，也是那个时代爱国的知识分子共同的心声。他们在祖国最危难的日子里，誓死与祖国共存亡！

三弟林恒和八位飞行员殉国

1939 年到 1941 年，日本侵略者对成都、重庆进行狂轰滥炸，炸毁房屋无数，炸死中国数万民众。日本的野蛮侵略行径激怒了中国的飞行员，他们纷纷请战抗敌。林徽因的三弟林恒和他们熟识的那八位飞行员都驾机参战，但先后都壮烈牺牲了。林恒是航空学院成绩名列第二的优秀学员，在 1941 年 3 月成都的一次空战中。击落一架日机后，自己也被击中头部，壮烈殉国。老金说：“他得到了自己选择的事业，完成了他的使命，他是死得其所。”梁思成专程到成都去为他办理丧事。尽管是在病中，林徽因勇敢地面对了这一悲惨的消息。三年后，为了哀悼弟弟和其他八个“兄弟”，她写了一首诗：

哭三弟恒

——三十年空战阵亡

弟弟，我没有适合时代的语言
来哀悼你的死；

它是时代向你的要求，
简单的，你给了。
这冷酷简单的壮烈是时代的诗
这沉默的光荣是你。

假使在这不可免的真实上
多给了悲哀，我想呼喊，
那是——你自己也明了——
因为你走得太早，
太早了，弟弟，难为你的勇敢，
机械的落伍，你的机会太惨！

三年了，你阵亡在成都上空，
这三年的时间所做成的不同，
如果我向你说来，你别悲伤，
因为多半不是我们老国，
而是他人在时代中辗动，
我们灵魂流血，炸成了窟窿。

我们已有了盟友、物资同军火，
正是你所曾经希望过。
我记得，记得当时我怎样同你
讨论又讨论，点算又点算，
每一天你是那样耐性地等着，

每天却空的过去，慢得像骆驼！

现在驱逐机已非当日你最理想
驾驶的“老鹰式七五”那样——
那样笨，那样慢，啊，弟弟不要伤心，
你已做到你们所能做的，
别说是谁误了你，是时代无法衡量，
中国还要上前，黑夜在等天亮。

弟弟，我已用这许多不美丽言语
算是诗来追悼你，
要相信我的心多苦，喉咙多哑，
你永不会回来了，我知道，
青年的热血做了科学的代替；
中国的悲怆永沉在我的心底。

啊，你别难过，难过了我给不出安慰。
我曾每日那样想过了几回：
你已给了你所有的，同你去的弟兄
也是一样，献出你们的生命；
已有的年轻一切；将来还有的机会，
可能的壮年工作，老年的智慧；

可能的情爱，家庭，儿女，及那所有

生的权利，喜悦；及生的纠纷！
你们给的真多，都为了谁？你相信
今后中国多少人的幸福要在
你的前头，比自己要紧；那不朽
中国的历史，还需要在世上永久。

你相信，你也做了，最后一切你交出。
我既完全明白，为何我还为着你哭？
只因你是个孩子却没有留什么给自己，
小时我盼着你的幸福，战时你的安全，
今天你没有儿女牵挂需要抚恤同安慰，
而万千国人像已忘掉，你死是为了谁！

无法抑制的沉重悲痛，化作掷地有声的诗句，带给人震撼心灵的力量。这首诗不只是写给林恒一个人的，而是献给抗战时期林徽因认识的所有的以身殉国的飞行员朋友的。从中我们可以看到林徽因对民族命运的忧思和对统治当局的责难。这是一位亲人的控诉和纪念，也表达了一位中国知识分子对人民对祖国的热爱。

落后国家的子民

1942 年 8 月，费正清来到重庆的美国大使馆任职。林徽因和梁思成知道后非常高兴，天天盼望他能到李庄来。11 月中旬，费正清在社会学家陶孟和的陪伴下来到李庄看望他的老朋友。他在路上感染了呼吸道病菌，一到李庄便发烧，连续躺了好几天才好。他的病床和林徽因的只有一厅之隔，梁思成为了侍候两个病人不得不在两张病床之间来回跑来跑去。费正清在李庄一共待了一个星期，亲眼看见了在战争年代，中国杰出的学者在病痛和贫困的折磨下，怎样一如既往地从事学术研究，一如既往地专注于自己的事业。他在《费正清对华回忆录》中动情地写道：

林徽因非常消瘦，但在我做客期间，她还是显得生气勃勃，像以前一样，凡事都由她来管，别人还没有想到的事，她都先行想到了。每逢进餐，都吃得很慢；餐后我们开始聊天，趣味盎然，兴致勃勃，徽因最为健谈。傍晚五时半便点起了蜡烛，或是近似植物油灯一类的灯具，这样，八时半就上床了。没有电话，仅有一架留声机和几张贝多芬、莫扎特的音乐唱片；有热水瓶而无咖啡；有许多件毛衣但多半不合身；有床单但缺少洗涤用的肥皂；有钢笔、铅笔但没有供书写的纸张；有报纸但都是过时的。……

我逗留了一个星期，其中不少时间是由于严寒而躺在床上。我为我的朋友们继续从事学术研究工作和所表现出来的坚韧不拔的精神而深受感动。依我设想，如果美国人处在此种境遇，也许早就抛弃书本，另谋门道，改善生活去了。但是这个曾经接受过高度训练的中国知识界，一面接受了原始纯朴的农民生活，一面继续致力于他们的学术研究事业。

这是那一代知识分子的肖像！作为落后国家的子民，觉醒的一代知识分子希望以文化复兴来带动整个中华民族的伟大复兴。以这种内在理念为支撑，他们把文化事业当作自己安身立命、报效祖国的途径。不管时代多么艰难，他们从未忘记自己的历史责任，为学术、文化的薪火相传费尽了自己的心血。60年前的血性、激情和责任感成为我们这个灾难的民族宝贵的精神财富，永远激励着后来者。

费正清此行给林徽因带来了精神上的安慰和物质上的帮助。由于他送的奶粉和一些有营养的食物，林徽因的病情有所好转。这年年底，她给费正清的信中说："不发烧、不咳嗽、没有消化不良，睡眠和胃口都好，又有好的食物和克宁奶粉。"她特别喜欢特地为她的床打的一副架子。架子把床抬高了，"接近人类的高度，而不是接近地面，别人拿东西给我时就不必弯腰鞠躬了"。

至于自己的孩子，虽然他们是林徽因生活中的重要角色，但在给费慰梅的信中，她很少提到他们。但有一封信很形象地描绘了这一对可爱的儿女的情况：

再冰继承了思成的温和和我的优点。她在学校里学习和交友的成绩都非常出色。她容光焕发的笑容弥补了她继承自父母的缺乏活力……另一方面，从诫现在已长成一个晒得黝黑的乡村小伙子，脚上穿着草鞋。他能操一口地道的四川话，和粗野的本地同学打交道。但在家里他倒像个小绅士，非常关心我的健康，有时专心制作各种小玩意儿。

我继续扮演着经济绝招的"杂耍演员"，让全家、几个亲戚和同事多少得到一点好的照顾。我忙着为思成和两个孩子缝补那些几乎补不了的内衣和袜子……直到实在做不下去时，连小弟在星期天下午也加入缝补的行列。这比写一整章关于宋、辽、清的建筑变迁或描绘宋朝都城还要费劲得多。在思成忙着写作时，我曾经替他的书稿做种种补充、修改，润色文字。宝宝一切都好，但她要走这么远的泥泞路去上学，可真难为了她，而且她中午老是吃不饱。

梁从诫回忆当年的情景时说：

李庄的四年，大概仍是母亲情绪上最抑郁的时期。战争和疾病无情地击倒了她，而这里又是那样一个偏僻、单调的角落。老朋友们天各一方，难得有一两封书信往还。可以想象，她的心境有时是多么悲凉。但病中的母亲这时更勤奋于学习。她在病榻上读了大量的书。我和姐姐至今还能举出不少当时她读过的书名，这是因为当时她常常读书有感却找不到人交谈，只好对着两只小牛弹她的琴。这时期，她读了许多俄罗斯作家的作品，我记得她非常喜欢屠格涅夫的《猎人日记》，而且要求我也当成功课去读它（那时我只有十二岁），还要我们一句句地去体味屠格涅夫对自然景色的描写；米开朗其罗传，因为是英文的，我们实在没法子读，她就读一章，给我们讲一章，特别详细地为我们描述了米开朗其罗为圣彼得教堂穹顶作画时的艰辛。讲的时候很动感情，可能因为米开朗其罗那样对艺术的执着追求特别引起了她的共鸣。她偶尔也还写诗，但流露的大多是惆怅。在她兴致好的时候，间或喜欢让我和姐姐坐在床前，轻轻地为我们朗读她旧日的诗、文，她的诗本来讲求韵律，比较“上口”，由她自己读出，那声音真是如歌。她也常常读古诗词，并讲给我们听，印象最深的，是她在教我读到杜甫和陆游的“剑外忽传收蓟北”，“家祭无忘告乃翁”，以及“可怜小儿女，未解忆长安”

等名句时那种悲愤、忧愁的神情。母亲非常擅长朗诵。我记得，还在昆明时期，我大概只是小学二年级，她教我《唐雎不辱使命》，自己读给我和姐姐听。一篇古文，被她读得绘声绘色：唐雎的英雄胆气，秦王前倨而后恭的窘态，听来简直似一场电影。五十年过去了，我仍觉得声声在耳，历历在目。在李庄时，她从中研院历史语言所借到过几张劳伦斯·奥列佛的莎剧台词唱片，非常喜欢，常常模仿这位英国名演员的语调，大声地"耳语"："to be or not to be, that is the question!"于是父亲、姐姐和我就热烈鼓掌……她这位母亲，几乎从未给我们讲过什么小白兔、大灰狼之类的故事，除了给我们买了大量的书要我们自己去读之外，就是以她自己的作品和对文学的理解来代替稚气的童话，像对成年人一样地来陶冶我们幼小的心灵。

《中国建筑史》的撰写

林徽因身体稍好一点，就急不可待地读书、工作。

从1942年到1944年，林徽因和莫宗江、卢绳等人一起，参加了由梁思成总负责的《中国建筑史》的撰写工作。写一本《中国建筑史》是林徽因、梁思成的夙愿。在写作分工中，林徽因撰写第七章宋、辽、金部分，并对整部书稿做了校对和补充。林徽因写作的具体内容是：北宋的都市宫殿苑囿以及寺观、辽的都市以及宫殿、金的都市宫殿和佛寺。林徽因写的字数虽然只有1.5万多字，但资料丰富，她所引证的资料和有关书籍有50多种，加上她与梁思成通过野外考察所得的第一手资料，在当时应该是最权威，最全面的，而且文章论证严密、扎实，颇具学术功底。在战争年代，外在环境如此恶劣，自己的身体状况又经常处于危险状态，能以百倍的毅力，写出如此资料扎实、论证如此精辟的文字，实在是难能可贵！

在林徽因的支持下，梁思成还在1944年用英文撰写了《中国建筑史图录》一书。林徽因在给费正清的信中说："思成有一个想法，把一些关于中国建筑的图版做成黑白片子，加上中英文解说，完成后送到你那里制成缩影胶卷，寄到美国出版或另找出版补助。英文文字部分随后付印，中文文字则在中国印制。这样，我们的一两套著作就可以在战争结束之前或战争刚结束时上市。如此以来，这里的同人就有了新的希望。或者当作下一年度工作的目标。最近有不少单位写信来，问我们有没有出版新的中国建筑刊物。看来，以前我们没把印刷的问题解决，真是可惜。"

这段时期，梁思成为了完成他的绘图，不得不彻夜工作。在菜籽油昏黄的灯光下，林徽因和梁思成忘我地工作着。由于梁思成的脊椎灰质化病常常折磨得他抬不起头来，他身穿钢马甲，下巴支在一个花瓶上，伏案作图，为的是利用花瓶的支撑，减轻脊椎的重负。画图时，梁思成要不断地调节花瓶的位置，其艰难可想而知。而卧病在床的林徽因，身体好一点时便半坐在床上，翻阅二十四史和各种资料典籍，为书稿做种种补充、修改和润色。

他们的这种坚毅的精神深深地感动了费正清。他高度评价说："他们都已成了半残的病人，却仍在不顾一切地，在极端艰苦的条件下致力于学术研究。在我们的心目中，他们是不怕艰难，献身科学的崇高典范。不论是疾病还是艰难的生活都丝毫没有影响他们对自己创造性研究工作的热情。他们不仅具有极高的学术水平，而且还有崇高的品德修养，而正是后者使他们能够始终不渝地坚持自我牺牲，坚定地为中国的现代化做出了自己的一份贡献。”这是对他们恰如其分的评价。

战争时期大后方艰苦、黯淡的生活，腐蚀了许多年轻人的意志，使他们动摇、彷徨，想放弃学术研究，不再做穷知识分子，而是一心想着去升官发财。林徽因对这种现象感到悲愤，她写出了唯一的一首政治诗《刺耳的悲歌》。据说在诗中，她以悲怆的笔调抨击了那些看见别人做了官、发了国难财就眼红的年轻人，也抨击了政府骗取年轻人的爱国热情，征召他们去参加目的可疑的什么“青年军”。可惜的是，这篇诗稿没有流传下来。

李庄的最后两年

林徽因在李庄的最后两年中心情非常不好，十分消沉，梁从诫回忆说：

这并不仅仅是自身病痛所致，更多的，也许还是出于“长安不见”的忧愁。她这时爱读杜、陆后期的诗词，不是偶然的。在她和父亲身上，常表现出中国汉族读书人的那种传统的“气节”心理。1946年，抗战已经胜利，有一次我同母亲谈起四四年日军攻占贵州独匀，直逼重庆的危局，我曾问母亲，如果当时日本人真的打进四川，你们打算怎么办？她若有所思地说：“中国念书人总还有一条后路嘛，我们家门口不就是扬子江吗？”我急了，又问：“我一个人在重庆上学，那你们就不管我啦？”病中的母亲深情地握着我的手，仿佛道歉似的小声说：“真要到了那一步，恐怕就顾不上你了！”听到这个回答，我的眼泪不禁夺眶而出。这不仅是因为自己感到受了“委屈”，更多的，我确是被母亲以最平淡的口吻所表现出来的那种凛然之气震动了。我第一次忽然觉得她好像不再是“妈妈”，而变成了一个“别人”。

1944 年 11 月底，梁思成到达重庆，费正清写道：“思成昨晚第一次来，看到他的《中国建筑史》图稿的缩影胶卷，当场很兴奋。小伙子们特别喜欢拍它，因为效果极佳。思成的体重只有 47 公斤，每天和徽因工作到半夜。写成 11 万字的《中国建筑史》，他已透支过度。但他和往常一样精力充沛和雄心勃勃，并维持着在任何情况下都像贵族那样的高贵和斯文。”对事业、对祖国的无比热爱让他们充满活力，让他们坚强高贵。

四、分享战争的胜利

1945年8月15日，日本侵略者宣布无条件投降。消息传到重庆，全城人民跑上街头，欢呼着表达胜利的喜悦。这时梁思成正在重庆，和费慰梅、费正清以及其他友人一起欢庆胜利。在众人都兴高采烈的时候，费慰梅看到梁思成突然显得有些寂寞，她想，“一直等了八年，可是胜利到来的时候他却不在家”。八年，对于梁思成和林徽因来说，实在是漫长的一段时间。

坐轿子到茶铺

因此，梁思成、费慰梅立即决定乘坐飞机赶往李庄，和林徽因以及家人一起庆祝这盼望已久的胜利的到来。

很快，费慰梅看到了她分别已久的朋友，费慰梅说：“徽因躺在床上，苍白、瘦削，宛如她那首《静坐》诗：‘一条枯枝影，青烟色的瘦细。’但她的精神很好，笑吟吟地看着我。我们长谈许久，相互诉说一别多年，彼此生活中发生的事。她经历的生活艰辛和病痛，使她看事情的角度和感觉都变得更深刻。我开始在想，回顾我们在北京认识的那些中国知识分子的生活，过去他们对中国实际问题的接触，其实和我们外国人一样的遥远。而今，我仿佛看到世上所有生命的终场，想到了生命的短暂与偶然。”

林徽因庆祝胜利的方式是坐轿子晃呀晃地到茶铺去喝茶，而费慰梅则在一旁跟着走。这是五年来她第一次上街。街上的景象让林徽因感到有些惊奇，新的景象、新的声音、新的面孔，够她回家咀嚼几个星期。

在此后的日子里，每天只要有可能，林徽因都要写点东西，有时是关于建筑，有时是关于汉代历史，她还构思着一本小说。她的精神状态还不错，只是感到寂寞。在给费慰梅的信中她说：“你无法想象，你走了以后，这里有多么寂寞。你在这院子里的时候，我们多么快乐啊！”她跟费正清说：

告诉慰梅，上个星期天我又坐轿子进城，还坐上再冰的两个朋友用篙撑的船，在一家饭馆吃了面，又在另一家茶铺休息，回来途中经过足球场，在河边的茶棚里看了一场排球赛。

前一天我还去了再冰的学校，穿了休闲服，非常漂亮，还引起了轰动！但现在那难得的阳光日子消逝了、被遗忘了。这星期的天气灰而多雨，看起来似乎不像是真的。

如果太阳能再露脸，而我身体又能恢复到像样的程度，不管天气冷不冷，哪怕就为了好玩，也要冒险到重庆去。我已经把我的衣服整理好、缝补好，准备动身。当气氛适合的时候，我收拾行装来找你应该没问题。但天一直在下雨……而且也没有船。显然你从美国来到中国要比我们从这里去到重庆容易得多。

"就为了好玩"，天气好，而且有了船，她便和梁思成一块儿来到重庆。这是五年来她第一次离开李庄。她的健康状况如此不稳定，在重庆的大部分时间只能待在中央研究院招待所宿舍里。有时费慰梅驾着吉普车带她出去玩，她坐在吉普车上，视线离不开途中看到的新衣服、车流和重庆的市井生活。她觉得每一件事都很新鲜有趣。有好几次，费慰梅驾着吉普车带她到美国大使馆餐厅用餐。她很喜欢那些曾在各处打仗的穿军服的美国武官，很快加入他们的谈话中，这是她第一次和美国盟军谈话。对她来说，战争就是一连串和日本敌人不期而遇的悲惨经历。

到重庆费慰梅夫妇新居

林徽因还到费慰梅夫妇在重庆美国新闻处分到的一处新居，一进屋，林徽因说："慰梅，你这里，简直像走进了杂志里！"过去几年，壁炉和灯罩林徽因都已经很陌生了，只是偶尔在杂志上看到。林徽因身体好的时候，费慰梅还带她和梁思成去看过几场电影和戏剧。

在这里，林徽因和儿子梁从诫参加了乔治·马歇尔将军在重庆美国新闻处举行的一次招待会。在这个晚会上，林徽因生平第一次见到了周恩来和冯玉祥等人。费慰梅说："她更注意的是共产党的领袖们。他们是从另一个星球上来的客人。关于他们，她从国民党那里听到读到的除了邪恶没有别的——然而在这一环境下，他们和别人一样都是人。"

当时，美国著名的胸腔外科医生李欧·艾娄塞在重庆中国善后救济总署服务，他听说林徽因长期患肺病后，慨然答应到招待所去看望她。在用听诊器做了简单的检查和询问了病情之后，艾娄塞告诉费慰梅，他断定她两片肺和一个肾已经感染，最多只能再活五年。林徽因没有问，费慰梅也没有告诉她。费慰梅想，这些林徽因应该都知道。

带着一家到昆明

此后不久，梁思成返回李庄处理营造学社的一些事情，而林徽因则带着母亲和儿女以及女仆，跟费慰梅乘飞机来到昆明。她和家人先是在张奚若家里住了几天，后来住在军阀唐继尧后山上的祖居里。在这里她又见到了分别已久的老朋友金岳霖、钱端升、沈从文等人。重逢的喜悦让林徽因暂时忘记了自己的病痛。“这次重逢所带给我的喜悦，甚至超过我一个人在李庄时的最大的奢望。”她说：

我终于又来到了昆明！我来这里是为三件事，至少有一桩总算彻底实现了。你知道，我是为了把病治好而来的。其次，是来看看这个天朗气清、薰风和畅、遍地鲜花、五光十色的城市。最后并非最无关紧要的，是同我的老朋友们相聚，好好聊聊。前两个目的还未实现，因为我的病情并未好转，甚至比在重庆时更厉害了——一到昆明我就卧床不起。但最后一桩我享受到的远远超过我的预想。几天来我所过的是真正舒畅而愉快的日子，是我独自住李庄时所不敢奢望的。

我花了十一天的工夫才充分了解到，处于特殊境遇的朋友们在昆明是怎样生活的，加深了我们久别后相互之间的了解。那种使我们得以相互沟通的深切的爱和理解却比所有的人所预期的都更快地重建起来。我们用两天时间交谈了各人的生活状况、情操、思想和学术状况。也畅叙了各自对国家大事的看法，还谈了个人家庭经济，以及前后方个人和社会状况，尽管谈得漫无边际，我们几个人（张奚若、钱端升、老金和我）之间，也总有着一股相互信任和关切的暖流。更不用说，忽然能重聚的难忘时刻，所给予我们每个人的喜悦和激奋。

直到这时我才明白，当那些缺少旅行工具的唐宋时代诗人们在遭贬谪的路上，突然在什么小客栈或小船中或某处由和尚款待的庙里和朋友不期而遇时的那种快乐，他们又会怎样在长谈中推心置腹！

我们的时代也许和他们不同，但这次相聚却很相似。我们都老了，都有过贫病交加的经历，忍受漫长的战争和音信的隔绝，现在又面对着伟大的民族奋起和艰难的未来。

此外，我们是在远离故土，在一个因形势所迫而不得不住下来的地方相聚。渴望我们曾度过一生中最快乐的时光的地方，就如同唐朝人思念长安、宋朝人思念汴京一样。我们遍体鳞伤，经过惨痛的煎熬，使我们身上出现了或好或坏或别的什么新品质。我们不仅体验了生活，又受到了艰辛生活的考验。我们的身体受到了严重的损伤，但我们的信念如故。现在我们深信，生活中的苦与乐其实是一回事。

唐家花园

在张奚若家休息几天之后，林徽因一家搬到张奚若为他们安排的唐家花园。林徽因描述道：

所有美丽的东西都在守护着这个花园，如洗的碧空、近处的岩石和远处的山峦……这是我在这所新房子的第十天。这房间宽敞、窗户很大、使它有一种如戈登·克雷早期舞台设计的效果。甚至午后的阳光也像是听从他的安排。幻觉般地让窗外摇曳的桉树枝丫缓缓移动的影子映洒在天花板上！

……

这里的海拔或是什么别的对我非常不利，弄得我喘不过气来，常觉得好像刚刚跑了几公里。所以我只能比在李庄时还更多地静养。他们不让我多说话，尽管我还有不少话要说。可是这样的“谈话”真有点辜负了那布景。

在这么幽静的环境里，林徽因在一片阳光中，做了情绪上的小小旅行：

放了假，春初的日子松弛下来。将午未午时候的阳光，澄黄的一片，由窗棂横浸到室内，晶莹地四处射。我有点发怔，习惯地在沉寂中惊讶我的周围。我望着太阳那湛明的体质，像要辨别它那交织绚烂的色泽，追逐它那不着痕迹的流动。看它洁净地映到书桌上时，我感到桌面上平铺着一种恬静，一种精神上的豪兴，情趣上的闲逸；即或所谓“窗明几净”，那里默守着神秘的期待，漾开诗的气氛。那种静，在静里似可听到那一处琤琮的泉流，和着仿佛是断续的琴声，低诉着一个幽独者自娱的音调。看到同这一片阳光射到地上时，我感到地面上花影浮动，暗香吹拂左右，人随着晌午的光霭花气在变幻，那种动，柔谐婉转有如无声音乐，令人悠然轻快，不自觉地脱落伤愁。至多，在舒扬理智的客观里使我偶一回头，看看过去幼年记忆步履所留的残迹，有点儿惋惜时间；微微怪时间不能保存情绪，保存那一切情绪所曾流连的境界。

倚在软椅上不但奢侈，也许更是一种过失，有闲的过失。但东坡的辩护："懒者常似静，静岂懒者徒"，不是没有道理。如果此刻不倚榻上而"静"，则方才情绪所兜的小小圈子便无条件地失落了去！人家就不可惜它，自己却实在不能不感到这种亲密的损失的可哀。

就说它是情绪上的小小旅行吧，不走并无不可，不过走走未始不是更好。归根说，我们活在这世上到底最珍惜一些什么？果真珍惜万物之灵的人的活动所产生的种种，所谓人类文化？这人类文化到底又靠一些什么？我们怀疑或许就是人身上那一撮精神同机体的感觉，生理心理所共起的情感，所激发出的一串行为，所聚敛的一点智慧，——那么一点点人之所以为人的表现。宇宙万物客观的本无所可珍惜，反映在人性上的山川草木禽兽才开始有了秀丽，有了气质，有了灵犀。反映在人性上的人自己更不用说。没有人的感觉，人的情感，即使有自然，也就没有自然的美，质或神方面更无所谓人的智慧，人的创造，人的一切生活艺术的表现！这样说来，谁该鄙弃自己感觉上的小小旅行？为壮壮自己胆子，我们更该相信唯其人类有这类情绪的驰骋，实际的世间才赓续着产生我们精神所寄托的文物精粹。

此刻我竟可以微微一咳嗽，乃至于用播音的圆润口调说：我们既然无疑地珍惜文化，即尊重盘古到今种种的艺术——无论是抽象的思想的艺术，或是具体的驾驭天然材料另创的非天然形象，——

则对于艺术所由来的渊源，那点点人的感觉，人的情感智慧（通称人的情绪），又当如何地珍惜才算合理?

但是情绪的驰骋，显然不是诗或画或任何其他艺术建造的完成。这驰骋此刻虽占了自己生活的若干时间，却并不在空间里占任何一个小小位置！这个情形自己需完全明了。此刻它仅是一种无踪迹的流动，并无栖身的形体。它或含有各种或可捉摸的质素，但是好奇地探讨这个质素而具体要表现它的差事，无论其有无意义，除却本人外，别人是无能为力的。我此刻为着一片清婉可喜的阳光，分明自己在对内心交流变化的各种联想发生一种兴趣的注意，换句话说，这好奇与兴趣的注意已是我此刻生活的活动。一种力量又迫着我来把握住这个活动，而设法表现它，这不易抑制的冲动，或即所谓艺术冲动也未可知！只记得冷静的杜工部散散步，看看花，也不免会有“江上被花恼不彻，无处告诉只癫狂”的情绪上一片紊乱！玲珑煦暖的阳光照人面前，那美的感人力量就不减于花，不容我生硬地自己把情绪分划为有闲与实际两种，而权其轻重，然后再决定取舍的。我也只有情绪上的一片紊乱。

情绪的旅行本偶然的事，今天一开头并为着这片春初晌午的阳光，现在也还是为着它。房间内有两种豪侈的光常叫我的心绪紧张如同花开，趁着感觉的微风，深浅零乱于冷智的枝叶中间。一种是烛光，高高的台座，长垂的烛泪，熊熊红焰当帘幕四下时各处光影掩映。那种闪烁明艳，雅有古意，明明是画中景象，却含有更多诗的成分。另一种便是这初春晌午的阳光，到时候有意无意的大片子洒落满室，那些窗棂栏板几案笔砚浴在光霭中，一时全成了静物图案；再有红蕊细枝点缀几处，室内更是轻香浮溢，叫人俯仰全触到

一种灵性。

这种说法怕有点会发生误会，我并不说这片阳光射入室内需要笔砚花香那些儒雅的托衬才能动人，我的意思倒是：室内顶寻常的一些供设，只要一片阳光这样又幽娴又洒脱地落在上面，一切都会带上另一种动人的气息。这里要说到我最初认识的一片阳光。那年我六岁，记得是刚刚出了水珠以后——水珠即寻常水痘，不过我家乡的话叫它作水珠。当时我很喜欢那美丽的名字，忘却它是一种病，因而也觉到一种神秘的骄傲。只要人过我窗口问问出"水珠"吗？我就感到一种荣耀。那个感觉至今还印在脑子里。也为这个缘故，我还记得病中奢侈的愉悦心境。虽然同其他多次的害病一样，那次我仍然是孤独地被囚禁在一间房屋里休养的。那是我们老宅子里最后的一进房子；白粉墙围着小小院子，北面一排三间，当中夹着一个开敞的厅堂。我病在东头娘的卧室里。西头是婶婶的住房。娘同婶永远要在祖母的前院里行使她们女人们的职务的，于是我常是这三间房屋唯一留守的主人。

在那三间屋子里病着，那经验是难堪的。时间过得特别慢，尤其是在日中毫无睡意的时候。起初，我仅集注我的听觉在各种似脚步，又不似脚步的上面。猜想着，等候着，希望着人来。间或听听隔墙各种琐碎的声音，由墙基地下传达出来又消敛了去。过一会，我就不耐烦了——不记得是怎样的，我就趿着鞋，挨着木床走到房门边。房门向着厅堂斜斜地开着一扇，我便扶着门框好奇地向外探望。

那时大概刚是午后两点钟光景，一张刚开过饭的八仙桌，异常寂寞地立在当中。桌下一片由厅口处射进来的阳光，泄泄融融地倒在那里。一个绝对消寂的周围伴着这一片无声的金色的晶莹，不知

为什么，忽使我六岁孩子的心里起了一次极不平常的振荡。

……

从重庆到北京

1946 年 6 月，林徽因、梁思成和家人又回到重庆，住在中央研究院招待所里。跟西南联大的许多教师和他们的家人挤在一起，等了一个多月后，才于 7 月 31 日乘坐一架重庆直飞北平的飞机，返回北平。

美丽的昆明留在了身后：

昆明永远那样美，不论是晴天还是雨天。我窗外的景色在雷雨前后特别动人。在雨中，房间里有一种难以名状的浪漫氛围——天空和大地突然一起暗了下来。一个人在一个外面有个寂静的大花园的冷清的屋子里。这是一个人一生也忘不了的。

然而，战争却没有离开，战争所带来的伤痛也没有离开。